Trude Ausfelder

Stark ohne Stoff

Alles, was du über Drogen wissen willst

Trude Ausfelder

Stark ohne Stoff

Alles, was du über Drogen wissen willst

OBERSTEBRINK

Der Inhalt dieses Buches ist sorgfältig recherchiert und erarbeitet worden. Dennoch können weder Autor noch Verlag für alle Angaben im Buch eine Haftung übernehmen.

Umschlaggestaltung: Patricia Fuchs, AVR, München
Fotos: Sigrun Borstelmann, Fotolia, CC; Verzeichnis S. 280
Gestaltung: Sigrun Borstelmann, München
Satz: Alfons Schmid, ISM, München
Redaktion: Tobias Schudok, Körner Medien UG
Herstellung: Publikum Belgrad

Verlag: Oberstebrink
c/o Körner Medien UG
Herzog-Heinrich-Straße 5
80336 München
Tel. 089/33095656, Fax 089/33095473
koerner@koerner-medien.de
www.oberstebrink.de

ISBN 978-3-934333-53-6

Inhalt

In memoriam

Caroline, Heidi, Yasmin, Bianca, Mike, Christian,
Ralf, Simone, Elke, Marion, Evi
und all die anderen, die ich nicht persönlich kannte,
aber die auch ihren kurzen Kick in Drogen suchten
und heute auf dem Friedhof ruhen

Ich will dir nicht den Spaß verderben

Du weißt es selbst: Drogen sind heute fast überall zu haben, wo sich viele Jugendliche aufhalten. In Discos, auf dem Schulhof, in einschlägigen Cafés oder an bestimmten Treffpunkten, die landläufig dafür bekannt sind. Und du weißt auch, dass Drogen deiner Gesundheit schaden und die meisten sogar gesetzlich verboten sind.

Dass Erwachsene immer nur dagegen wettern, das geht dir tierisch auf den Sender und du kannst es wahrscheinlich schon gar nicht mehr hören. Dabei haben sie deiner Meinung nach ohnehin keine Ahnung oder sollen gefälligst ruhig sein, weil sie früher oftmals auch gekifft haben und heute noch rauchen und regelmäßig Alkohol trinken. Doch das ist – wie sie sagen – »etwas anderes, als wenn du so etwas tust«, was natürlich Unsinn ist.

Aber es gibt auch Eltern oder Lehrer, mit denen du dich gerne ausführlicher und intensiver über Drogen unterhalten würdest, weil du ja mit diesem Thema immer wieder konfrontiert wirst. Aber sie haben entweder keine Zeit oder keinen Nerv, sich mit dir offen darüber auseinanderzusetzen. Manche wiegeln Fragen ab, indem sie sagen: »Wir haben das auch probiert in deinem Alter, das legt sich mit der Zeit von selbst wieder!« Dabei wäre es so wichtig, dieses brisante Thema zu diskutieren.

Ich habe in den über dreißig Jahren, in denen ich mich als Journalistin mit Jugendlichen beschäftige, viele Male die Rauschgiftszenen in ganz Deutschland besucht. Immer wieder erzählten mir junge Leute dort, dass sie zu Hause wenig oder gar kein Gehör und demzufolge auch kaum Verständnis für ihre Probleme fanden. Nicht wenige hatten in früher Kindheit einen oder beide Elternteil(e) durch Tod verloren, wurden sexuell missbraucht oder kamen aus Scheidungsfamilien. Doch es waren auch Mädchen und Jungen dabei, die aus gutbürgerlichen Verhältnissen stammten und daheim alles hatten. Im Drogenmilieu kann jeder landen, das hat nichts mit Herkunft oder Schulbildung zu tun.

Alle jungen Leute, die ich kennenlernte und die sich Heroin oder Kokain spritzten, sich mit Medikamenten oder Glückspillen vollpumpten und dazu hochprozentigen Alkohol tranken, dachten am Anfang ihrer traurigen »Karriere«, sie hätten das Gift im Griff. Doch ehe sie sich umsahen, hatte das Gift sie im Griff. In der Regel stiegen sie mit Zigaretten und Alkohol ein, dann folgten oftmals Haschisch und Marihuana oder gleich die harten Drogen und damit der gesellschaftliche und soziale Absturz. Häufig hatten sie Knasterfahrung, weil sie im Zuge der Drogenbeschaffung durch Diebstähle oder Einbrüche straffällig wurden. Nicht selten waren sie auch noch HIV-positiv, weil sie sich mit gebrauchten Nadeln angesteckt hatten.

Das Elend in der Drogenszene ist erschütternd. Und der Weg zurück ins normale Leben ist so hart, dass ihn nur sehr wenige schaffen. Immer wiederkehrenden Entzügen folgen abgebrochene Therapien, Ersatzdrogen-Programme und zahllose Rückfälle. Ganz abgesehen davon, dass die körperliche Verfassung auf Dauer immer schlechter und die Einsamkeit größer wird. Unter Drogensüchtigen gibt es kaum Zusammenhalt, jeder hat nur seinen Stoff im Kopf. Und um an das viele Bargeld dafür zu kommen, beklauen und belügen sie auch beste Freunde, Bekannte, Geschwister und Eltern, sodass sie bald sehr einsam und allein sind.

Häufig sterben Drogenabhängige gerade nach einem Entzug an einer Überdosis Gift, weil sie dem soeben gereinigten Körper die alte Dosis zumuten, die er dann nicht mehr verträgt – sodass sie meist zum Tode führt. In den Zeitungen ist dann z. B. zu lesen: »Der Drogentote Nr. xy in diesem Jahr wurde gestern aufgefunden. Er hatte gerade einen Entzug hinter sich.«

Sicher gibt es die rühmlichen Ausnahmen, immer wieder schafft es die eine oder der andere Abhängige, sich von der Droge zu befreien. Doch das kommt wesentlich seltener vor, als dass jemand hängen bleibt. Wer es packt und vom Gift lässt, der hat wirklich Bewundernswertes geleistet, große Schmerzen erlitten und muss jeden Tag seines Lebens als Suchtkranker aufpassen, keinen Rückfall zu erleiden. Vom Gift wieder wegzukommen – das sollte kein Einsteiger als einfache, leichte Übung ansehen, und dass er oder sie es selbst schafft, darauf sollte sich niemand verlassen.

Ich habe dieses Buch Mädchen und Jungen gewidmet, die ich persönlich kannte oder mit deren Eltern ich lange Gespräche führte. Sie alle sind an Drogen kaputtgegangen und ruhen heute auf dem Friedhof. Keiner wurde älter als 23 Jahre. Es waren schwer kranke junge Menschen, deren Geschichten du in diesem Buch nachlesen kannst. Sie hatten meist nur einen Wunsch: ohne Schmerzen und Leiden von den Drogen wegzukommen und wieder ein bürgerliches Leben zu führen. Doch ohne Schmerzen ist dies kaum möglich und sie hatten nicht mehr die Kraft zu widerstehen. Ihr Körper und ihre Psyche waren schon so vom Gift geprägt, dass sie es nehmen mussten, um den nächsten Tag zu überleben. Irgendwann kam dann der Tag, den sie nicht mehr überlebten.

Ich denke oft an sie, wie sie sich selbst hassten, ihre Körper zerstörten und mit der Droge in Phantasie- und Traumwelten flüchteten. Sie kamen sich stark vor, obwohl sie wussten, dass sie fertig waren. Und sie redeten sich ein, es doch noch zu schaffen und wegzukommen von Heroin, Ecstasy & Co. Sie haben es nicht mehr geschafft. Und viele andere, die ich nicht kannte, auch nicht.

Die meisten, die in den Drogensumpf abrutschten, wollten »nur mal probieren«, »auch so gut drauf sein wie die anderen«, »mithalten können« oder »einfach den blöden Alltag mal vergessen«. Die trügerische Faszination der Droge war größer als das Wissen und die Aufklärung darüber. Gerade du in deinem Alter kämpfst um Anerkennung, suchst nach einem eigenen Weg und willst verständlicherweise nicht der Außenseiter und Spielverderber sein.

Hier erfährst du so viel über Drogen, dass du danach wirklich mitreden kannst. Und wenn du mitreden kannst, dann brauchst du das Gift gar nicht mehr zu probieren. Wer so gut Bescheid weiß, dem wird meist auch nichts mehr angeboten, sodass du gar nicht mehr in Verlegenheit kommst oder ausgelacht wirst, wenn du ablehnst. Am besten ist es natürlich, wenn du so stark bist, dass du von dir aus sagen kannst: »Drogen? Nein, danke!« Das jedoch kostet Überwindung, erfordert große innerliche Stärke und ist nicht jedermanns Sache. Nicht einmal Erwachsene können das – sonst gäbe es nicht so viele Alkoholiker und Raucher unter ihnen.

Ich will dir nicht den Spaß verderben, aber ich will dir klipp und klar, ohne etwas zu beschönigen, hier schildern, was es bedeutet, mit Drogen herumzuexperimentieren. Du sollst wenigstens wissen, worauf du dich bei diesem gefährlichen Spiel einlässt. Und wenn du meinst, das sei ohnehin alles Quatsch und du müsstest es trotzdem probieren, dann möchte ich dich wenigstens darüber informieren, wie dein weiteres und mit Sicherheit kurzes Leben im Drogenrausch aussehen kann. Einmal probieren kann bereits einmal zu viel sein. Du bist clever genug, um selbst zu entscheiden, ob du das brauchst oder nicht. Cool drauf ist derjenige, der mit klarem Kopf aus seiner Situation das Beste macht und sich behauptet – auch wenn's oft schwer fällt. Das Leben eines jeden Menschen hat Licht- und Schattenseiten. Das eines Drogensüchtigen hat nur Schattenseiten. Die Sonnenseiten erzeugt er künstlich durch das Gift und fällt daher, wenn diese Wirkung nachlässt, jedes Mal erbärmlich auf die Nase.

Ich will dir nichts verbieten, aber ich würde mich sehr freuen, wenn ich dich mit diesem Buch zum Nachdenken anregen, für das wichtige Thema sensibilisieren oder gar davon überzeugen könnte, dass Drogen zerstören. Du hast die Zukunft vor dir! Egal, was sie bringen mag – alles ist besser, als der Sklave des Gifts zu sein. Ich bin mir sicher, du bist cool genug drauf, um erst mal in dich zu gehen, bevor du leichtsinnig zugreifst. Wer gleich die Finger davon lässt, erspart sich eine ganze Menge Stress und Leiden!

Trude Ausfelder

A. DROGEN UND SUCHT

Zwei Vorbemerkungen

◊ In diesem Buch werden immer Mädchen und Jungen angesprochen. Der Lesefreundlichkeit und Einfachheit halber wird jedoch auf die Unterscheidung zwischen Raucherinnen und Rauchern, Konsumentinnen und Konsumenten, Trinkerinnen und Trinkern usw. verzichtet.

◊ Auf die legalen Drogen, die für jedermann zugänglich und gesellschaftlich akzeptiert sind, wird hier besonders intensiv eingegangen. Nikotin und Alkohol sind die häufigsten Einstiegsdrogen, wobei der Alkohol immer noch zu sehr verharmlost und entschuldigt wird. Das macht ihn jedoch nicht weniger schädlich und schicksalhaft für Betroffene und ihre Umgebung. Alkohol ist auch eine Ersatz- und Zusatzdroge für Heroinabhängige.

Legale und illegale Suchtmittel: Ein Überblick

Auch wenn **Nikotin, Alkohol, Medikamente und Schnüffelstoffe** für jeden **legal** zugänglich sind, so handelt es sich dabei um Suchtmittel, die Gefühle stimulieren oder dämpfen und unser Bewusstsein–wenn zum Teil auch nur geringfügig – verändern. Die Gefahr, davon abhängig zu werden, ist sehr groß. Auch wenn Rauchen das Bewusstsein nicht so direkt verändert wie Alkohol oder Medikamente: Nikotin ist ein Gefäßgift und eine Einstiegsdroge.

Koffein und Teein zählen nur im weiteren Sinne zu den legalen Drogen, da sie selten so extrem missbraucht werden, dass eine wirkliche Sucht vorliegt. Dennoch spielen Koffein und Teein in Kombination mit anderen Suchtmitteln oder als Ersatz beim Entzug eine bedeutende Rolle.

Kaffee in Verbindung mit Alkohol, Zigaretten, Medikamenten oder harten Drogen dient Abhängigen häufig als zusätzlicher Aufputscher.

Viele Süchtige, die sich gerade im Entzug befinden, trinken extrem viel Kaffee oder Tee, was von Fachleuten auch genehmigt wird. Darin sehen Ärzte in der Übergangsphase einen durchaus legitimen Ersatz des ursprünglichen Suchtmittels. Langfristig jedoch sollte sich die gesamte innere Einstellung des Abhängigen durch eine Therapie so ändern, dass die Sucht im Allgemeinen nicht durch andere Suchtmittel wie Koffein und Teein aufrecht erhalten wird.

Wenn bei uns von Drogensucht die Rede ist, dann ist damit in der Regel die Abhängigkeit von **illegalen Drogen** gemeint, die dem Betäubungsmittelgesetz unterliegen. Die Zahl derer, die an diesen Suchtmitteln zu Grunde gehen, ist in den letzten Jahren erfreulicherweise deutlich gesunken, trotzdem sind es jährlich noch fast tausend Fälle. Ein sehr großer Anteil dieser Drogentoten sind junge Erwachsene zwischen 18 und 35 Jahren, aber auch Jugendliche sind darunter.

Zu den illegalen Drogen gehören Cannabis-Produkte wie Haschisch oder Marihuana, Halluzinogene wie LSD, Meskalin oder Giftpilze, sedierende oder narkotisierende Mittel aus der Gruppe der Opiate wie Opium, Morphium und Heroin, Stimulanzien wie Kokain oder Crack und die synthetischen Drogen wie Ecstasy (MDA/MDMA), Speed und Crystal Meth. Amphetamine oder Speed sind nur zum Teil illegal, obwohl sie nach Heroin und Kokain die drittgrößte Suchtmittelgruppe bilden und zu den synthetischen Drogen zählen. Die immer wieder neuen »Speed-Cocktails«, die erfunden werden, um legal »high« zu sein, kommen meist erst später, nach Einsetzen eines Trends, unter das Betäubungsmittelgesetz.

Illegale Drogen sind deshalb illegal, weil ihre Wirkung entweder besonders gefährlich, ja tödlich sein und schnell zur Abhängigkeit führen kann. Ein weiterer Grund: Sie haben in unserer Gesellschaft und Kultur keine Tradition und werden daher nicht akzeptiert. Haschisch und Marihuana sind in anderen Kulturen legal und spielen dort eine ähnliche Rolle wie bei uns der Alkohol.

Flo (14): »Neulich habe ich gehört, wie einer in der Disco über einen anderen gesagt hat: ›Der nimmt jeden Schrott, der ist doch polytox!‹ Was bedeutet das?«

»Polytoxikomanie« heißt so viel wie »Mehrfachvergiftung« und ist leider ein Trend, der sowohl in der legalen wie illegalen Drogenszene immer mehr zunimmt. Süchtige, die »polytox« sind, sind nicht nur von ei-

ner Droge abhängig, sondern gleich von mehreren. Wer mal kein Heroin bekommt, nimmt stattdessen Schlaftabletten oder Alkohol. Wer gerade keinen Zugang zu Kokain hat, schluckt ein paar Amphetamine oder Speed. Viele konsumieren aber auch alles wahllos durcheinander – was zu kriegen ist, wird genommen. Die gegensätzlichen und mehrfachen Wirkungen können den Tod auslösen. Bei immer mehr Drogentoten werden diese Mischvergiftungen festgestellt. In sehr vielen Fällen gibt es keine Rettung mehr.

Warum greifen gerade in deinem Alter so viele zu Suchtmitteln?

Samstagabend, Partytime in der alten Fabrikhalle. Lisa (15) und ihr Freund Hanno (16) sind auch da. Sie sind verabredet mit anderen aus der Schule, die bereits voll gut drauf sind. Auch Julia (12), die stolz darauf ist, dass sie älter aussieht, als sie ist, macht an diesem Abend einen total überdrehten Eindruck. »Ich fühl mich super«, erzählt sie, »ich hab gerade mein erstes Ecstasy eingeworfen. Ein hammermäßiges Gefühl ...«

Lisa zu Hanno: »Meinst du nicht, wir sollen das auch mal probieren? Es ist doch Wochenende! Die anderen sind ja auch alle voll drauf ...«

Hanno: »Ich find das blöd, wenn du dich da jetzt mitreißen lässt. Wir hatten doch ausgemacht, dass wir das Zeug nicht nehmen ...«

Lisa: »Nur einmal ! Das kann doch nicht so schlimm sein! Die sind alle viel lockerer als wir. Wenn die Julia mit zwölf die Dinger schon einwirft, dann macht uns mit sechzehn das doch erst recht nichts aus ...«

Hanno: »Du willst das nur tun, weil die anderen auch alle zu sind. Ich finde Pillen blöd. Wenn schon Drogen, dann richtige. Koks oder so ...«

Lisa: »Dann probieren wir eben Koks. Ich will's jetzt auch mal wissen! Aber mit Koks dreht man angeblich viel mehr durch als mit Pillen ...«

Hanno: »Du machst mich irre. Ich glaube, es ist egal, womit wir durchdrehen. Aber wollen wir überhaupt durchdrehen? Wozu soll das gut sein? ... Ich weiß nicht so recht ...«

Lisa: »Wenn ich so überlege ... dann komme ich auch durcheinander. Bis jetzt hatten wir eigentlich auch ohne alles unseren Spaß. Ach, lassen wir's doch lieber sein ...«

Hanno: »Okay. Verschieben wir's wenigstens bis zum nächsten Mal ... wir sind doch nicht doof, dass wir alles machen, was die anderen tun. Da, rauch eine mit mir!«

Sollen wir? Oder sollen wir nicht? Lisa und Hanno sind unschlüssig, ob sie Drogen probieren sollen oder nicht. Die grundsätzliche Bereitschaft und die Neugier sind vorhanden. Sie schaukelt ihn mit hoch, er lässt sich am Ende fast mitreißen, stört sich aber daran, dann ein Mitläufer zu sein. Und die beiden denken noch nach, bevor sie zugreifen, was sie letztlich davon abhält, Kokain oder Pillen zu probieren. Doch es hätte sie am Ende schon sehr gereizt, mal diese Hochstimmung und diese Glücksgefühle zu erleben, von denen andere immer so schwärmten! Wäre Lisa nicht in Begleitung von Hanno gewesen, der nicht gerne mit dem Strom schwimmt, sondern hätte jemanden dabei gehabt, der ihre Neugier geteilt hätte–vermutlich hätte sie dann auch mal zugegriffen. Du siehst also, wie wichtig es für dich und auch für andere sein kann, dass du lernst, nein zu sagen.

In so eine alltägliche Situation wie Lisa und Hanno kannst du immer wieder mal geraten, wenn du ausgehst. Sie kann aber auch so aussehen, dass dir jemand Stoff anbietet und dich regelrecht zum Konsum verführen will. Du hast es anfangs in der Hand, ob du mitmachen willst oder nicht. Du allein musst die Entscheidung für dich treffen. Und diese Entscheidung fällt oft in wenigen Sekunden. Sie wird dir immer wieder aufs Neue abverlangt und ist auch von Zufälligkeiten und aktuellen Stimmungen abhängig. Genau das macht diese Entscheidung manchmal so schwierig. Denn wenn du dich gerade in einer Krise befindest, Stress in der Schule oder mit den Eltern hast, unglücklich und einsam bist oder unter Kontaktarmut leidest, dann bist du natürlich eher bereit, dich mit Drogen vollzupumpen, als wenn du dich rundum gut fühlst.

Rundum gut fühlen sich in deinem Alter jedoch nur wenige. Die meisten sind auf der Suche nach einem eigenen Weg, haben Probleme mit den körperlichen und seelischen Veränderungen, die die Pubertät mit sich bringt, und finden nicht das Verständnis, das sie brauchen und nach dem sie sich so sehnen. Vielleicht lassen sich gerade deine Eltern scheiden, das haut voll rein in dein Leben. Oder du hast einen Freund oder eine Freundin, mit dem/der das nicht so klappt, wie du es gerne hättest. Auch Partnerschaft musst du erst lernen, und das kann verdammt anstrengend sein.

Kurzum: Du hast das Gefühl, dass es so nicht mehr weitergeht, siehst keinen richtigen Sinn im Leben, hast Angst vor der Zukunft und fühlst dich allein gelassen. Was soll all die Lernerei, wenn ich am Ende doch keinen Arbeitsplatz kriege?, fragst du dich vielleicht. In die Welt der Erwachsenen hineinzuwachsen, sich vom Elternhaus zu lösen, Schulabschlüsse zu schaffen, Berufsziele zu finden und zu verwirklichen, für sich selbst sorgen zu können – das alles sind Herausforderungen, die jetzt auf dich zukommen. Sie können aufregend und spannend sein, aber auch sehr belastend. Nicht alle kriegen diese Belastungen für sich geregelt.

Kein Wunder, dass da mancher meint, all diese Dinge könnten in den Hintergrund verschwinden und leichter zu ertragen sein, wenn er sie mithilfe von Drogen nicht mehr so eng sieht. Das Gift – egal, welches – dringt ins Bewusstsein und verschleiert die Realität – gelöst aber wird dadurch kein einziges Problem. Das ist dir vielleicht sogar klar, aber du möchtest einfach Spaß haben, vergessen, gut drauf sein – die positive Wirkung der Drogen erleben! Dass du auf diese Weise nur noch mehr Schwierigkeiten bekommst, das ist dir in diesem Moment egal. Und dass eine gute Zukunft oder ein Arbeitsplatz damit in weite Ferne rücken, das interessiert dich jetzt nicht. Hauptsache, es kickt! Hauptsache, es ist alles geil, super und rosarot! Und je öfter dir deine Eltern oder Lehrer erzählen, dass man mit Drogen keine Probleme lösen kann, desto interessanter werden sie für dich! Damit meinst du, Bedürfnisse stillen und vermisste Erlebnisse nachholen zu können.

Dass gerade du in deinem Alter in puncto Drogen so gefährdet bist, liegt auch daran, dass du verständlicherweise sehr neugierig bist und dich noch schwer tust, dich gegenüber einem Gruppendruck zu behaupten. Du willst nicht dastehen als der Miesmacher, der Besserwisser oder der Spielverderber. Also schweigst du lieber und schließt dich an. Doch wenn es um Drogen geht, ist Ausscheren und Neinsagen besonders wichtig. Es ist schwierig und muss erlernt werden, etwas anderes zu wollen und zu tun als die anderen. Leider sind viele Erwachsene kein Vorbild, weil sie oft wenig Courage und keinen eigenen Standpunkt haben und sich auch nur im Sog der Massen dahintreiben lassen.

Du musst sicher Spott und einige dumme Bemerkungen über dich ergehen lassen, wenn du dein Ding durchziehst und nein sagst. Aber insgeheim werden dich die Mitläufer darum beneiden, wenn du es kannst. Lass dich also nicht aus deinem Konzept bringen, wenn du blöd angemacht wirst. Wer merkt, dass du nein sagen kannst, der wird dich bald auch nicht mehr auffordern, weil er spürt, dass seine Chancen bei dir sehr gering oder gar null sind. Er hat Respekt vor dir. Wenn du das erreicht hast, kannst du dir lobend auf die Schulter klopfen.

Ellen (17): »Muss man nicht wenigstens einmal irgendwelche Drogen probiert haben, um beurteilen zu können, wie sie auf einen wirken, ob man sie in den Griff kriegt und ob man davon wieder loskommen kann?«

Um mitreden zu können, wie Drogen wirken, musst du sie nicht ausprobieren. Wer das Gegenteil behauptet, handelt unverantwortlich. Jemand, der gut informiert ist und über das Thema spricht, weiß in der Regel viel besser Bescheid als derjenige, der das Zeug selbst konsumiert. Kein professioneller Großdealer, der sich am Schicksal von Abhängigen bereichert, probiert den Stoff an sich selbst aus – er sieht am Beispiel der Süchtigen, wie er wirkt. Würde er ihn selbst konsumieren, würde er bald die Kontrolle über sein Geschäft verlieren. Nimm dir in diesem speziellen Fall ein Beispiel an den skrupellosen Rauschgiftbossen. Nicht an denen, die kleine Mengen an andere Abhängige verkaufen, um ihren Eigenbedarf zu finanzieren. Auch sie sind Opfer. Schon eine kleine Kostprobe einer Droge kann eine fatale Signalwirkung für dich haben und dein zukünftiges Leben entscheidend prägen. Warum?

Weil du dadurch in einen Teufelskreis gerätst, aus dem du nicht so einfach unbeschadet wieder herauskommst. Wer einmal die künstliche Entspannung oder die kurzen Glücksgefühle nach Drogengenuss erfahren hat, wer seine Sorgen, Ängste und Komplexe mit Alkohol oder Heroin betäubt hat und merkt, dass sie dann für einen kurzen Zeitraum scheinbar wie weggeblasen sind, der wird diesen trügerischen Effekt bei der nächsten Gelegenheit, wenn er wieder Probleme hat oder einfach vergessen will, erneut haben wollen. Und beim nächsten Mal wieder und wieder und wieder ... sodass Sucht und Abhängigkeit nicht mehr zu verhindern sein werden.

Drogenkonsum ist also kein Zeichen dafür, dass du besonders cool oder stark bist. Es ist vielmehr ein Zeichen von ausgeprägter Schwäche. Wer den Dingen mit klarem Kopf ins Auge sieht, der wird sie auch meistern. Wer sie mit Drogen verdrängen möchte, der muss wissen, dass diese Entscheidung böse Folgen für ihn haben kann.

Du musst den Erwachsenen nicht alles nachmachen

Wie gesund lebst du zu Hause innerhalb der Familie? Spielen Nikotin, Alkohol oder andere Suchtmittel bei euch überhaupt keine Rolle? Wird darauf geachtet, dass du dich ausgewogen ernährst, und kannst du mit allen Fragen, die dich bewegen, zu jemandem kommen? Wenn du hier überwiegend mit ja antworten kannst, dann sei happy! Du hast es gut getroffen und wirst mit dem Thema Sucht zu Hause nicht konfrontiert – was aber nicht heißt, dass du deshalb automatisch dagegen gewappnet bist.

Möglicherweise üben Suchtmittel gerade dann einen besonderen Reiz auf dich aus und du probierst es heimlich, weil deine Eltern etwas dagegen haben. Wer allerdings im engeren Familienkreis Suchtverhalten nicht mitbekommt, der hat den Vorteil, dass es für ihn keine Selbstverständlichkeit ist, zu rauchen und Alkohol zu trinken. Wenn du dennoch neugierig bist und meinst, du müsstest damit auch mal deine Erfahrungen sammeln, dann sollte dir bewusst sein, was du tust, und du solltest genau wissen, welche Auswirkungen der Stoff, den du nimmst, auf dich haben kann.

Zudem solltest du mit deinen Eltern offen darüber sprechen, sofern das möglich ist. Wenn sie vernünftig sind und aufgeschlossen, werden sie sich mit dir auseinandersetzen und es dir nicht vehement verbieten oder gar mit Strafe drohen. Wenn du jedoch von vornherein schon weißt, dass sie so auf solche Frage reagieren, dann entscheide allein und rede mit einer anderen Person deines Vertrauens darüber.

Gehören Zigaretten und Alkohol bei dir zu Hause zur täglichen »Grundausstattung«, weil deine Eltern diese konsumieren und brauchen, dann prägt sich das von Kindheit an auch in deinem Kopf ein und wird »normal«. Da die beiden Suchtmittel legal und gesellschaftsfähig sind, werden sie rundum meist akzeptiert, solange der Alkoholmissbrauch nicht regelmäßig in unangenehmen Exzessen endet und der Kettenraucher nicht mit überzeugten Nichtrauchern zusammen ist und diese mit seinem Qualm belästigt und mitschädigt.

Kinder werden von ihren Eltern in der Regel leider nicht gefragt, ob es sie stört, wenn geraucht wird. Kinder haben das einfach hinzunehmen – das meinen die Erwachsenen. Wenn dich der Qualm deiner Eltern nervt, dann sag ihnen das und bitte sie darum, das Rauchen in deiner Anwesenheit zu reduzieren oder ganz zu unterlassen. Du hast ein Recht darauf! Kluge, vernünftige Eltern werden deine Bitte auch als Anstoß zum Nachdenken über ihr eigenes Suchtverhalten akzeptieren; denn oft ist ihnen gar nicht richtig bewusst, was sie dir damit antun. Offenheit zwischen dir und deinen Eltern kann auch beim Thema Drogen einiges klären und verhindern. Wenn ein Elternteil oder beide sich regelmäßig betrinken, dann wirst du als Kind ohnehin schon viel Abstoßendes erlebt haben und dich für deinen betrunkenen Vater oder deine alkoholisierte Mutter schämen, aber auch verantwortlich fühlen. Kinder von Alkoholikern erleben keine unbeschwerte Zeit des Heranwachsens, fürchten sich häufig vor dem betreffenden Elternteil, hassen ihn und erfahren oft Gewalt– aber sie sorgen sich auch um ihn und wollen ihm helfen, weil sie ihn lieben.

Wenn dein Vater im Rausch randaliert, herumbrüllt oder deine Mutter und dich gar misshandelt, dann lasst euch das nicht länger gefallen. Wendet euch an eine Familien- oder Suchtberatung der Städte und Gemeinden oder der großen Wohlfahrtsverbände wie Caritas, Arbeiterwohlfahrt, Deutsches Rotes Kreuz etc., die es in jeder größeren Stadt gibt oder an **»Al-Anon«,** die Selbsthilfe-Familiengruppen der Anonymen Alkoholiker für Angehörige von Alkoholikern. Es gibt auch spezielle Gruppen für Kinder von Alkoholikern, sie nennen sich **»Alateen«.**

Als Tochter oder Sohn suchtkranker Eltern bist du erblich vorbelastet und daher stärker gefährdet als Kinder, deren Mutter und Vater weder rauchen noch trinken noch andere Drogen konsumieren. Gefährdet zu sein, heißt aber nicht, dass du genauso werden musst wie sie. Du musst deinen Eltern ohnehin nicht alles nachmachen, und in diesem Punkt schon gar nicht! Du kannst einen ganz anderen Weg gehen als sie!

Sucht und Abhängigkeit: Was ist das eigentlich?

Unter Abhängigkeit, umgangssprachlich Sucht, versteht die Psychologie heute das ständige, unabweisbare Verlangen danach, einen bestimmten Gefühls-, Erlebnis- oder Bewusstseinszustand zu erreichen oder Unlustgefühle zu vermeiden. Um Drogensucht oder stoffliche Sucht handelt es sich, wenn dieser Zustand durch den Konsum von bestimmten Substanzen erzeugt wird. Regelmäßiger oder dauernder Konsum von Alkohol, Medikamenten oder Drogen führt zu einer solchen physischen und/oder psychischen Abhängigkeit. Der Mensch wird also nicht von der Droge an sich abhängig, sondern von diesem Gefühls-, Erlebnis- oder Bewusstseinszustand, der durch die Droge oder ein süchtiges Verhalten hervorgerufen wird. Dabei muss sich eine Sucht nicht auf einen Stoff beschränken. Mehrfach-Missbrauch (Polytoxikomanie) kommt leider häufig vor und erschwert es, von der Sucht loszukommen.

Eine **physische oder körperliche Abhängigkeit** besteht, wenn der Körper den Stoff in seinen Stoffwechsel eingebaut hat (was beim Konsum von Heroin besonders schnell der Fall ist) und wenn nach Absetzen der Drogen körperliche Entzugserscheinungen wie Schweißausbrüche, Fieber, Muskelschmerzen und Erbrechen auftreten. Bei erneuter Suchtmittelzufuhr klingen diese Symptome schnell wieder ab – der Teufelskreis beginnt. Dennoch kann die körperliche Abhängigkeit bei den meisten Suchtmitteln relativ schnell überwunden werden: So wie sich der Körper an Nikotin oder Alkohol gewöhnt, kann er auch wieder entwöhnt werden.

Wesentlich mehr Probleme macht die dem Suchtverhalten zugrunde liegende **psychische Abhängigkeit.** Sie besteht dann, wenn ein unbezwingbares Verlangen danach besteht, eine Droge ständig und wiederholt einzunehmen: sei es als Ersatzbefriedigung für unerfüllte Bedürfnisse, als Ausgleich für mangelndes Selbstbewusstsein oder um sich unangenehmen Situationen und Gefühlen zu entziehen. Eine psychische Abhängigkeit ist bei allen Formen von Suchtverhalten gegeben. Der Begriff wurde eingeführt, weil bei einigen Drogen (z. B. LSD, Kokain, Haschisch, Ecstasy) keine körperliche Abhängigkeit eintritt. Das Verlangen, den Konsum fortzusetzen, ist dennoch sehr stark und nicht mehr steuerbar. Wenn das Mittel abgesetzt wird, treten Unlustgefühle und Depressionen auf. Sucht bedeutet in beiden Fällen – egal, ob jemand nun körperlich und psychisch oder nur psychisch abhängig ist – absolute Unfreiheit. Das heißt, der Betroffene kann mit dem Suchtmittel nicht mehr frei und unabhängig umgehen. Seine Kontrolle über den Gebrauch von Drogen oder seine Verhaltensweisen ist stark herabgesetzt oder gar nicht mehr vorhanden. Er konsumiert seine Suchtmittel auch dann noch, wenn sie sich bereits negativ auf seinen Alltag auswirken und sein ganzes Leben beeinträchtigen und beherrschen. Jemand, der »drauf ist«, denkt nur noch an die Beschaffung seines Stoffs, die Verhinderung von Entzugserscheinungen und daran, dass seine Sucht von anderen möglichst nicht bemerkt werden soll. Er enttäuscht und täuscht seine Mitmenschen immer wieder und isoliert sich so immer mehr.

Drogensucht hat viele Gesichter

Sucht hat viele Gesichter: beängstigende und mitleiderregende, aber auch scheinbar harmlose und fröhliche. Was hat die Frau, die jeden Abend zwei Schlaftabletten nimmt, oder der Mann, der nach schwerer Arbeit mehrere Flaschen Bier und einen Klaren trinkt, mit den Jugendlichen zu tun, die mit Freunden Haschisch rauchen oder Pillen einwerfen und dafür immer mehr die Schule und Ausbildung vernachlässigen? Oder mit dem Fixer, der nach einer Überdosis tot auf der Bahnhofstoilette gefunden wird? Tatsächlich unterscheiden sich die Abhängigkeiten von den verschiedenen Suchtmitteln ganz erheblich.

◊ Wer von **legalen Drogen** wie Nikotin, Alkohol oder Medikamenten abhängig ist, lebt innerhalb gewisser Grenzen sozial unauffällig und wird gesellschaftlich akzeptiert. Er kann sich sein Suchtmittel auf normalem Wege besorgen, es lagern und konsumieren. Dennoch ist er kein »besserer Süchtiger« und auch nicht weniger gefährdet.

◊ Jemand, der von **illegalen Drogen** wie Haschisch, Kokain, Heroin, Ecstasy oder LSD abhängig ist, gerät gleich zu Beginn seiner Drogenkarriere mit dem Gesetz in Konflikt und kommt mit einem ganz eigenen Milieu in Berührung. Er macht sich allein durch den Besitz seines Suchtmittels schon strafbar, nicht jedoch durch den Konsum. Er ist gezwungen, seine Drogen zu verstecken, sich das viele Geld dafür oft auf kriminelle Weise (Einbrüche, Diebstähle) zu beschaffen und er geht jedes Mal, wenn er sich Stoff besorgt, ein neues Risiko ein.

◊ Suchtstoffe unterscheiden sich sehr in ihrer Stärke und den sozialen und körperlichen Folgeschäden. Während sich z. B. die Abhängigkeit von Alkohol oft erst im Laufe vieler Jahre richtig entwickelt, stellt sich die Abhängigkeit von Heroin sehr schnell ein.

◊ Das Ausmaß der individuellen Schädigung wird nicht nur von der Art der Sucht bestimmt, sondern auch davon, in welcher körperlichen und seelischen Verfassung der Süchtige sich anfangs befindet, in welcher Intensität und Dauer die Sucht »gelebt« wird und ob und wie weit der Abhängige in sozialen Beziehungen vom Partner, der Familie, Freunden, Verwandten oder Kollegen aufgefangen wird.

Der Zwang, die Dosis zu erhöhen

Bei stoffgebundenen Süchten, *z.* B. bei Alkoholabhängigkeit, wird die Sucht dadurch in Gang gehalten oder gesteigert, dass der Körper mit der Zeit eine immer größere Menge des Stoffs verträgt, er gewöhnt sich sogar daran. Der Süchtige braucht also eine immer höhere Dosis, um sein Wohlgefühl herzustellen. Mit andauernder Dosissteigerung wird das anfängliche Wohlgefühl irgendwann immer schwächer, und die Drogen werden jetzt schon benötigt, um Entzugserscheinungen zu vermeiden. Damit hat die körperliche Abhängigkeit begonnen.

Durch das Suchtverhalten und die damit verbundenen körperlichen und seelischen Auswirkungen wird für den Betroffenen der Alltag immer schwieriger. Körperliche Schwäche, schlechtes Aussehen und ungewohntes, schwieriges Verhalten des Süchtigen lassen die Menschen, von denen er eigentlich Zuwendung und Liebe (aber kein Mitleid!) erwartet und benötigt, auf Distanz gehen. Da liegt es nahe, sich mit dem so viel leichter erreichbaren »Liebesersatz«, der Droge, zufrieden zu geben. Sie widerspricht nicht, diskutiert nicht und nervt nicht wie andere Menschen, sondern sie wirkt still, leise und zuverlässig. Die Ersatzbefriedigung Droge wird so für den Betroffenen immer verführerischer.

Der verhängnisvolle Weg in die Sucht

Sucht im Allgemeinen hat zunächst mit einem Wunsch zu tun, den jeder hat und den du selbst sicher auch schon mal hattest: sich wohl oder besser zu fühlen. Die meisten verschaffen sich ganz bewusst Wohlbefinden: das angenehme Gefühl der Sättigung durch Essen und Trinken, Erfolgserlebnisse durch Arbeit, Besserung durch Medikamente, Entspannung oder Anregung durch Alkohol oder Nikotin. Bei einigen Menschen verändern sich diese schönen Angewohnheiten mit der Zeit und werden zu »Trostspendern«.

Die Übergänge vom normalen zum süchtigen Verhalten sind fließend. Dennoch gibt es neun verschiedene Stufen, die Fachleuten zufolge in drei Stadien in die chronische Sucht führen:

Einleitungsstadium

1. Stufe: Normaler und sinnvoller **Gebrauch** ist es, wenn ein Mittel eingesetzt wird, weil es wirklich notwendig ist, z. B. um Schmerzen nach einer Operation zu betäuben.

2. Stufe: Um **Genuss** handelt es sich, wenn du dir Stoffe wie Tabak, Alkohol, Kaffee, Tee oder Süßigkeiten zuführst. Man nennt sie daher auch »Genussmittel« – weil sie im Gegensatz zu Nahrungsmitteln nicht der Ernährung des menschlichen Körpers dienen, sondern nur aufgrund ihrer anregenden und angenehmen Wirkung genossen werden.

3. Stufe: Aus dem Genuss wird **Missbrauch,** wenn du bestimmte Mittel immer häufiger und regelmäßiger nimmst und dich damit selbst körperlich, psychisch und sozial schädigst.

Kritisches Stadium

4. Stufe: Wenn du in der Schule oder mit Freunden nicht klarkommst, mit deinen Eltern Stress oder in der Liebe kein Glück hast und dich deshalb in Drogen flüchtest, ist das **ausweichendes Verhalten.**

5. Stufe: Aus dem ausweichenden Verhalten kann ein **abweichendes oder auffälliges Verhalten** werden, wenn sich der Drogenkonsum nicht mehr auf legale Drogen wie Nikotin, Alkohol oder übermäßiges Essen beschränkt, sondern auch noch illegale Substanzen wie Haschisch oder Heroin hinzukommen.

6. Stufe: In dem Moment, in dem sich ausweichendes Verhalten wiederholt, tritt die **Gewöhnung** ein. Beispiel: »Immer wenn mir etwas zu viel wird, rauche oder trinke ich erst mal eine(n)!«

Dennoch ist in der Phase der Gewöhnung noch nicht alles verloren, und du hast durchaus eine große Chance, dein Verhalten kraft deines Willens zu verändern – wenn es auch schon etwas schwieriger ist als vorher.

Chronisches Stadium

7. Stufe: Je mehr die körperliche und psychische Gewöhnung zunimmt, desto stärker gerät der Drogenkonsument in die **Abhängigkeit.** Dies äußert sich nicht allein darin, welche Art und Menge und wie viele verschiedene Suchtmittel er missbraucht, sondern vor allem darin, zu welchem Zweck die Drogen oder Verhaltensweisen (bei stoffungebundenen Süchten) eingesetzt werden. **In** der Regel wird das getan, um bestehende Probleme zu bewältigen.

8. Stufe: Von **süchtigem Verhalten** ist die Rede, wenn jemand Suchtmittel, Handlungen oder Verhaltensweisen (bei stoffungebundenen Süchten) benutzt, um mit deren Hilfe Unlust zu verhüten, Kontaktschwierigkeiten abzubauen, Lustgewinne oder Leistungs- und Energiesteigerung zu erzielen. Ohne diese Mittel wäre er nicht fähig, bestimmte Situationen zu packen.

9. Stufe: Wenn der innere Zwang so groß ist, dass der süchtige Mensch das Gefühl hat, er müsse sich sein Suchtmittel in immer höherer Dosis zuführen, dann hat der Betroffene den Endzustand der Abhängigkeit von einer Droge, einem Genussmittel oder einer Verhaltensweise erreicht. Man spricht nun von **Sucht oder Suchtkrankheit,** wovon sich der Kranke auch mit noch so großem Willen allein nicht mehr befreien kann.

Du siehst hier, wie differenziert das Thema Sucht eigentlich behandelt werden muss und dass man es doch ziemlich lange noch schaffen kann, die Kurve zurück in die Drogenfreiheit wieder zu kriegen – wenn man nur will und einsichtig genug ist! Wer allerdings bis zum ausweichenden Verhalten oder der Gewöhnungsphase den Absprung nicht auf die Reihe bekommt, für den wird es immer härter und häufig aussichtslos.

Wie kannst du es vermeiden, abhängig zu werden?

Jemand, der zu einer besonderen Gelegenheit ganz spontan oder in den Ferien mal »die Sau rauslässt« und in vollen Zügen Alkohol oder Nikotin genießt, der wird nicht gleich abhängig. Auch jemand, der sich

mal mit Amphetaminen, Ecstasy oder Kokain hochputscht oder an einer entspannenden Haschisch- oder Marihuana-Pfeife in friedlicher Runde zieht, der muss nicht sofort Angst haben, davon lebenslänglich süchtig zu werden. Dennoch sollte sich jeder, der dies tut, genau darüber klar sein, dass es sich hier um einen einmaligen oder höchstens gelegentlichen Spaß handelt, und es nicht tun, weil er glaubt, damit den Sinn des Lebens ergründen oder ein dauerhaft »geiles Gefühl« herbeiführen zu können. Dieses Hoch ist nach kurzer Zeit vorbei und alles ist wieder wie vorher. Und dann kommt es darauf an, dass du dich der Realität stellst und dir nicht wieder ein paar Drogen genehmigst, um ihr zu entkommen.

Überlege genau, ob du dir wirklich zutraust, auch nach einem noch so tollen Hochgefühl die Finger wieder von Drogen zu lassen und deine alltäglichen Dinge ganz nüchtern zu managen! Wenn du dir nicht sicher bist, dass du das kannst, dann lass es gleich sein und probier es nicht! Mach nicht den Fehler, dich selbst zu überschätzen und dir einzureden, dass du schon wieder aufhören kannst, wenn du willst. Es ist eine schwierige und verantwortungsvolle Entscheidung, die du treffen musst, und eine, die du dir auch von niemandem abnehmen lassen solltest, der dich nur mitreißen will.

Klar: Du kannst es natürlich am besten vermeiden, von einem Stoff abhängig zu werden, wenn du ihn erst gar nicht probierst. Dies ist der sicherste und einfachste Weg. Da aber die Verlockungen an allen Ecken lauern, du gerade jetzt sehr neugierig auf all das bist, was das Leben zu bieten hat, und ohnehin genau das besonders aufregend und spannend findest, was deine Eltern oder andere Erwachsene verdammen oder dir gar verbieten, solltest du unbedingt lernen, für dich selbst Verantwortung zu tragen.

Das bedeutet auch, dass du lernen musst, mit Belastungen, unangenehmen Situationen und Problemen fertig zu werden. Steck nicht den Kopf in den Sand, wenn du mal nicht mehr weiter weißt – das wird dir im Leben noch oft passieren. Und nichts ist so schlimm und aussichtslos, dass sich dafür keine Lösung finden würde. Vertrau dich jemandem an, den du magst, und versuch vor allem, die Sache positiv zu sehen. Was dir im ersten Moment grauenvoll erscheint, sieht morgen schon ganz anders aus.

Entzug, Entwöhnung, Nachsorge: Harte Arbeit

Wer sich einmal an Suchtmittel und die damit verbundenen Verhaltensmuster gewöhnt hat, kann dies nicht von heute auf morgen beseitigen. Der Weg aus dem Dilemma ist weit und vor allem hart. Nur ganz wenige schaffen den Ausstieg und die Rückkehr in ein normales, bürgerliches Leben auf Anhieb. Solange der Süchtige nicht selbst einsieht, wie es um ihn steht, und solange er nicht aus eigener Überzeugung Entzug und Therapie beginnt, besteht wenig Aussicht auf Erfolg. Wenn sich der Kranke auf eine Behandlung nur einlässt, weil er dazu von anderen gedrängt wird, ist die Sache von vornherein zum Scheitern verurteilt.

Körperliche Entzugserscheinungen treten nur bei Suchtmitteln »mit Toleranzausbildung« auf. Dazu gehören vor allem Opiate wie Heroin, Alkohol und viele Schlaf- und Beruhigungsmittel, die dämpfende und angstlösende Wirkung haben. »Toleranzausbildung« heißt, dass sich der Stoffwechsel des Kranken dem Rauschgift so weit angepasst hat, dass der Körper die viel zu hohen und sonst tödlichen Mengen eines Suchtmittels verträgt oder »toleriert«. Beispiel: Ein Alkoholkranker, der zwei Flaschen Hochprozentiges leert, wirkt oft noch erstaunlich fit, weil sein Körper an den Stoff und die hohe Menge gewöhnt ist.

Christina (14): »Wie weh tut ein Entzug dem Süchtigen? Stimmt es, dass er sich dann nicht mehr bewegen und nicht mehr schlafen kann und dass er immer nur erbricht, zittert, schwitzt und friert?«

Die körperlichen Schmerzen, die ein Entzug mit sich bringt, sind sehr vielfältig und eine knallharte Angelegenheit. Das vegetative Nervensystem des Kranken reagiert über, und daher kommen die schreckliche innere Unruhe, Gereiztheit und Abgeschlagenheit, Schlafstörungen und Schweißausbrüche, Schwindel, Schüttelfrost, Zittern, Übelkeit und weite, große Pupillen. Manchmal leiden Süchtige auch unter Durchfällen, Erbrechen, Bauch-, Glieder- und Gelenkschmerzen. Je nach Suchtmittel (vor allem bei Benzodiazepinen und Mehrfachabhängigkeit) kommt es auch zu heftigen Krampfanfällen.

Neben dem körperlichen darf der seelische Entzug nicht vergessen werden. Aus Angst vor den unerträglichen körperlichen Schmerzen drängt es den Süchtigen deshalb immer wieder zu erneuter Drogeneinnahme. Sobald die Wirkung des Stoffs nachlässt, wird er unruhig, gereizt, depressiv, hat oft Selbstmordgedanken und tut alles, um sich eine neue Dosis zu beschaffen.

Gerade die seelischen Entzugserscheinungen sind es, die Abhängige immer wieder zum Konsum ihres Suchtmittels zwingen und sie gegen ihren Wunsch an die Droge binden. Deshalb ist eine spezielle Psychotherapie für Ausstiegswillige langfristig unerlässlich.

Hat sich der Kranke entschieden, ein Leben ohne Drogen zu führen, muss er durch den **kalten Entzug,** der je nach Dauer und Dosierung des Stoffes etwa drei bis sieben Tage dauert. Ein reiner Heroin-Entzug gleicht einer sehr starken Grippe und ist nach etwa einer Woche durchgestanden. Da jedoch die meisten Süchtigen mehrfach abhängig sind, also auch Medikamente und Alkohol konsumieren, kann der Entzug wesentlich länger dauern und noch heftiger sein.

Von einem **warmen Entzug** spricht man, wenn er mit Ersatzdrogen wie Methadon oder Buprenorphin durchgeführt wird. Viele Therapieeinrichtungen und Kliniken bestehen jedoch auf dem »kalten Entzug« oder »cold turkey«, bei dem es keinerlei Ersatzstoffe gibt.

Dadurch, dass es etwa sieben bis zehn Tage keinerlei Suchtmittel gibt, wird der Körper erst einmal entgiftet. Dies erfolgt meist abrupt. Nur in besonderen Fällen wird langsam herunterdosiert. So oder so – psychologische Betreuung ist dabei unbedingt nötig. Starke körperliche Schmerzen werden hin und wieder gezielt medikamentös behandelt. So eine **Entgiftung** findet in der Regel stationär in einem Krankenhaus statt. Sie ist jedoch nur der erste Schritt, den ein Abhängiger tun muss, der von seiner Sucht loskommen will.

Da Süchtige aus ihrem Alltag wissen, welches Entzugsleiden ihnen bevorsteht, wenn sie sich für Entgiftung und Therapie entscheiden, zögern sie oft sehr lange, bis sie sich dazu durchringen, und kehren stattdessen lieber wieder in ihr gewohntes Milieu zurück. Viele halten den Entzug nicht durch und brechen ihn oft auch wieder ab.

Erst wenn die schlimmsten Entzugserscheinungen abgeklungen sind, wird mit der eigentlichen Therapie begonnen. Dabei sollen die seelischen Konflikte, die einer Sucht zu Grunde liegen, aufgearbeitet werden. Dieser psychische Entzug heißt auch **Entwöhnung.** Der Patient soll in dieser Phase lernen, Verantwortung für sich selbst zu übernehmen, sich zu behaupten, sein Denk-, Erkenntnis- und Urteilsvermögen wiederherzustellen und drogenfrei, unabhängig und produktiv zu leben. Vor allem geht es natürlich darum, zu begreifen, dass er seine Probleme nicht durch die Einnahme von Drogen lösen kann. Die Entwöhnung sollte möglichst sofort an die Entgiftung anschließen. Ist keiner der viel zu wenigen Therapieplätze frei, was leider zu oft vorkommt, ist ein Rückfall fast unausweichlich.

Um hier eine Brücke zu bauen, haben verschiedene Drogenberatungen »Übergangswohngemeinschaften« eingerichtet, in denen Ausstiegswillige von Fachleuten betreut werden und so von der Entgiftung bis zur Therapie nicht auf sich allein gestellt und der Gefahr ausgesetzt sind, wieder ins alte Fahrwasser zu geraten.

Die Dauer einer Entwöhnung ist sehr unterschiedlich. Manchmal genügen schon sechs bis acht Wochen – vor allem dann, wenn das soziale Umfeld wie Familie, Bezugspersonen oder Beruf erhalten bleiben. Das ist jedoch nur selten der Fall. In der Regel ist aber ein mindestens sechs Monate langer Prozess nötig, um den Patienten halbwegs fit fürs normale Leben ohne Drogen machen zu können. Der Ausstieg braucht in jedem Fall ebenso viel Zeit wie der Einstieg.

Nach einer erfolgreichen Therapie ist eine intensive Nachsorge sehr wichtig. Dies kann am besten in einer geeigneten Selbsthilfegruppe mit anderen Betroffenen geschehen. Die Gruppe begleitet den Exabhängigen auf dem Weg zurück in die Gesellschaft, deren Normen er sich weitgehend wieder anpassen soll. Ob all diese Normen gut und richtig sind, sei dahingestellt. Tatsache ist jedoch, dass ein Süchtiger auch ins Abseits geriet, weil er sich diesen Normen widersetzte. Außerdem soll durch die Arbeit in der Gruppe auch das Rückfallrisiko auf ein Minimum begrenzt werden.

Abstinenz: Was heißt das?

Unter Abstinenz versteht man den totalen Verzicht auf jedes Suchtmittel. Sie ist für Suchtkranke die Voraussetzung für eine erfolgreiche Therapie und muss auch danach beibehalten werden. Schon eine minimale Dosis des Suchtmittels könnte – auch nach langer Enthaltsamkeit – einen schweren Rückfall auslösen. Alkoholiker, die abstinent leben, nennt man »trocken«, Abhängige von illegalen Drogen »clean«, was so viel bedeutet wie »sauber«.

Wie schlimm ist ein Rückfall?

Auch wenn ein Suchtkranker eine erfolgreiche Therapie absolviert und jahrelang abstinent gelebt hat, ist er vor einem Rückfall nicht hundertprozentig sicher. Der Rückfall gehört zum Krankheitsbild Sucht und trifft leider früher oder später fast jeden, der versucht, seine Krankheit zu bewältigen. Für den Betroffenen bedeutet ein Rückfall Wiedereinstieg in den Suchtkreislauf mit all seinen zerstörerischen Folgen. Für Angehörige brechen erneut Hoffnungen zusammen, die an die Nüchternheit geknüpft waren.

Dennoch muss ein Rückfall keine Katastrophe sein und man muss auch nicht gleich die Hoffnung aufgeben. Nicht selten erreicht der Kranke erst nach mehreren vergeblichen Anläufen die erwünschte Drogenfreiheit. Rückfälle sollten daher als wichtige Erfahrungen gesehen werden, aus denen man lernen kann. Zudem steckt darin auch die wertvolle Chance zu begreifen, in welcher Situation derjenige wieder zum alten Suchtmittel greift. Ist ihm das bewusst, kann er gezielt daran arbeiten.

Es gibt viele verschiedene Gründe für einen Rückfall – und jeder suchtkranke Mensch hat einen anderen. Manch einer lebt zwanzig Jahre und länger abstinent und wird dann rückfällig, andere steigen sofort nach dem Entzug wieder mit Alkohol und/oder Drogen ein oder spätestens dann, wenn das erste Problem auftaucht. Und da wären noch die, welche abwechselnd abstinente und süchtige Phasen durchleben. Rückfälle sind so unterschiedlich wie suchtkranke Menschen selbst.

Jeanette (17): »Stimmt es, dass man lebenslang suchtkrank bleibt, auch wenn man trocken oder clean ist?«

Ja, die Anfälligkeit bleibt ein Leben lang bestehen. Vor allem beim Alkoholiker führt der erste Schluck nach erfolgreicher Abstinenz sofort wieder in die Suchtkrankheit zurück, die ja nicht heilbar, sondern nur »stillgelegt« ist. Auch ehemalige Drogenabhängige können sofort wieder in den Teufelskreis rutschen, wenn sie nach einer cleanen Phase erneut auf eines ihrer Suchtmittel zurückgreifen. Der tägliche Leitsatz für alle ehemaligen Abhängigen heißt: »Den heutigen Tag meistere ich ohne Alkohol oder Drogen!« Wer sich vornimmt, das nie mehr zu tun, kann diese Zeitspanne nicht überblicken und ist daher versucht, bei der nächsten schwierigen Gelegenheit seine Vorsätze zu vergessen.

Ein Rückfall ist eine Niederlage für den Suchtkranken, die er aber in den Griff bekommen kann, wenn er sofort wieder die Bremse zieht und genau darüber nachdenkt, wie es dazu kommen konnte. Es bringt auch nichts, nach einem Entzug wieder herumzuprobieren, ob man nicht doch ein bisschen Stoff nehmen könnte. Wer einmal trocken oder clean ist, sollte jeden Tag alles dafür tun, um es auch zu bleiben! Dazu waren die Schmerzen zu groß, um das Erreichte wieder aufs Spiel zu setzen. Und die Gefahr, erneut in den Teufelskreis der Droge zu geraten, ist viel zu präsent.

Signale, die auf eine mögliche Suchtgefährdung hinweisen

Es gibt leider keine eindeutigen Signale, die sicher aussagen, dass jemand suchtgefährdet ist. Aber es gibt spürbare Anzeichen dafür, dass ein Jugendlicher große Probleme hat, die ihn eventuell offen machen für Drogen. Wenn du jemanden in deiner Umgebung kennst, der dir durch folgende Verhaltensweisen auffällt, dann solltest du versuchen, ein Gespräch mit ihm zu führen und einfühlsam zu fragen, wo die oder den Betreffende(n) der Schuh drückt. Wenn sie oder er abblockt, dann mach Eltern, Lehrer oder andere Erwachsene darauf aufmerksam!

Verhalten, das auf problematische Entwicklungen hinweisen kann:

- wenn jemand passiv ist, sich ungern oder gar nicht an gemeinsamen Unternehmungen beteiligt und sich lieber allein daheim in seinem Zimmer einbunkert
- wenn einer keinen Sinn im Leben sieht, selten lacht und alles blöd findet
- wenn er gehemmt ist, kein Selbstbewusstsein, aber viele Komplexe hat
- wenn jemand total unselbstständig ist, sich leicht und schnell von anderen beeinflussen lässt und keine Grenzen setzt
- wenn er beim kleinsten Problem bereits völlig ratlos ist und innerlich zusammenbricht, wenn etwas nicht so klappt, wie er es wollte, z. B. in der Liebe oder in Schule/Beruf
- wenn er oder sie zu hohe Leistungsansprüche an sich selbst hat und schon mit Note zwei ganz unglücklich ist
- wenn jemand Kontaktschwierigkeiten hat, sich lieber versteckt als sich zu zeigen oder vor Aufregung rot anläuft, wenn er angesprochen wird

All diese Punkte müssen nichts aussagen, aber sie können jemanden dazu bringen, dass er leidet. Und wer leidet, will sich trösten – und könnte genau diese Tröstung in einer Droge finden. Um dies zu verhindern, sollten Erwachsene, aber auch du als Schulfreundin oder Schulfreund wachsam sein und darauf reagieren. Meist sind es Signale, die solche Menschen aussenden, um auf sich aufmerksam zu machen. Je früher sich jemand um sie kümmert, desto bessere Chancen haben sie, doch noch den richtigen Weg einzuschlagen.

Achte darauf, dass du vorsichtig und sensibel auf denjenigen zugehst, der ein Problem zu haben scheint. Tu dies allein, nicht zu zweit oder gar zu dritt! Es könnte dem anderen Angst einjagen, wenn ihr als Gruppe auftretet. Außerdem hätte die/der Betroffene nicht mehr das Gefühl der Diskretion, was ungeheuer wichtig ist. Und sei nicht böse, wenn sie/er dich erst mal abweist. Biete an, dass du trotzdem jederzeit zu einem Gespräch bereit bist, auch wenn es jetzt nicht gleich klappt. Möglicherweise ist die/der Betreffende so überrascht, dass sich plötzlich jemand um sie/ihn bemüht, dass sie/er das erst einmal verdauen muss.

Auf der nächsten Seite kannst du testen, ob du selbst gefährdet bist, süchtig zu werden. Nimm die Finger und zähl mit, wie oft du mit ja antwortest.

Überleg genau, warum du unbedingt mal Zigaretten oder Haschisch rauchen, Alkohol, Pillen oder sonstige Drogen konsumieren möchtest oder es bereits getan hast! Sei ehrlich zu dir und beantworte die folgenden zehn Fragen spontan mit ja oder nein!

◊ Fühlst du dich mit Zigarette in der Hand unter anderen Menschen sicherer, stärker und cooler?
◊ Ist die Zigarette für dich eine Art Krücke, an der du dich in der Öffentlichkeit festhalten kannst? Weißt du ohne Zigarette nicht, wohin mit deinen Händen?
◊ Glaubst du, über Feuergeben und Zigarettenschnorren eher Kontakte knüpfen zu können?
◊ Versuchst du, mit Alkohol deine Hemmungen in Discos oder Kneipen vor anderen zu übertünchen?
◊ Hast du ohne Alkohol wenig Spaß in größeren Runden?
◊ Traust du dich ohne Alkohol oder Pille nicht, deinen Schwarm anzumachen?
◊ Kommst du dir mit einer Haschisch-Pfeife oder auf Pille anderen überlegen vor?
◊ Möchtest du all die Sorgen des Alltags mit Pille und/oder Alkohol wenigstens für ein Wochenende vergessen ?
◊ Macht dich das Gefühl an, zu einer großen glücklichen Familie zu gehören, wenn du Drogen konsumierst?

Wenn du sieben oder mehr Fragen mit ja beantwortet hast, bist du suchtgefährdet oder legst sogar schon ein süchtiges Verhalten an den Tag. Du solltest das unbedingt ändern. Denk intensiv darüber nach und sprich mit Fachleuten in Drogenberatungsstellen darüber!
Wer drei bis sechs Fragen bejahen musste, der nimmt die Gifte und schädigt sich damit selbst. Es kommt darauf an, wie häufig und wie regelmäßig man das tut. Einmaliger Gebrauch hat kaum Folgen, aber alles darüber hinaus zeugt davon, dass du handfeste Probleme hast, die du versuchst, mit Suchtmitteln vergessen zu machen oder gar zu lösen.
Wer keine oder höchstens zwei Fragen mit ja beantwortet hat, der nimmt hin und wieder mal ein Suchtmittel und genießt es auch. Eine Abhängigkeit ist nicht gegeben. Dennoch solltest du dich selbst genau beobachten, damit dein Verhalten nicht zur Gewohnheit wird.

Wie kannst du jemandem helfen, der bereits abhängig ist?

Zu einer Freundin oder einem Freund, der oder die bereits »voll drauf« ist auf Drogen, hast du meist keinen emotionalen Zugang mehr. Das heißt, dass du im Grunde nichts tun kannst, um zu helfen. Außerdem wirst du feststellen, dass die/der Abhängige seine Sucht vor dir – und auch vor sich selbst – leugnet. Solange dies der Fall ist, besteht ohnehin keine Chance, irgendetwas für sie/ihn zu tun. Deine gut gemeinten Ratschläge würden in dieser Situation nur verpuffen.

Du kannst einem Abhängigen keine Schwierigkeiten ersparen, die mit seiner drogenorientierten Lebensweise verbunden sind. Er wird nicht auf dich hören, weil er von der Sucht getrieben wird. Im Gegenteil – du wirst von ihm nur enttäuscht sein, weil er dich möglicherweise beleidigt, benutzt und brüskiert. Deine Zuwendung sollte jetzt nicht bedingungslos sein. »Ich bin immer für dich da!«, ist zwar sehr lieb von dir gemeint, aber damit kommst du bei einem Süchtigen keinen Schritt weiter. Sag stattdessen: »Ich bin für dich da, wenn du von deiner Sucht loskommen willst!« oder »Wenn du dich mit mir treffen oder mich besuchen willst, dann nur ohne Drogen !«

Lass es keinesfalls zu, dass der Abhängige bei dir in der Bude Stoff zu sich nimmt. Damit würdest du seinen Drogenkonsum unterstützen und Verständnis zeigen. Genau das wäre aber falsch. Es wäre viel wichtiger, das Problem offen anzusprechen. Aber das wird der Betroffene wahrscheinlich nicht wollen.

Auf Dauer ist eine Freundschaft mit einem Abhängigen ohnehin nicht möglich. Ihm können nur Fachleute helfen. Und auch nur dann, wenn er selbst diese Hilfe sucht. Du kannst nur helfen, indem du nicht hilfst. Traurig, aber wahr.

B. LEGALE DROGEN

1. NIKOTIN

Voll cool mit Zigarette?

Nele (13): »Eigentlich wollte ich gar nicht rauchen. Aber als einige in meiner Clique damit anfingen, habe ich halt auch mal eine probiert. Erst hat es mir überhaupt nicht geschmeckt, ich musste furchtbar husten. Aber so nach und nach hörte das auf, und ich fand es voll cool. Jetzt rauchen wir fast alle. Mit Zigarette wird man ernster genommen und wirkt nicht mehr so kindisch.«

Die meisten Raucher erinnern sich an ihre erste Zigarette: im Keller, auf dem Schulklo oder auf einer Party. Und meistens geschah es heimlich, weil es verboten war und weil sie noch zu jung waren – wie Bea. Und geschmeckt hat der Mehrzahl die erste Zigarette auch nicht – wie Bea. Vielen ist es danach eher schlecht gegangen. Denn damals hat der Körper noch richtig reagiert und gegen das Gift rebelliert. Nachdem sie die Signale ihres Körpers jedoch ignorierten und ihn zwangen, sich mit dem Nikotin zu arrangieren, wurden die Beschwerden weniger – der Organismus gewöhnte sich daran, und ab diesem Moment rebelliert er, wenn man mit dem Rauchen wieder aufhören möchte. Der Körper ist abhängig von diesem Stoff, sodass es für den Raucher zum Problem wird, sich keine Zigarette mehr anzuzünden.

Die Entscheidung, ob jemand Raucher wird oder Nichtraucher bleibt, fällt in der Regel zwischen dem 14. und 16. Lebensjahr. Denn in dieser Zeit ergeben sich immer häufiger Gelegenheiten zu rauchen: Mitschüler, ältere Bekannte, Arbeitskollegen oder auch Familienangehörige bieten schon mal Zigaretten an.

Der soziale Druck der Freunde hat Wirkung. So schlittert mancher in die Gewöhnung. Wer mit dem Anbieten und Annehmen von Zigaretten erst einmal Erfolg in der Clique oder beim Flirten hat, für den fällt möglicherweise eine wichtige Barriere. Zigaretten scheinen geradezu ideal zu sein, um mit jemandem ins Gespräch zu kommen.

Zigaretten sind auch geeignet, Zeit zum Überlegen zu gewinnen oder nach einer Anstrengung zu entspannen. Bea: »Nach einer Klassenarbeit eine Zigarette, das tut richtig gut.« Außerdem bietet eine Zigarette die Chance, sich an etwas festzuhalten und Unsicherheit zu überspielen. Sie übernimmt die Funktion einer »Psycho-Krücke«. So gerät man »Zug um Zug« in den regelmäßigen Zigarettenkonsum.

Irgendwann stellen Raucher dann fest, dass sie immer wieder zur Zigarette greifen (müssen). In dieser Phase, der Stabilisierung, wird die Wirkung des Nikotins zunehmend wichtiger. Anfangs erklären Raucher noch jedem Nichtraucher, dass sie natürlich jederzeit aufhören könnten, dass sie es aber gar nicht wollten. Jedenfalls nicht jetzt, nicht heute und nicht hier. Außerdem, so sagen viele, würde ihnen die Zigarette sehr gut schmecken.

Wer als Jugendlicher nicht geraucht hat, fängt auch später meist nicht mehr damit an. Du hast es also jetzt in der Hand, entscheidende Weichen für die Zukunft zu stellen. Im Übrigen glauben viele Jugendliche und Erwachsene, dass ein großer Teil der Altersgruppe zwischen 12 und 18 Jahren raucht. Das stimmt nicht, die meisten Jugendlichen sind Nichtraucher.

Häufig wird die erste Zigarette bereits zwischen 9 und 12 Jahren im Kreise der Schul- und Spielfreunde ausprobiert. Dabei sind Neugier, Experimentierfreude und der Wunsch, es den Großen gleichzutun, die Motive. Später geht es dann darum, dazuzugehören, in der Clique anerkannt zu sein. In dieser »Initiationsphase« wird quasi noch auf Probe geraucht. Für sehr viele bleibt es beim Versuch, aber viel zu viele andere rauchen weiter.

Deshalb solltest du dir gut überlegen – wie bei allen anderen Stoffen auch, die süchtiges Verhalten fördern –, ob du das Rauchen nicht gleich lassen solltest. Für Jungen hat Rauchen vielleicht auch etwas Männliches. Dieses Bild kommt daher, dass Cowboys, Detektive und andere starke Typen in Filmen früher oft eine Zigarette im Mundwinkel hängen hatten, die ihnen dieses besondere Flair eines »starken Mannes« zu geben schien. Heute wird in Filmen weniger geraucht, aber die Klischees halten sich noch immer. Eine Zigarette macht jedoch noch keinen Mann.

Das Rauchen ist nach dem Gesetz erst ab 18 Jahren offiziell und »uneingeschränkt erlaubt«. Dass in Schulen, wo sich zudem häufig auch noch Abc-Schützen aufhalten, nicht geraucht werden darf, versteht sich da von selbst. Untersuchungen haben ergeben, dass mehr als ein Drittel aller Jugendlichen, die rauchen wollen, schon unter 18 Jahren zur Zigarette greift. Tabak ist neben Alkohol die am weitesten verbreitete legale Droge unserer Gesellschaft. Das bedeutet aber noch lange nicht, dass es eine gute Sache ist, nur weil es so viele tun. Im Übrigen rauchen weltweit immer weniger Menschen, weil eindeutig bewiesen ist, dass es gesundheitsschädlich ist. Raucher werden oft nur noch milde belächelt, es ist im Grunde längst nicht mehr trendy und schon gar nicht cool, sich von Zigaretten abhängig zu machen.

Greta (15): »Mein Vater raucht seine Erste schon morgens vor dem Frühstück!«

Wer in einem Haushalt groß wird, in dem geraucht wird, für den gehören Zigaretten zum täglichen Leben. Das Vorbild der Eltern ist sehr wichtig für deine Einstellung. Bereits ein kleines Kind ahmt das Verhalten Erwachsener nach. Doch wenn es ums Rauchen geht, solltest du dich keinesfalls an deinen nikotinabhängigen Eltern orientieren, sondern ihnen eher demonstrieren, dass es auch ohne Zigaretten geht.

Es muss nicht sein, dass Jugendliche, deren Eltern rauchen, ebenfalls zu Rauchern werden. Aber es ist eben häufig der Fall. Manche haben von

dem Qualm zu Hause auch so die Nase voll, dass sie selbst mit Rauchen überhaupt nichts im Sinn haben. Ärgerlich wird es, wenn dir deine Eltern allerlei gute Ratschläge geben und sogar Verbote erteilen, aber selbst eine nach der anderen rauchen.

Greta ist total sauer, weil sie genau weiß, was sie will, aber vor jeder Party, zu der sie geht, von ihren Eltern Standpauken in Sachen Drogen bekommt:

»Es geht mir voll auf die Nerven, dass meine Eltern mir immer unterstellen, ich würde nur auf Feten gehen, weil es dort Drogen gibt. Gut, es gibt natürlich welche, aber mich interessiert das gar nicht, mich mit Pillen vollzudröhnen. Ich trinke vielleicht ein, zwei Gläser Wein, aber das ist es. Mir bietet auch keiner mehr so Zeug an, weil sie wissen, dass ich das nicht nehme. Die anderen finden es total uncool von mir, dass ich so konsequent nichts nehme – nur meine Eltern, die unterstellen mir das Allerschlimmste, sehen mich schon mit der Nadel im Arm auf dem Bahnhofsklo liegen. Dabei raucht mein Vater seine erste Zigarette schon vor dem Frühstück, meine Mutter gleich danach. Sie sind beide voll drauf auf Nikotin und wollen mir erzählen, was süchtig ist. Es ärgert mich, dass sie gar kein Vertrauen haben und in diesem Punkt richtig hysterisch sind, vor allem meine Mutter. So wie die zwei will ich jedenfalls nie von etwas abhängig sein.«

Gewohnheit, Geselligkeit, Genuss: Warum Menschen rauchen

Ines (16): »Wenn meine Freundin Hanni und ich zusammensitzen, gibt es immer jede Menge zu bequatschen. Wir finden oft gar kein Ende, können uns kaum trennen und rauchen dann immer noch eine Abschiedszigarette und noch eine.«

Ines beschreibt eine von zahlreichen Standardsituationen, in denen viele gewohnheitsmäßige Raucher zur Zigarette greifen – manchmal, ohne es zu bemerken. Bei 15 Zigaretten täglich ist das insgesamt 5.475 Mal im Jahr. In der Schule oder in Wartezimmern darf ohnehin nicht geraucht werden, also vorher schnell noch mal eine anstecken. Der nächste Bus kommt erst in zehn Minuten – die Gelegenheit, rasch eine zu rauchen. Oder noch fünf gemütliche Minuten am Esstisch, noch eine Schlusszigarette – das, so meinen Raucher, sei das wahre Lebensgefühl. Eine andere häufige Situation: Das Telefon klingelt, Freunde sind dran, zum Schwätzchen gehört natürlich eine Zigarette. Wirklich? Ist es Grund genug zu rauchen, nur weil es im Alltag viele Anlässe dafür gibt, sich eine anzustecken?

Warum rauchen Menschen überhaupt? Dafür gibt es viele Motive: aus Frust, aus Langeweile, bei Nervosität, aus Unsicherheit, um Hemmschwellen zu überwinden, wenn Probleme auftauchen, um zur Clique zu gehören oder einfach aus Gewohnheit. Für einen Raucher wiegt der momentane Nutzen des Nikotinkonsums schwerer als der spätere Schaden.

Stichwort Gewohnheit: Erst wenn ein Gewohnheitsraucher ernsthaft versucht, mit dem Rauchen aufzuhören, wird nach und nach deutlich, welche Funktionen das Rauchen in seinem Leben erfüllt und welchen Stellenwert es eingenommen hat. Wenn du es gewohnt bist, eine bestimmte Menge Zigaretten zu rauchen, und dies plötzlich nicht mehr tun willst, dann bist du richtig gefordert und wirst auch merken, dass dein Körper da nicht so einfach mitmacht.

Stichwort Geselligkeit: Du sitzt mit deinen Freunden zusammen. Ihr lacht, redet, raucht und trinkt. Wenn die meisten in der Runde rauchen, steigt dein Zigarettenkonsum sprunghaft an – und der der anderen sicher auch. Umgekehrt rauchen die meisten weniger, wenn sie mit Menschen zusammen sind, die nicht rauchen. Deshalb sollte jemand, der willens ist, mit dem Rauchen aufzuhören, sich gut überlegen, ob er sich der Verführung, die von solchen Runden ausgeht, aussetzen will.

Stichwort Genuss: Sicher gibt es auch Raucher, die z. B. eine nach dem Essen genießen oder eine im Cafe zu einem Drink. Fraglich ist nur, ob es diesen Genuss ohne die entsprechende Gewöhnung überhaupt geben kann. Denn schon nach einer längeren Rauchpause, z. B. nach einer Nacht oder einer Krankheit, reagiert der Körper abwehrend mit Schwindelgefühlen oder Darmkrämpfen auf die erste Zigarette.

Welcher Rauchertyp bist du?

> **Lina (16):** »Ich finde es furchtbar, wenn jemand die Zigarette bis zum Filter runterraucht. So etwas machen doch nur Prolos.«

Raucher glauben gern, sie seien geselliger, kontaktfreudiger und weltoffener als Nichtraucher. Doch das ist Unsinn. Raucher sind nicht anders als Nichtraucher, nicht besser und nicht schlechter. Unter den Rauchern jedoch gibt es verschiedene Typen: Identitätsraucher, Genussraucher, Gewohnheitsraucher und Stress- oder Entlastungsraucher.

Identitätsraucher sind vor allem unter Jugendlichen und Frauen zu finden. Sie rauchen, um Sicherheit auszustrahlen, die ihnen aber letztlich fehlt. Deshalb wird das Rauchen in die Körpersprache mit einbezogen. Wie sich jemand die Zigarette anzündet, sie hält, oder besser: sich an ihr festhält und wie und bei welcher Länge er sie ausdrückt, das macht den Raucher vor anderen scheinbar zu einem stärkeren Typ, als er es tatsächlich ist.

Genussraucher stecken sich eine Zigarette in erster Linie an, weil es ihnen Spaß macht, zu besonderen Gelegenheiten wie Festen, weil sie sich über irgendetwas freuen oder einfach nur gut drauf sind.

Gewohnheitsraucher verhalten sich ganz anders als Genussraucher. Sie greifen regelmäßig bei bestimmten Beschäftigungen zur Zigarette. So z. B. wenn sie warten müssen, nach dem Essen, zum Kaffee, in jeder Pause oder auch immer vor dem Fernseher. Der Griff zur Zigarette ist mit sehr vielen täglichen Gewohnheiten verbunden, sodass Gewohnheitsraucher zwangsläufig sehr viel rauchen.

Stress- oder Entlastungsraucher rauchen, um mit unangenehmen Situationen besser klarzukommen. Sobald der Stress zunimmt, sie sich unter Druck fühlen oder Angst vor etwas haben, zünden sie sich eine Zigarette an. Dies verschafft ihnen zwar kurzfristig Erleichterung, führt aber zu einer starken Abhängigkeit.

Egal, in welchem Typ du dich selbst, deine Eltern oder Bekannte wieder erkennst: Sie alle schädigen durch das Rauchen ihre Gesundheit und vergewaltigen mit jeder Zigarette ihren Körper. Er muss sich nach dem Willen des Rauchers mit dem Nikotin arrangieren, das er eigentlich gar nicht möchte. Kein Wunder also, dass er sauer ist und es dir schwer macht, wenn du ihm das Gift, an das er sich nun gewöhnt hat, dann wieder entziehen willst.

Test für Raucher: Warum rauchst du?

Wenn du Raucher bist, dann kannst du mit Hilfe dieses Tests herausfinden, wann du besonders gern oder häufig zur Zigarette greifst. Nimm die Finger und zähl mit! Stimmst du nur der einen oder anderen Aussage zu, rauchst du wahrscheinlich nicht sehr viel, sodass es dir nicht schwer fallen dürfte, es ganz zu lassen.

Musst du die meisten (über die Hälfte) oder gar jeden Punkt mit ja beantworten, ziehst du bereits auf mehrere Arten Befriedigung aus dem Rauchen. Du solltest dringend andere Alternativen und Lösungen finden, um mit dem Rauchen aufhören zu können. Es wird dir nicht leicht fallen, aber es gibt viele Exraucher, die es auch geschafft haben. Nimm dir an ihnen ein Beispiel! Je früher du mit der Qualmerei aufhörst, desto besser!

Ich rauche, weil ...

- ich mich gern belohne
- Zigaretten mich aktiv machen
- mir das Anzünden Spaß macht
- ich gern was in der Hand halte
- Rauchen mich entspannt
- das eine schöne Pause ist
- ich damit Ärger wegblase
- Rauchen mich beruhigt
- ich sonst nervös werde
- mir sonst was fehlt
- in meiner Umgebung alle rauchen
- ich schon länger rauche

(Quelle: Broschüre »Die Freiheit des Abenteuers«, Bundeszentrale für gesundheitliche Aufklärung, Köln)

Wie dich die Werbung zum Rauchen verführen will

Bastian (15): »Am besten gefallen mir die Zigaretten-Boots und die Jacken dazu. Die sind echt voll geil, und sogar meine Mutter hat gesagt, das sei 'ne gute Qualität. Das ist Mode, die ich mag.«

Die Zigarettenwerbung hat es in sich. Da lachen gut aussehende Frauen und Männer von überdimensional großen Werbewänden und vermitteln den Inbegriff von Freiheit, Abenteuer, modernem Lebensgefühl und Stärke. Auf Sonnenschirmen und Speisekarten prangt der Name einer Zigarettenmarke, in Lokalen verteilen junge, »Zigaretten-uniformierte« Scouts kostenlose Probepäckchen, und im Supermarkt läuft gerade das Gewinnspiel rund um die Zigarette. Nicht zu vergessen die aufwendige Kinowerbung, die gerade bei Jugendlichen gut ankommt.

Durch diese vielfältige und oft unterschwellige Werbung, in der oft gar keine Zigarette vorkommt, entsteht der Eindruck, als gehörten Tabak und Zigaretten zum täglichen Leben. Ob in der Wohnung, auf Partys, an der Bushaltestelle oder vor der Kneipe – es glimmt und qualmt. Das immer mehr verblassende Positiv-Image des Rauchens ersetzt die Zigarettenwerbung durch ein Image von Lebensfreude, Spaß und guter Laune. Auch wenn die Zigarettenindustrie behauptet, ihre millionenschwere Werbung habe keine konsumsteigernde Wirkung, besteht im Vergleich zu anderen Konsumgütern wie z. B. Süßigkeiten besonders bei Tabak und Zigaretten eine extrem hohe Markentreue.

Es ist erwiesen, dass gerade Jugendliche Zigarettenwerbung sehr genau wahrnehmen. Keine Frage: Sie ist oftmals auch wirklich gut, kreativ und einfallsreich gemacht, verfolgt aber letztlich nur ein Ziel: dich zum Rauchen zu kriegen. Achte auch mal darauf, wie Raucher ihre Zigaretten, Zigarillos oder Zigarren anzünden! Tun Sie das mit besonderen Gesten? Wie halten sie ihre Zigarette in der Hand? Wie drücken sie sie aus? Diese Rituale sind eingeübt und meistens aus Filmen oder der Werbung abgeguckt worden.

Wirtschaftsfaktor Rauchen

Auch wenn der Rauchkonsum seit den 80er-Jahren immer mehr zurückgeht, werden täglich in Deutschland immer noch um die 200 Millionen Zigaretten geraucht. Es gibt mehr als 400000 Tabak-Verkaufsstellen und rund 350000 Automaten. Etwa 12% aller Zigarettenschachteln wird aus dem Automaten gezogen.

Wer raucht, der zahlt. Und zwar kräftig. Wer täglich eine Schachtel für fünf Euro konsumiert, gibt im Jahr 1825 Euro dafür aus. Allein 2014 lag der Zigarettenumsatz in der Bundesrepublik bei über 20 Milliarden Euro. Rund 75 Prozent des Preises einer Schachtel sind Steuern.

Sehr fragwürdig: Rauchen als Diät

> **Sarah (17):** »Manchmal habe ich so einen Appetit auf Süßes, dass ich eine Tafel Schokolade auf einmal vertilgen könnte. Aber weil die so viele Kalorien hat, rauche ich lieber eine Zigarette. Dann nehme ich wenigstens nicht zu.«

Gerade Mädchen und Frauen glauben, ihr Gewicht besser kontrollieren zu können, wenn sie anstatt zu essen lieber eine rauchen. Die Sache hat allerdings einen Haken: Der Körper baut Nikotin sehr rasch wieder ab. Schon etwa 20 Minuten nach dem letzten Zug an einer Zigarette sinkt der Nikotinspiegel deutlich ab und der Hunger kehrt zurück. Um ihn erneut zu unterdrücken, muss sich die Raucherin noch einen Glimmstängel anzünden.

Wer sich das Rauchen abgewöhnen will und abstinent lebt, wird merken, dass es zu länger anhaltenden Entzugserscheinungen des Nikotins kommt, die sich in scheinbaren Hungergefühlen, die in Wirklichkeit aber Gefühle der Leere sind, äußern. Dies lässt sich durch Essen nur kurzfristig überspielen. Der »eigene, wirkliche Hunger« kann einem deshalb schnell unmäßig vorkommen. Viele Frauen greifen dann wieder zur Zigarette, um diesen »Hunger«, also das Gefühl der Leere, in den Griff zu kriegen. Ohne die Gewöhnung ihres Körpers an das Nikotin hätten sie aber diesen falschen »Hunger« gar nicht. Er klingt auch nach einigen Wochen der Enthaltsamkeit ab.

Raucher haben doch nichts mit Drogensucht zu tun! Oder?

> **Kai (17):** »Es ist doch immer noch ein Unterschied, ob ich Rauschdrogen nehme oder nur rauche. Ich habe auch nach der zwanzigsten Zigarette noch einen klaren Kopf, während ein Alki oder ein Junkie ziemlich schnell hinüber ist.«

Nikotin unterscheidet sich wie Alkohol von anderen Suchtstoffen nur dadurch, dass es als »Genussmittel« angesehen und gesellschaftlich akzeptiert ist. Noch mehr als Alkohol ist Nikotin zu jeder Zeit und an jedem Ort verfügbar. Trotz seines inzwischen schlechten Images lässt sich das Rauchen von Zigaretten problemlos in den Alltag integrieren. So kann Tabak fast unbemerkt zu einem scheinbar unentbehrlichen Begleiter werden. Eingefleischte Raucher gehen nie ohne Zigaretten aus dem Haus und haben auch immer ein paar Schachteln als Vorrat zu Hause.

Du stehst noch am Anfang und darfst vielleicht zu Hause nicht rauchen, weil es dir deine Eltern verboten haben. Aber wenn du mit anderen zusammen bist, die qualmen, dann willst du mithalten, schnorrst erst einmal und besorgst dir am Ende selbst eine Schachtel. Und mal ehrlich: Dann kommst du dir erwachsen und cool vor. Jemand, der schon raucht, der ist eben kein Kind mehr. Aber überleg mal: Du würdest viel erwachsener wirken und sogar schon richtig erwachsen sein, wenn du beim allgemeinen Rauchen nicht mitmachen würdest. So könntest du dir auf Dauer Respekt verschaffen, auch wenn du dir erst einmal blöde Sprüche anhören müsstest. Die anderen sind ja auch nicht so doof, dass sie nicht wüssten, dass Rauchen eigentlich uncool und ungesund ist. Es hat nur keiner den Mumm, als Erster nein zur Zigarette zu sagen. Warum willst nicht du den Anfang machen?

Von der Wirkung und Bedeutung im Leben der Konsumenten und den möglichen Gesundheitsschäden her betrachtet, unterscheidet sich Nikotin kaum von anderen Suchtgiften. Auch wenn es vielen Rauchern nicht passt, in eine Reihe mit Suchtmittelabhängigen gestellt zu werden – Nikotin ist ein Gefäßgift, selbst wenn es den Bewusstseinszustand nicht so direkt und massiv verändert wie andere Suchtmittel. Wann genau das Rauchen zur Sucht wird, darüber streiten sich die Experten. Es dürfte jedoch jeder dritte bis vierte Raucher »Nikotiniker«, also süchtiger Raucher, sein.

Eines steht jedenfalls fest: Pro Jahr sind in Deutschland um die 100 000 frühzeitige Todesfälle auf das Rauchen zurückzuführen. Zum Vergleich: Die Zahl der Verkehrstoten liegt derzeit bei etwa 3500 pro Jahr.

Nikotin & Co.: Die Schadstoffe in Zigaretten und ihre Auswirkungen

> **Tony (16):** »Okay, Rauchen schadet der Gesundheit. Aber das Risiko gehe ich ein, weil ich meinen Spaß haben will und gern rauche.«

Vielleicht denkst du wie Tony. Dann solltest du wissen, wie groß dein Risiko ist, das du mit dem Rauchen auf Dauer eingehst. Gut, du kannst jetzt auch weiterblättern, wenn du diese fiese Leier nicht lesen magst, die du von irgendwelchen »Gesundheitsaposteln« schon x-mal gehört hast. Die Entscheidung, darüber noch mal nachzudenken, liegt allein bei dir.

Wenn eine Zigarette verbrennt, entwickeln sich ungefähr zwei Liter Rauch. Neben Nikotin, Kohlenmonoxid und Teer enthält dieser Rauch noch über 3000 chemische Verbindungen, teils in fester Form, teils als Gas. Darunter sind Giftstoffe wie Ammoniak, Blausäure, Stickoxide, Blei und Zink. Vor allem die Bestandteile Nitrosamine, Vinylchlorid, Hydrazin, Benzoapyren und Nickel werden als Krebs erregend angesehen. Ein begründeter Krebsverdacht besteht u. a. bei Formaldehyd, Anilin und Cadmium. Immerhin über 40 Krebs erzeugende Stoffe sind in einer Zigarette nachgewiesen. Das Rauchen ist für Schäden am Gefäßsystem verantwortlich und somit auch an der Verengung und Verkalkung der Blutgefäße (Arteriosklerose) beteiligt.

Nikotin ist ein hochwirksames Gefäßgift. Ein Raucher überlebt eine Zigarette nur, weil sich das Nikotin beim Inhalieren in kleinen Partikeln im Körper verteilt. Auf einmal geschluckt, würde dieselbe Dosis sofort eine schwere Vergiftung hervorrufen. Für Kleinkinder ist diese Dosis tödlich.

Durch die Häufigkeit und Tiefe des Inhalierens regulieren Raucher ihren Nikotingehalt im Blut. Sinkt der Nikotinspiegel, wird wieder geraucht, was ihn erneut hoch treibt. Oft meinen Raucher, durch Umsteigen auf eine leichtere Zigarettenmarke würden sie ihrer Gesundheit einen großen Dienst erweisen. Das ist Unsinn. In der Regel inhalieren sie dann tiefer und mehr, um den Nikotinspiegel in gewohnter Höhe zu halten.

Schon sieben Sekunden nach einem Lungenzug erreicht mit Nikotin angereichertes Blut das Gehirn. Zum Vergleich: In die Venen gespritztes Heroin braucht dafür 14 Sekunden! Im Übrigen soll hier nicht vergessen werden, dass Raucher statistisch auch lieber und häufiger Alkohol (der trotz Legalität eine Droge ist!) konsumieren als Nichtraucher. Das ist Realität.

Nikotin wirkt auf das zentrale Nervensystem anregend, so z. B. bei Verstimmung und Ermüdung. Es steigert die Konzentration vorübergehend, beseitigt Unlustgefühle, baut Müdigkeit ab und regt geistig-psychisch an. Über das vegetative Nervensystem wirkt es beruhigend und entspannend, löst Angst und Anspannung, mindert Schmerzempfindlichkeit und betäubt Hungergefühle. Bei höheren Dosen überwiegt die Dämpfung, z. B. bei Wut, Ärger und Aggressionen, Trauer und Einsamkeit. Deshalb greifen »Stress-Raucher« häufiger zur Zigarette.

Die direkten körperlichen Auswirkungen des Nikotins: Verengung der Blutgefäße, wodurch kühle Haut, Blutdruckanstieg, schnellerer Herzschlag und verminderte Durchblutung entstehen. Wer nicht an das Nikotin gewöhnt ist, muss akut mit Übelkeit, Schwächegefühl, Schweißausbrüchen, Blutdruckabfall und -anstieg im Wechsel und kolikartigen Leibschmerzen rechnen.

Teer ist im Rauch in winzigen Teilchen enthalten, die sich mit jedem Zug aus der Zigarette in den Atemwegen und der Lunge absetzen. Nur ein ganz geringer Teil wird wieder ausgeschieden. Wer jeden Tag ein Päckchen Zigaretten raucht, nimmt im Jahr eine Tasse Teer auf. Die Flimmerhärchen, mit denen Luftröhre und Bronchien ausgestattet sind, sollen verhindern, dass in der Atemluft vorhandene Staubteilchen in die Lunge gelangen. Du kannst die Flimmerhärchen mit einem Fließband vergleichen, das die eingedrungenen Schadstoffe wieder nach draußen befördert. Dieser Mechanismus wird durch den Tabakteer lahm gelegt. Die Flimmerhärchen werden bewegungsunfähig und im Laufe der Zeit ganz zerstört. Dadurch fällt die Selbstreinigung der Atemwege praktisch aus. Nun können sich die Schmutzstoffe ungehindert auf den Schleimhäuten ablagern. Da sie ein idealer Nährboden für Viren und Bakterien sind, kommt es leicht zu Entzündungen. Durch Husten versucht der Körper, den liegen gebliebenen Schmutz loszuwerden. Jeder starke Raucher kennt den morgendlichen Reizhusten. Wenn du ihn selbst noch nicht festgestellt hast, dann vielleicht bei deinen Eltern oder anderen Bekannten, die rauchen. Aus all diesen Schädigungen ergibt sich oft eine chronische Bronchitis.

Kohlenmonoxid ist ein giftiges Gas, das zum größten Teil über die Lungenbläschen ins Blut gelangt. Es ist schuld daran, dass Raucher bei körperlichen Anstrengungen leichter außer Atem geraten als Nichtraucher. Im Blut wird das Kohlenmonoxid anstelle des Sauerstoffs an die roten Blutkörperchen gebunden. Die Folge: Es wird weniger Sauerstoff transportiert. Das Einatmen großer Mengen Kohlenmonoxid bei starkem Rauchen ruft daher Sauerstoffmangel in Organen und Geweben hervor. So kommt es zu Durchblutungsstörungen.

Die durch das Rauchen aufgenommenen Schadstoffe bewirken ein hohes Gesundheitsrisiko. Weil unser Organismus bei der heutigen Umweltbelastung auch noch vielen anderen Schadstoffen ausgesetzt ist, verstärkt sich die Wirkung von Nikotin, Teer und Kohlenmonoxid noch. Der Tabakkonsum ist die wichtigste, aber auch vermeidbare Einzelursache für das vorzeitige Auftreten von Krankheiten und Tod.

Die langfristige Folge des Rauchens muss nicht unbedingt der Lungenkrebs sein. Auch wenn es dir jetzt noch egal ist, was mit dir in zwanzig

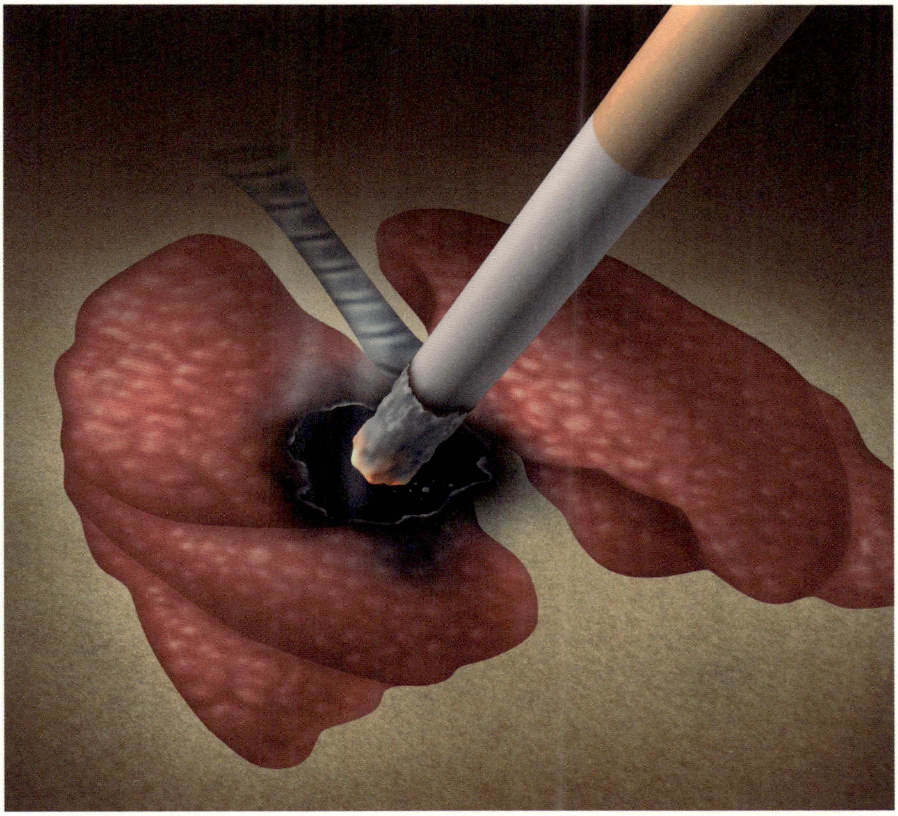

oder dreißig Jahren geschieht, so kann ich dir versprechen: Wenn es dann so weit ist, wirst du nicht sagen: »Lieber ein kurzes, knalliges Leben mit Spaß als ein langes und langweiliges!« Ständiges, intensives Zigarettenrauchen kann neben Lungen- und Bronchialkrebs auch zu Herzinfarkt, Kreislaufproblemen, Raucherbein, Schlaganfall, Magen- und Darmgeschwüren, Zahnproblemen, Sehkraftverminderung, chronischer Bronchitis, Lungenblähung und Kehlkopf- und Mundhöhlenkrebs führen. Du siehst: Die makabere Auswahl ist groß.

Nicht zu vergessen sind der **Hauptstrom- und Nebenstromrauch,** mit dem der Raucher auch den Nichtraucher, der sich in seiner Nähe aufhält, enorm schädigt. Der Raucher selbst nimmt vom Rauch seiner Zigarette nur rund ein Viertel direkt auf – das ist der sogenannte Hauptstromrauch, der zum Teil anschließend wieder ausgeatmet wird. Der größere Teil des Rauchs zieht zwischen den Zügen von der glimmenden Zigarettenspitze in die Umgebung. In diesem Nebenstromrauch, dem Raucher und Nichtraucher ausgesetzt sind, finden sich zahlreiche Schadstoffe in wesentlich höherer Konzentration als im Hauptstromrauch. Bis zu 130-mal stärker ist hier die Konzentration an Krebs erzeugenden Substanzen. Bei einigen Stoffen wie Formaldehyd, Stickoxiden und Nitrosaminen muss mit einer Belastung des Nichtrauchers, in diesem Falle dann des Passivrauchers, gerechnet werden, die der Belastung des Aktivrauchers entspricht.

Du siehst also, was du als Raucher jemandem antust, der selbst entschieden hat, nicht zu rauchen. Du hast nicht nur eine Verantwortung für dich selbst, sondern auch eine für deine Mitmenschen. Deshalb sollte es selbstverständlich sein, dass du in Anwesenheit von Nichtrauchern erst gar keine anzündest oder mit deiner Zigarette kurz weggehst. Auf die Frage: »Stört es dich, wenn ich rauche?«, reagieren die meisten Nichtraucher höflich und sagen nein, obwohl es sie natürlich doch stört.

Ein Nichtraucher empfindet den Qualm oft nicht nur als störend und stinkend, sondern er reagiert darauf auch mit Hustenreiz oder Halsschmerzen, weil sein Körper nicht an das Nikotin gewöhnt ist. Du solltest ihn also mit der letztlich sehr egoistischen Frage, ob du rauchen darfst, nicht konfrontieren. Stell dir vor, er sagt: »Ja, das stört mich!« – dann ärgerst du dich doch, weil du im Prinzip nicht erwartest, dass jemand es dir tatsächlich verbietet. Du nutzt also seine Höflichkeit aus. Das ist unfair und würde dich auch ärgern. Also, rauch mit anderen Rauchern, wenn es sein muss, aber belästige keine Nichtraucher!

E-Zigarette und Shisha

Seit einigen Jahren sind die sogenannten **E-Zigaretten** auf dem Markt und erfreuen sich steigender Beliebtheit. Statt Tabak zu verbrennen werden hier mit Nikotin versetzte Flüssigkeiten (»Liquids«) verdampft. Die gesundheitlichen Risiken dieser neuen Mode auf dem Nikotin-Markt werden derzeit noch hitzig diskutiert. Fest steht, dass beim Verdampfen

kein Kohlenmonoxid, Blausäure, oder Arsen entsteht und die Lunge deutlich weniger belastet wird als beim konventionellen Rauchen. Der Wirkstoff Nikotin ist aber derselbe! Deshalb besteht auch ein ähnlich hohes Suchtpotenzial. Auch einige Bestandteile des Liquids, wie zum Beispiel Aromastoffe, stehen im Verdacht gesundheitsschädlich zu sein. Trotzdem könnten E-Zigaretten für Menschen die bereits abhängig sind, eine weniger schädliche Alternative sein. Einige glauben auch, dass die E-Zigaretten dabei helfen können, ganz mit dem Rauchen aufzuhören, ähnlich wie Nikotin-Kaugummis. Wer noch nicht raucht, sollte sich aber nicht durch die positiven Meldungen über das Verdampfen verführen lassen. Ungefährlich oder gar gesund ist auch diese Konsumform nicht.

Auch **Orientalische Wasserpfeifen**, »Shishas« genannt, waren in den letzten Jahren ein großer Trend. In vielen Städten sind Shisha-Bars entstanden. Meist benutzt eine Gruppe aus mehreren Personen eine Shisha gemeinsam. Der Tabak, den es in vielen süßlichen Geschmacksrichtungen wie Apfel und Kirsche gibt, wird mit einem glühenden Stück Kohle erhitzt. Den entstehenden Rauch leitet der Raucher durch saugen am Mundstück eines Schlauchs zunächst durch den mit Wasser gefüllten Glaskörper, wo er abkühlt und gefiltert wird und anschließend in seine Lunge.

Durch den süßen Geschmack werden selbst Nichtraucher oft neugierig. Shisha rauchen die meisten Konsumenten zwar nur gelegentlich, zum Beispiel ein oder zweimal in der Woche, die gesundheitlichen Risiken sind aber vergleichbar mit denen anderer Rauchmethoden. Manchmal wird behauptet das Wasser würde den Rauch so gut filtern, dass der Rauch gar nicht mehr schädlich sei, das stimmt aber nicht. Im Gegenteil wird durch die Wasserpfeife sogar besonders viel Nikotin und Kohlenmonoxid aufgenommen. Wer konsequenter Nichtraucher sein möchte und auf seine Gesundheit achtet, sollte also auch bei Shishas keine Ausnahme machen.

Mit dem Rauchen aufhören: Jeder Versuch lohnt sich

> **Leon (18):** »Ich rauche seit meinem 14. Lebensjahr Zigaretten, manchmal auch Zigarillos. Immer ein paar mehr. Jetzt sind es so dreißig Stück am Tag. Ich würde gerne aufhören, weil ich merke, dass mir beim Fußballspielen die Puste ausgeht. Aber alle meine Versuche, nicht zu rauchen, gingen schief.«

Mit dem Rauchen wieder aufzuhören ist längst nicht so einfach, wie du dir das vielleicht vorstellen magst. Wenn du Stress hast oder nervös bist, erhöht sich der Zigarettenkonsum eher noch. Auch auf Feten oder in Verbindung mit Alkohol zünden sich Raucher schneller die Nächste an. Es gibt jedoch einige Mittel, mit denen du der Nikotinsucht wenigstens ein bisschen beikommen kannst. Kaugummis und Nikotinpflaster, aber auch Raucherentwöhnungskurse, die Krankenkassen zum Teil kostenlos anbieten, können helfen. Sprich mit deinem Arzt oder Apotheker darüber. Wenn du es nicht von heute auf morgen schaffst, dann versuche erst einmal, den Konsum zu reduzieren und keine Lungenzüge mehr zu machen. Das könnte ein erster Schritt sein.

Das Rauchen wirklich aufzugeben schaffen Raucher oft lange nicht. Dabei haben sie fast alle vor, sich eines Tages für das Nichtrauchen zu entscheiden. Mehr oder weniger bewusst warten sie auf ein einschneidendes Erlebnis, das ihnen die Entscheidung erleichtern soll. Meist aber ist es ein längerfristiger Prozess, der von unterschiedlichen Faktoren beeinflusst wird, bis jemand das Rauchen als ständige Gewohnheit aufgibt und den Zigarettenkonsum reduziert oder ganz einstellt.

95 Prozent der Exraucher haben es allein und von heute auf morgen geschafft. Und über die Hälfte fand das nach eigenen Aussagen gar nicht so schwer. Der letzte und erfolgreiche Versuch war jedoch selten

der erste. Da gingen lange Phasen der Unzufriedenheit mit dem eigenen Rauchverhalten voraus und auch Episoden, in denen der Konsum reduziert oder auf eine leichtere Marke umgestiegen wurde.

Neuere Untersuchungen zeigen, dass mit wiederholten Versuchen, das Rauchen aufzuhören, die Aussichten auf einen endgültigen Erfolg steigen. Jeder Versuch, auch wenn er erneut in einem Rückfall endet, lohnt sich also. Man fängt nicht, wie es ein altes Vorurteil besagt, jedes Mal wieder bei Null an. Die Entwöhnung kann – ebenso wie die Gewöhnung – manchmal Jahre dauern. Neben rauchfreien Zeiten kann es in diesem Prozess auch wieder Phasen geben, in denen noch oder wieder geraucht wird, bis jemand schließlich ganz ohne Zigaretten leben kann.

Wer aufhören möchte, sollte sich also nicht zu sehr unter Zeitdruck setzen. Zweifel und Ängste solltest du beiseite räumen und fest daran glauben, dass du es auch schaffst. Zudem muss natürlich der ehrliche Wunsch da sein, das Rauchen aufzugeben. Nur mit dieser Einstellung hat ein Entwöhnungsversuch Aussicht auf Erfolg.

So kannst du es schaffen! Tipps und Wege zur Entwöhnung

Letztlich ist dein fester Wille, mit dem Rauchen aufzuhören, ausschlaggebend. Wie jede Sucht kann auch diese nur bewältigen, wer einen wirklich klaren Entschluss gefasst hat. Dann wird man auch bei der nächsten Gelegenheit nicht gleich wieder rückfällig.

> Sei dir darüber klar, dass es normalerweise nicht möglich ist, problemlos und über Nacht mit dem Rauchen aufzuhören. Lass dich durch Wunder-Storys anderer nicht verunsichern! Gib dir Zeit! Wähle den richtigen Zeitpunkt zum Aufhören! Dann, wenn du wenig Stress und Druck hast und innerlich frei und bereit dafür bist. Denk in der Phase der Entwöhnung nicht über die gesundheitlichen Folgen des Rauchens nach! Angst und schlechtes Gewissen behindern dich nur und reichen auch als Motivation nicht aus. Falls es andere gibt, die ebenfalls mit dem Rauchen aufhören wollen: Unterstützt euch gegenseitig!

Die Gefahren des Passivrauchens für unfreiwillige Mitraucher

Jasmin (15): »Meine Freundin und ich sind die Einzigen in unserer Clique, die nicht rauchen. Wenn wir aber mit den anderen zusammen sind, wird mir oft schlecht und die Augen brennen, wenn sie alle qualmen. Aber wir zwei haben gegen die anderen acht Leute doch gar keine Chance. Die rauchen, weil sie das cool finden und Spaß damit haben. Was wir zwei wollen, ist denen doch egal.«

Jasmin und ihre Freundin sind keine Einzelfälle. Weil sie zu der Clique gehören und nicht anecken wollen, nehmen sie den Qualm der anderen hin. Obwohl ihnen die Augen brennen und ihnen manchmal sogar übel wird. Auch wenn es dir als Nichtraucher unangenehm ist, so solltest du wenigstens versuchen, die anderen zu bitten, in deiner Anwesenheit weniger oder gar nicht zu rauchen. Meist findet so eine Bitte leider kein Verständnis oder die Raucher schaffen es einfach nicht, deinen Wunsch zu erfüllen. Am Ende stehst du möglicherweise noch als Spielverderber, als Buhmann da.

Am besten ist es, du suchst dir Freunde, die auch Nichtraucher sind, dann kommt das Problem erst gar nicht auf. Schade, dass sich auf diese Weise zwei Lager bilden – das der Raucher und das der Nichtraucher. Dennoch lässt sich das immer öfter nicht vermeiden, denn das Mitrauchen, das dem Nichtraucher durch den Raucher zugemutet wird, ist wesentlich gefährlicher als selbst zu rauchen und wirkt sich ebenfalls erheblich auf die Gesundheit aus.

Nach dem heutigen Stand der wissenschaftlichen Erkenntnis muss auch das »Passivrauchen«, wie Mitrauchen in der Fachsprache genannt wird, als sehr gesundheitsschädlich angesehen werden. Aufgrund zahlreicher Studien gilt als gesichert, dass es auch Lungenkrebs hervorrufen kann. Zudem gibt es Hinweise, dass Passivrauchen auch das Risiko für andere Krebskrankheiten sowie für Herzkrankheiten erhöht. Mediziner schätzen, dass in Deutschland jährlich 3300 Menschen durch unfreiwilliges Mitrauchen und passives Inhalieren sterben. Besonders empfindlich reagieren Kinder, Schwangere, Personen mit chronischer Bronchitis, Asthma, Herz- und Kreislaufkrankheiten sowie Allergiker auf verqualmte Luft. Dies ist keine plumpe Panikmache, sondern wissenschaftlich bewiesene Realität.

So bleibst du Nichtraucher

Alina (14): »Bei uns in der Klasse rauchen schon sehr viele. Ich will das eigentlich nicht tun, komme mir aber oft auch blöd vor, wenn ich jede Zigarette ablehne, die andere mir anbieten.«

Nichtrauchen bedarf eigentlich keiner Erklärung, es ist normal. Jeder Mensch wird als Nichtraucher geboren und bleibt es auch, wenn er nicht der Verführung des Tabaks erliegt. Es ist wichtig, dass dein Umfeld nicht raucht. Wer weder Eltern noch Geschwister oder andere in der Clique oder Klasse rauchen sieht, kommt gar nicht in die Verlegenheit, das nun auch probieren zu müssen. Spielen Tabak und Zigaretten aber in deiner Umgebung eine bedeutende Rolle, dann bist du gefordert.

Wenn es dir gerade gut geht, ist es sicher nicht so hart, der Versuchung zu widerstehen. Hast du dagegen ein Problem oder gibt es einen Konflikt zu lösen, ist die Verführung, erst mal eine zu rauchen, oft groß. Manche Raucher bieten in solchen Situationen auch gerne eine Zigarette an – doch damit wirst du dein Problem nicht lösen können. Wenn du es rechtzeitig erkennst und nicht verdrängst, dich aktiv um eine Lösung bemühst und dich mit positiven Erlebnissen ablenkst, ist das sicher der bessere Weg.

Hast du schon mal probiert zu rauchen, bist aber eigentlich noch Nichtraucher, dann mach dir immer wieder die Vorteile des Nichtrauchens bewusst! Lies sie immer wieder hier nach, sag sie dir vor und sag sie auch anderen weiter: Nichtrauchen – das ist natürlich, gesund, angeboren, trendy, selbstverständlich, höflich, rücksichtsvoll, umweltbewusst und kostenlos! Und: Ohne Rauch geht's auch, sogar viel besser! Wetten, dass?!

Der gesetzliche Schutz von Nichtrauchern

> **Lilly (16):** »Ich kann die Qualmerei nicht ausstehen. Und Raucher sind oft so rücksichtslos! Ich habe neulich ein paar Leute im Freizeitheim ganz höflich darum gebeten, doch wenigstens in einem Raum nicht zu rauchen. Da haben sie mir eiskalt gesagt: Dann bleib doch weg oder rauch auch !«

Da hier so viel von Rauchern die Rede ist, sollte auch mal erwähnt werden, dass zwei Drittel der Deutschen Nichtraucher sind. Das ist also die große Mehrheit. Und die wehrt sich zunehmend gegen den Qualm, der auch ihre Gesundheit beeinträchtigt. Kein anderes Suchtmittel tangiert den Mitmenschen so direkt und so intensiv wie das Nikotin. Trinker und Junkies zerstören sich selbst, Raucher begehen Körperverletzung am anderen.

Das Image des Rauchens ist sehr schlecht. Vor allem seit erwiesen ist, dass auch unfreiwilliges Einatmen von Tabakrauch enorm gesundheitsschädlich ist. Rauchern wird häufig vorgeworfen, disziplin- und rücksichtslos zu sein. Immer mehr Rauchverbote in öffentlichen Gebäuden und Verkehrsmitteln, Krankenhäusern, Banken, Taxen, Flugzeugen, Theatern, Kinos, Wartezimmern, Fahrstühlen und Restaurants erschweren Rauchern das Leben und zeigen ihnen, dass sie eine Verantwortung gegenüber ihren Mitmenschen haben.

In den letzten Jahren hat sich beim Nichtraucherschutz viel getan. Am 20. Juli 2007 wurde das »Gesetz zum Schutz vor den Gefahren des Passivrauchens« verabschiedet. In allen öffentlichen Verkehrsmitteln und allen Einrichtungen des Bundes ist das Rauchen seither verboten. Auch wurde das Mindestalter für den Erwerb von Zigaretten von 16 auf 18 angehoben. Arbeitgeber müssen ohnehin jedem Mitarbeiter einen rauchfreien Arbeitsplatz garantieren, mittlerweile wird das deutlich strenger kontrolliert und wurde auch schon in einigen Fällen erfolgreich vor Gericht eingeklagt. In der Gastronomie sind die Bundesländer zu unterschiedlichen Lösungen gekommen. In Bayern, Nordrhein-Westfalen und dem Saarland gilt absolutes Rauchverbot in sämtlichen gastronomischen Betrieben, das gilt auch für Kneipen und Diskotheken. Auch hier wird streng kontrolliert, bei Nichteinhalten müssen die Wirte mit hohen Bußgeldern rechnen. In anderen Bundesländern sind abgetrennte Raucherräume erlaubt, in manchen auch sogenannte Raucher-Clubs oder Raucher-Lokale.

Insgesamt sind die verschiedenen Maßnahmen zum Nichtraucherschutz ein großer Erfolg. Die Raucher haben sich schnell daran gewöhnt, auch abends in der Kneipe, zum Rauchen vor die Tür zu gehen. Die befürchteten lautstarken Proteste sind ausgeblieben.

Das ist erfreulich, denn so demonstrieren die Raucher, dass es tatsächlich möglich ist, konfliktfrei miteinander zu leben – in Anwesenheit von Nichtrauchern ohne Zigarette. Trotzdem gibt es natürlich immer wieder Fälle, in denen ein Raucher einfach keine Rücksicht auf seine Umwelt nehmen will. Das Raucherverhalten, das Lilly beschreibt (»Bleib doch weg oder rauch auch !«), trägt mit Sicherheit nicht zu einem friedlichen Miteinander bei.

2. ALKOHOL

Alkohol: Fester Bestandteil unseres Alltags

> **Tanja (15):** »Ich finde es total okay, auf einer Fete Alkohol zu trinken. Das baut Hemmungen ab und man findet viel leichter zueinander. Außerdem: Wenn ich zehn Euro Eintritt in 'ner Disco bezahle, will ich auch ein paar Drinks dafür haben und nicht nüchtern und gelangweilt in der Ecke rumsitzen.«

Keine Party, keine Geburtstagsfeier und kein Grillfest ohne Alkohol! Es gibt viele Anlässe, um etwas zu trinken: zum Aufwärmen im Winter Grog oder Glühwein, zur Erfrischung im Sommer ein kühles Bier, zur Verdauung einen Schnaps, vor dem Essen einen Aperitif, bei bestandener Prüfung oder nach erfolgreicher Arbeit Sekt – und wenn alles in die Hose ging und nicht nach Wunsch lief, dann trinken wir erst mal einen, um die Enttäuschung zu vergessen. Bier, Wein, Sekt und Schnaps sind gesellschaftsfähig und fast überall leicht erhältlich.

Manche Mädchen und Jungen beginnen schon mit 12 Jahren – und teilweise noch früher – Alkohol zu konsumieren. Meist geschieht dies mit der Einwilligung Erwachsener auf Familienfeiern. Viele machen ihre ersten Erfahrungen damit jedoch zwischen dem 14. und 17. Lebensjahr. Bei Feten mit Freunden oder in der Clique gehört Alkohol häufig dazu, ebenso wie Zigaretten. Sehr oft wird auch getrunken, wo geraucht wird – und umgekehrt. Je früher jemand Bekanntschaft mit dem Alkohol macht, desto größer ist die Gefahr von Missbrauch und Abhängigkeit.

Vielleicht hast du »viele gute Gründe«, um mal etwas zu trinken: Du möchtest was erleben, dazugehören, Langeweile und Hemmungen überwinden, um gelöster an deinen Schwarm rangehen zu können. Du merkst bald, dass dir der Alkohol für kurze Zeit hilft, etwas zu tun, was du dich sonst möglicherweise nicht trauen würdest. Das empfindest du als angenehm und es verleitet dich dazu, bei der nächsten Schwierigkeit wieder einen Drink zu nehmen. Damit begibst du dich in große Gefahr, den Alkohol als Allheilmittel zu sehen, und weichst Belastungen konsequent aus. Eine stabile und anerkannte Persönlichkeit wirst du aber nur werden, wenn du Problemen ins Auge siehst, sie nüchtern und ohne Alkohol lösen kannst. Außerdem schädigst du durch den Alkohol dein Gehirn, dessen Reifung etwa bis zum 17. Lebensjahr andauert.

Trinken und leichte Trunkenheit werden weitgehend akzeptiert. Nur bei Volltrunkenheit wird meist ablehnend die Nase gerümpft. Mit anderen Worten: Jeder trinkt mal was und manchmal eben auch zu viel. Alkohol gehört zum täglichen Leben. Dementsprechend verbreitet ist auch sein Missbrauch. Trinkfestigkeit, immer ein Zeichen von Alkoholgewöhnung und damit eine Vorstufe der Alkoholabhängigkeit, gilt immer noch als besonders »männlich«. Das ist absoluter Unsinn und ebenso ein Vorurteil wie das, dass Jungen nicht weinen dürfen.

Wenn du als Junge irgendwann in ein sogenanntes »Wettsaufen« gerätst, bei dem du beweisen sollst, wie stark und toll du bist und wie viel du als »richtiger Mann« verträgst, dann sei so mutig und lehne ab. Versuch deinen Freunden zu erklären, dass so ein Quatsch nichts mit Mut

und nichts mit Männlichkeit zu tun hat. Außerdem wirken Jungen und Männer, die sich zulaufen lassen und am Ende nicht mehr Herr ihrer Sinne sind, auf Mädchen und Frauen abstoßend und uninteressant.

Alkohol ist die gängigste und beliebteste Droge – und Deutschland gehört zu den trinkfreudigsten Ländern der Welt. Wer nicht mittrinkt, fällt auf und gilt schnell als Spielverderber.

Eigentlich darfst du alkoholische Getränke, nach dem Gesetz, erst ab 16 Jahren in öffentlichen Lokalen konsumieren oder im Laden kaufen, Hochprozentiges erst ab 18. Dennoch weiß jeder, dass die Realität oft anders aussieht und viele es früher tun. Um herauszufinden, wie viel Alkohol du dir zumuten kannst, musst du sehr vorsichtig sein. Es kommt immer auf deinen Gesamtzustand an. So bist du sicher schneller betrunken, wenn du z. B. krank oder insgesamt schlecht drauf bist. Geht es dir gerade blendend, kannst du dir wahrscheinlich ein Gläschen mehr leisten und bist immer noch halbwegs okay. Auch auf das Körpergewicht kommt es an. Wenn du kräftiger gebaut bist und eine gute Konstitution hast, haut dich Alkohol nicht so leicht um wie jemanden, der von zierlicher Gestalt ist und eine schlechtere Gesamtverfassung hat. Eine feste Richtlinie gibt es nicht, sodass es gut möglich ist, dass jemand nach vier Bieren immer noch fit erscheint, während ein anderer schon nach einem Glas zu torkeln beginnt.

Die Verharmlosung: »Das muss man nur im Griff haben!«

Simon (17): »Also, das mit dem Alkohol, das muss man nur im Griff haben. Hin und wieder ein Bier, manchmal auch ein paar mehr, warum nicht? Wenn mein Vater zum Schützenfest geht, kommt er auch total prall heim. Was ist so schlimm daran?«

Keine bewusstseinsverändernde Droge wird so sehr verharmlost wie der Alkohol. Und das, obwohl jeder weiß: Zu viel Alkohol tut nicht gut und ist schädlich. Jeder, der Alkohol trinkt, kann theoretisch Probleme damit bekommen. Bis jemand merkt, dass er Alkoholiker ist, dauert es oft lange. Das liegt an der ständigen Präsenz des Alkohols in allen Lebensbereichen und an dem schleichenden Prozess, in dem sich Trinkprobleme entwickeln. Denn anfangs und in der Vorphase des Alkoholismus unterscheidet sich das Verhalten eines gefährdeten Menschen kaum von dem seines Umfelds.

Trinker finden im Gegensatz zu anderen Drogensüchtigen oft Sympathie in ihrer Umgebung. Nur wenige Menschen sehen im Alkoholgenuss, solange er sich nicht negativ auswirkt, etwas wirklich Schlimmes. Die Tatsache, dass Alkohol eine gesellschaftlich derart anerkannte Droge ist, erschwert die Therapie eines Trinkers, der nicht als Kranker gesehen, sondern als Saufkumpan akzeptiert wird. Zudem wird durch diese allgemeine Akzeptanz das Problem oft nicht schnell genug und als gravierend erkannt, sondern eher noch verharmlost.

Der Trinker selbst findet immer wieder eine Entschuldigung dafür, dass er sich zulaufen ließ: »Etwas Freude muss der Mensch doch haben« oder: »Ich hätte nicht auf leeren Magen trinken dürfen« oder: »Diese Familie, diesen Partner oder gar dieses Leben kann man nur mit Alkohol ertragen«. Die Liste der Entschuldigungen könnte weitergeführt werden.

Doch letztlich ist es eben nicht der leere Magen, die schreckliche Familie oder der furchtbare Alltag, der einen zum Trinken treibt. Selbst wenn ein Alkoholiker statt Schnaps nur noch Bier trinkt, seine Familie verlässt oder eine andere Situation im Leben verändert – sein Alkoholproblem bleibt bestehen. Solange jemand nicht erkennt, dass er Trinker ist, wird sich in seinem Leben nichts ändern, auch wenn er selbst noch so viele Situationen und Positionen verändert. Im Gegenteil: Durch diese ständige Vernebelung der Realität wird die Krankheit nur noch schlimmer.

Viele Erwachsene, sicher auch deine Eltern, warnen dich vor Haschisch, Ecstasy und anderen Drogen und haben panische Angst, du könntest ihnen verfallen. Von Alkohol ist dabei meist weniger die Rede. Denn so ein Schwips, den empfinden viele moderne Eltern von heute als nicht so tragisch. Sie sind ja schließlich selbst mal angeschickert oder trinken gar regelmäßig, »und wenn du dann in ein gewisses Alter kommst ... na ja ... da gehört das eben auch mal dazu«.

Leider malen Erwachsene viel zu oft den Herointeufel an die Wand, der zweifelsfrei ganz schrecklich, aber für die große Mehrheit Jugendlicher gar nicht von Interesse ist. Heroin verabreicht sich im Gegensatz zum Alkohol nur eine Minderheit junger Leute. Und diese kleine Minderheit, die hier auch nicht verharmlost werden soll, gilt immer als Symbol für Drogensucht schlechthin. An Alkohol denkt dabei kaum einer.

Du bist selbst für dich verantwortlich, musst deinen Eltern in diesem Punkt nichts nachmachen und solltest wissen: Alkohol ist eine gefährliche Droge, mit der du sehr verantwortungsvoll umgehen solltest. Sie ist lange nicht so harmlos, wie sie oft hingestellt wird. So ist es z. B. völlig falsch und verharmlosend, wenn jemand sagt: »Gut, dass du wenigstens keine Drogen nimmst. So ein bisschen Alkohol, das geht ja noch, den trinken wir doch alle!«

Alkohol – halb so schlimm wie harte Drogen?

> **Marvin (16):** »Ein Kumpel von mir ist voll auf Nadel. Den kannste vergessen. Mit Heroin und so Zeug haben wir in unserer Clique nichts im Sinn. Wir heben zwar mal einen über den Durst, aber das ist ja harmlos gegen das, was sich der für Gift reintut.«

Fast jeder Drogentote wird als Nummer x des Jahres y in einer kleinen Zeitungsmeldung vermerkt. Über die Alkoholtoten hast du wahrscheinlich noch nichts gelesen – obwohl das wesentlich mehr sind. Alkoholismus zieht sich durch alle Gesellschaftsschichten. Jugendliche fangen oft schon sehr früh an, regelmäßig zu trinken, und rutschen so beinahe unauffällig, aber kontinuierlich in die Abhängigkeit.

Das Märchen, dass Alkohol weniger schlimm sei als harte illegale Drogen, hält sich seit Jahren vehement. Nur dadurch, dass ein Suchtstoff legal, also offiziell erlaubt, ist, wird er nicht ungefährlicher. Alkohol ist eine Droge wie Heroin, Kokain, LSD, Morphium, Crack, Haschisch oder Ecstasy. Viele Süchtige, die aufgehört haben, harte Drogen zu konsumieren, steigen auf Alkohol um, weil er eine ähnliche Wirkung hat wie die anderen Stoffe. Zudem trinkt fast jeder Heroinabhängige, jeder Kokser, Kiffer oder Ecstasy-User zu seiner Droge zusätzlich noch Alkohol.

Drogenabhängigkeit ist der übergeordnete Begriff für alle Formen der Abhängigkeit von einer chemischen Substanz, die eine stimmungsverändernde Wirkung hat. Alkoholismus ist deshalb eine Form von Drogenabhängigkeit – und nichts »Besseres«, wie viele Trinker es gern hätten.

Zusammensetzung und Konsum von Alkohol

Reiner Alkohol, genauer: Ethylalkohol oder Ethanol (auch »Äthanol« geschrieben), ist eine farblose, brennbare und brennend schmeckende Flüssigkeit. Alkohol wird u. a. als Lösungsmittel für Fette, Harze, Farbstoffe, in zahlreichen Chemikalien, in Arzneimitteln und Parfüms verwendet. Er wirkt desinfizierend, z. B. bei der Wundbehandlung, und verhindert als Konservierungsmittel Fäulnisbildung.

In der Umgangssprache bezeichnet »Alkohol« den berauschenden Bestandteil aller alkoholischen Getränke, welche chemisch gesehen Lösungen des Ethanols in verschiedensten Pflanzensäften und -extrakten sind. Ihr Alkoholgehalt wird in Prozent vom Volumen (% Vol.) angegeben, bei Whisky steht dann auf dem Etikett z. B.: »40% Vol.«. Alkoholische Getränke werden seit Jahrtausenden durch das Verfahren der Gärung (Wein, Bier) oder seit dem 11. Jahrhundert auch durch Destillation (Whisky, Branntwein) hergestellt. Seltener wird ein Getränk durch Gärung und Zusatz von Alkohol (Sherry, Portwein) oder nur durch Zusatz von Alkohol allein (Fruchtsaftliköre) zusammengebraut.

Nach dem Lebensmittelgesetz muss ein Alkoholgehalt von mehr als 0,5% Vol. gekennzeichnet werden. Das heißt umgekehrt, dass auch alkoholfreie Getränke geringe Mengen Alkohol enthalten dürfen. Bei sogenanntem alkoholfreiem Bier und Malzbier können das bis zu fünf Gramm pro Liter sein.

Etwa 90 Prozent der erwachsenen Bevölkerung in Deutschland trinken zumindest gelegentlich ganz selbstverständlich Bier, Wein, Schnaps & Co. Der Pro-Kopf-Konsum der Deutschen lag 2013 bei 9,6 Litern reinem Alkohol. Das entspricht z. B. 325 Flaschen Bier, 27 Flaschen Wein, 7 Flaschen Schaumwein und 5,5 Flaschen Schnaps. Insgesamt trinken Männer mehr als doppelt so viel wie Frauen. In jüngeren Altersgruppen – und das ist bedenklich – gleicht sich der Konsum von Frauen und Männern allmählich an.

Die Wirkung alkoholischer Getränke

Jonas (16): »Auf Partys habe ich mich lange nicht besonders wohl gefühlt. Bis ich irgendwann ein paar Gläser Sekt trank. Dann war es auf einmal kein Problem mehr für mich, was zu erzählen. Plötzlich standen alle um mich rum und hörten mir zu, wie ich im Internet so rumsurfe. Am nächsten Tag war das aber wieder vorbei. Ich war genauso schüchtern wie immer.«

Jonas, der nun mal kein Partylöwe ist, hat die positive Wirkung des Alkohols erfahren. Und er hat auch gespürt, wie sie wieder nachließ und nur kurzzeitigen Erfolg bescherte. Das ist ein entscheidender Moment: Um wieder so sicher und gut auftreten zu können, überlegt er wahrscheinlich nun, sich beim nächsten Mal wieder ein paar Gläser Alkohol zu genehmigen. Das kann einen ähnlichen Effekt haben, wird aber seine Hemmungen, die in diesem Alter ganz normal sind, nicht dauerhaft und automatisch verschwinden lassen. Es wäre besser, Jonas würde an sich selbst arbeiten, sein Selbstwertgefühl stärken und sich nicht auf die Krücke Alkohol verlassen, die ihm aber – das muss positiv vermerkt werden erst einmal den Anstoß gab zu erkennen, dass mehr in ihm steckt als er selbst wahrhaben wollte.

Egal, aus welchen Gründen jemand trinkt – der Alkohol zeigt immer Wirkung. Schon kleinste Mengen davon im Blut führen zu körperlichen und geistigen Veränderungen, die sich im Urteilsvermögen, im Gefühlsbereich oder in der Konzentrationsfähigkeit niederschlagen. Je seltener jemand trinkt, desto weniger Alkohol ist nötig, um einen beschwingten Zustand zu erreichen.

Alkohol beeinflusst die Gefühle. Auch der beste Wein dient nicht nur dem Genuss, sondern wirkt außerdem euphorisierend und beruhigend. Dieser Effekt, der die Psyche beeinträchtigt, tritt in jedem Fall ein, ob du ihn suchst oder nicht. Das Gehirn nimmt selbst minimale Veränderungen deiner Stimmungslage auf, registriert und speichert sie und verknüpft sie unterhalb der Wahrnehmungsschwelle mit der Situation und Substanz, die diese Gefühle ausgelöst haben. Nach diesem Prinzip funktioniert auch die Werbung für Alkoholika (genau wie die von Zigaretten): Durch stark suggestive Bilder und Musik werden positive Gefühle erzeugt und mit der jeweiligen Marke in Verbindung gebracht.

Alkohol dringt über die Magenschleimhaut und den Dünndarm rasch in die Blutbahn und durchströmt den gesamten Organismus. Vor allem beeinflusst er die Zentren des Gehirns, die das Bewusstsein und die Gefühle steuern. Je nach Alkoholgewöhnung kippt das anfangs positive Gefühl, das Alkohol verursacht, mit steigender Alkoholkonzentration im Blut um und führt zu Rausch, Kontrollverlust und am Ende zu Bewusstlosigkeit. Das persönliche Verhalten und subjektive Erleben eines Menschen verändert sich schon ab **etwa 0,2 Promille.** Wenn du dich mal intensiv beobachtest, wirst du selbst feststellen, wie schnell du dich durch Alkohol freier und ungezwungener fühlst. Gerne lässt du dir dann auch nachschenken, trinkst noch ein Glas und vielleicht noch ein Glas. Währenddessen lässt dein Konzentrationsvermögen nach, deine Reaktion, deine Bewegungskoordination und deine Sehfähigkeit.

Bei **etwa 1,0 Promille** Blutalkoholkonzentration beginnt das Rauschstadium mit läppisch-heiterer oder depressiver Stimmung. Je nachdem, wie du dich im Allgemeinen fühlst, wirst du übermütig und albern oder weinerlich. Es kommt zu Gleichgewichts- und Sprachstörungen. Du fängst zu torkeln oder zu lallen an. Bei **etwa 2,0 Promille** wird das Betäubungsstadium erreicht. Störungen des Gedächtnisses und der Orientierung treten auf. Bei **über 3,0 Promille** Blutalkoholgehalt beginnt die schwere, akute Alkoholvergiftung, die im schlimmsten Fall zum Tod durch Atemstillstand führen kann.

Kinder und Jugendliche, die Alkohol trinken, sind stärker gefährdet als Erwachsene, weil ihr Nervensystem wesentlich empfindlicher reagiert. Außerdem kann die Leber von Kindern und Jugendlichen den Alkohol nur bedingt abbauen. Schon geringe Mengen wie z. B. zwei Esslöffel hochprozentiger Schnaps können bei Kindern schwere Vergiftungen hervorrufen. Bei 0,5 Promille im Blut kann ein kleineres Kind bewusstlos werden – und zwar ohne die für Alkohol typische euphorische Anfangsphase zu erleben. Vor allem der kindliche Organismus ist extrem anfällig für Schädigungen durch Alkohol.

Frauen sind normalerweise bei gleicher getrunkener Menge schneller betrunken als Männer, weil der Fett- und Wassergehalt in ihrem Körper höher ist. Auch wer erregt oder müde ist oder seit längerem nichts gegessen hat, bei dem verstärkt sich die Wirkung des Alkohols ganz erheblich. Besondere Vorsicht ist geboten, wenn du gleichzeitig Medikamente einnimmst, da viele von ihnen die Wirkung von Alkohol verstärken. Und die Wirkung von Medikamenten wird durch Alkohol eventuell auch verändert.

Der Abbau von Alkohol im Körper geht relativ langsam voran. Pro Kilogramm Körpergewicht baut der Körper stündlich rund 0,1 Gramm Alkohol ab. Diese »Abbauarbeit« im Körper übernimmt zu 95 Prozent die Leber, der Rest wird direkt ausgeschieden, z. B. durch die Haut. Deswegen riecht jemand, der Alkohol getrunken hat, nicht nur aus dem Mund, sondern meist auch aus den Poren – ähnlich wie jemand, der viel Knoblauch gegessen hat.

Trinker ist nicht gleich Trinker: Die verschiedenen Trinker-Typen

Celine (18): »Wenn ich am Wochenende weggehe, bin ich eigentlich jedes Mal prall, obwohl mich Alkohol sonst nicht so interessiert. Ist das noch normal, oder bin ich schon Alkoholikerin?«

Menschen, die zu bestimmten Anlässen und meist aus einer neutralen oder positiven Stimmungslage heraus Alkohol trinken, sind in der Regel nicht alkoholgefährdet. Es sei denn, sie gewöhnen sich an häufige Trinkanlässe und größere Mengen. Irene spielt also mit dem Feuer,

denn der Übergang vom gelegentlichen Alkoholgenuss zum Gewohnheitstrinken ist oft fließend und wird außerdem gesellschaftlich gefördert. Alkohol ist die Droge des Alltags und rundum akzeptiert. Daher ist die Gefahr, dass du zum Alkoholiker wirst, um ein Vielfaches höher als die, dass du von illegalen Drogen wie Heroin oder Kokain abhängig wirst. Wer einmal die enthemmende und stimmungshebende Wirkung von Alkohol erlebt hat, hat diese Erfahrung im Unterbewusstsein als positiv gespeichert. Deshalb fällt es leicht, dieses Erlebnis zu wiederholen, es gibt keine innere Abneigung dagegen.

Ein »Normaltrinker« kann auch mal einen Rausch haben und ist am nächsten Tag kaputt und zerschlagen. Hat er sehr hohe Alkoholmengen zu sich genommen, wird er sogar Gedächtnislücken, Blackouts oder Filmrisse haben. Das ist dann schon ein Zeichen dafür, dass bereits leichte Schädigungen des Gehirns eingetreten sind. Gehirnzellen, die aufgrund zu hohen Alkoholkonsums absterben, wachsen nicht nach wie die Fingernägel. Ihre Aufgaben können bis zu einem gewissen Grad von anderen Gehirnzellen mit übernommen werden. Allerdings sind die Schäden so leicht, dass sie nicht wahrgenommen werden. Auch die Erinnerung an einen Kater – ein leichtes Vergiftungsgefühl, beim Nachlassen der Alkoholwirkung – verblasst leider schnell. Was langfristig bleibt, ist die positive Erfahrung, dass Alkohol die Stimmung zuverlässig hebt.

Oder das andere Muster: Wer aufgrund schlechter Gefühle zum Alkohol griff und feststellte, wie er sie damit dämpfen und in angenehmere umwandeln konnte, wird dies als gut im Gedächtnis behalten. Sich zu betrinken ist aber grundsätzlich sehr gefährlich. Zu schnell schlittert man in den wirklichen Alkoholismus.

Aus einem »Normaltrinker« wird schnell ein **Gewohnheitstrinker,** der zum Essen, Fernsehen oder in der Disco wie automatisch sein Glas Bier oder Wein trinkt. Damit vergeht kein Tag ohne Konsum eines alkoholischen Getränks. Schätzungen zufolge tut das mindestens die Hälfte der Deutschen.

Dieses Trinkverhalten nun zu sehr zu verurteilen wäre vermessen. Es muss nicht zum Alkoholismus führen, aber der tägliche Konsum ist dennoch riskant, und du darfst ihn keinesfalls als unproblematisch betrachten. Von starker Alkoholgefährdung kann man jedoch erst sprechen, wenn dir Alkohol fehlt und du deswegen verstimmt bist oder wenn es dir richtig schwer fällt, dem Angebot zu widerstehen, Alkohol mitzutrinken – und du Milch, Saft und Mineralwasser als »lächerlich« ablehnst.

Der amerikanischen Arzt und Sozialforscher E. M. Jellinek unterschied fünf verschiedenen Trinker-Typen. Fachleute benennen sie auch nach dem griechischen Alphabet Alpha-, Beta-, Gamma-, Delta- und Epsilon-Trinker. Diese Reihenfolge hat nichts mit aufeinander folgenden Stufen der Abhängigkeit zu tun, sondern es handelt sich dabei um einzelne Arten des Trinkens und unterschiedliche Beweggründe, die jemanden zum übermäßigen Alkoholkonsum veranlassen.

Der Problemtrinker (Alpha-Trinker) trinkt, um Ärger zu vergessen oder sich zu entspannen. Es ist bereits eine psychische Abhängigkeit vorhanden. Alkohol wird dazu missbraucht, um Konflikte zu lösen. Er kann den Konsum des Alkohols noch kontrollieren, ist aber gefährdet.

Der Gelegenheitstrinker (Beta-Trinker) lässt keine Gelegenheit aus, um Alkohol trinken zu können. Dieser Typ Trinker hat in der Regel keine Probleme oder Konflikte zu bewältigen, er »tankt« Alkohol dann, wenn es nicht weiter auffällt, z. B. bei Festen oder beim Fernsehen. Eine Abhängigkeit liegt beim Gelegenheitstrinker noch nicht vor, aber durch die Gewohnheit besteht die Gefahr hineinzurutschen.

Der süchtige Alkoholiker (Gamma-Trinker) trinkt, weil er trinken muss. Nur mit Hilfe des Alkohols kann er seine Probleme lösen, er ist psychisch abhängig. Die körperliche Abhängigkeit ist da nur noch eine Frage der Zeit. Der süchtige Alkoholiker kann seinen Konsum nicht mehr kontrollieren, trinkt bis zur Bewusstlosigkeit. Dennoch schafft er es immer wieder, zeitweise alkoholfrei zu leben. Vollräusche (Besäufnisse) sind bei ihm keine Seltenheit. Er ist der häufigste Alkoholiker-Typ.

Der Spiegeltrinker (Delta-Trinker) braucht einen gewissen Alkoholspiegel im Blut, um sich wohl zu fühlen und im Alltag unauffällig funktionieren zu können. Viele Gelegenheitstrinker (Beta-Trinker) werden zu Spiegeltrinkern. Im Gegensatz zum süchtigen Alkoholiker (Gamma-Trinker) erleben sie nicht den totalen Kontrollverlust, sondern versuchen zwanghaft, die Kontrolle über ihren Alkoholspiegel zu behalten. Der Spiegeltrinker wird von seinem Umfeld oft kaum bemerkt, weil er sich angepasst verhält.

Der Quartalstrinker (Epsilon-Trinker) kann über längere Zeiträume abstinent und unauffällig leben. Ausgelöst durch innere oder äußere Reize, betrinkt er sich dann aber tagelang total bis hin zu völligem Kontrollverlust und Erinnerungslücken. Nach dieser Trinkphase lebt er wieder abstinent. Es besteht eine psychische Abhängigkeit.

Die Gefahren und Folgen bei Missbrauch von Alkohol

> **Ina (16):** »Es stört mich total, wenn ich mit unserer Clique zum Fußball gehe, und die Jungs betrinken sich vorher schon. Wenn dann ihre Mannschaft nicht gewinnt, fangen sie sofort zu pöbeln und zu schlägern an. Dabei sind die nüchtern ganz okay. Aber ohne Bier zum Fußball, das ginge nicht, sagen sie.«

Alkohol kann aus gehemmten Leuten spontan mutige machen, aus scheinbar friedlichen oft aggressive und aus Einzelgängern Partyclowns. Aus Inas netten Freunden wird nach mehreren Bieren eine unberechenbare, aggressive Meute, die den Fußball als Anlass für Randale – und als Anlass zum Trinken – sieht. Betrunkene gefährden und schädigen nicht nur sich selbst, sondern häufig auch Dritte.

Maßvoller und gelegentlicher Alkoholgenuss ist normalerweise nicht gesundheitsschädlich, sofern keine anderen gesundheitlichen Risiken bestehen. Ärzte aber warnen auch vor dem täglichen Glas Wein oder der Flasche Bier. Selbst in so geringen Mengen gilt Alkohol keineswegs als gesundheitlich völlig unbedenklich. Es ist also falsch, wenn du glaubst, nur Abhängige würden ein Risiko tragen.

Wenn Alkohol schon in kleinen Mengen eine große Auswirkung auf deine Gesundheit haben kann, so ist Alkohol im Übermaß ein regelrechter Killer. Er richtet jede Menge psychische und körperliche Schäden an. In erster Linie leidet die Leber, die den Alkohol im Körper abbauen muss. Frauen sind aufgrund ihres Hormonhaushalts noch anfälliger für alkoholbedingte Schädigungen als Männer.

Besonders gefährdet ist auch das Gehirn, weil jeder Rausch Millionen von Gehirnzellen zerstört. Zuerst leiden Gedächtnis und Konzentrationsvermögen, Kritik- und Urteilsfähigkeit, später die Intelligenz – bis hin zum totalen geistigen Abbau. Auch die inneren Organe wie Bauchspeicheldrüse, Magen und Darm können sich entzünden. Die Gefahr von Krebserkrankungen im Bereich von Leber, Magen, Speiseröhre und Kehlkopf steigt. Und nicht zuletzt beeinträchtigt Alkoholmissbrauch auch das sexuelle Verlangen und Erleben und die Potenz.

Langjähriger Alkoholmissbrauch verändert meist die ganze Persönlich-

keit eines Menschen. Ängste und Depressionen plagen den Abhängigen und je nachdem, was er grundsätzlich für ein Typ ist, wird er nach übermäßigem Trinken auffallend sentimental oder brutal, labil, unzuverlässig, eifersüchtig und reizbar. Jemand, der sich 30 Jahre oder länger regelmäßig zulaufen lässt, ist am Ende, kann sich nicht mehr konzentrieren, sich nichts mehr merken und ist unfähig, einfachste

Alltagssituationen zu regeln. Fachleute sprechen dann von einer »intellektuellen Leistungsminderung«. Chronische Trinker neigen oft zu Kurzschlusshandlungen, verlieren Arbeit und Wohnung und geraten ins soziale Abseits. Jährlich sterben rund 74000 Menschen an den Folgen übermäßigen Alkoholkonsums. Seit 1968 ist Alkoholismus in Deutschland offiziell als Krankheit anerkannt.

Der Fall Linda G. (†21): Der Alkohol zerstörte alles

Was Wein und Bier aus einem jungen Menschen machen können, wird am Beispiel von Linda G. aus Bottrop deutlich. Es war an Weihnachten, als Linda zum ersten Mal mit Alkohol in Berührung kam. Die Mutter hatte Ananas-Bowle gemacht, und sie trank zwei Gläser davon. Damals war sie zwölf Jahre alt. Sie spürte genau, wie gut sie sich danach fühlte, und der ganze Frust des Alltags schien für ein paar Momente wie weggeblasen. Sie fühlte sich richtig gut drauf und vergaß für kurze Zeit, dass sie nach den Ferien wieder ins Heim zurückmusste.

Linda war das achte von zehn Kindern. Zusammen mit vier älteren Geschwistern kam sie im Alter von sieben Jahren nach einem Selbstmordversuch der Mutter in ein Heim. Die beiden jüngsten Kinder der Familie lernte sie nie kennen, sie wurden gleich nach der Geburt von der Jugendfürsorge zur Adoption freigegeben. »Die haben's wahrscheinlich ganz gut«, sinnierte Linda, »auf jeden Fall mussten sie unseren wahnsinnigen Vater nicht ertragen, der uns allen das Leben zur Hölle gemacht hat. Wenn wir nicht aufs Wort folgten, schlug er uns halb bewusstlos. Wir hatten immer Angst, wenn er von der Arbeit kam, und verschwanden sofort, wenn wir seine Schritte hörten. Einmal rannte meine Mutter mit uns kleinen Kindern bei Nacht und Nebel davon zu meiner ältesten Schwester. Da war ich sechs. Ich werde es nie vergessen.«

Die Ehe der Eltern ging bald darauf vollends in Brüche. Die Mutter wurde in eine Nervenklinik gebracht, die Kinder ins Heim und der Vater in eine Trinkerheilanstalt. Die Familie erlebte den Tyrannen überwiegend im betrunkenen Zustand. Alle waren froh, als der Terror zu Ende war. Niemand hat heute mehr Kontakt zu ihm. Der Alkohol spielte in diesem Drama eine der Hauptrollen und zerstörte mehr, als Linda bewusst war.

Die Erlebnisse ihrer Kindheit hatten sie geprägt: Sie tat sich schwer, Vertrauen zu fassen, lachte selten und wollte manchmal am liebsten tot sein. Echte Freunde hatte sie nicht, auch mit den meisten ihrer Geschwister hatte sie keinen richtigen Kontakt. Der einzige Mensch, der ihr nahe stand und den sie über alles liebte, war ihre Mutter. Doch die war zu ausgelaugt und zu erschöpft, um sich jedem ihrer vielen Kinder gleichermaßen widmen zu können. »Außerdem ist sie jetzt auch noch schwer krank«, sagte Linda mit Tränen in den Augen. »Wenn sie sterben muss, dann will ich auch nicht mehr. Die Ärzte haben gesagt, sie solle mit der Arbeit in der chemischen Fabrik aufhören. Doch das macht sie nicht, weil sie das Haus abbezahlen muss.« Immer wenn Linda glaubte, die Welt bräche für sie zusammen, suchte sie Trost im Alkohol. Sie tat es, obwohl sie am Beispiel ihres Vaters live erlebt hatte, was Bier, Wein und Schnaps bei übermäßigem Genuss anrichten können. Warum? »Ich werde ja nicht so aggressiv und ausfallend, wenn ich zu bin«, entschuldigte sie sich. »Das Trinken hilft mir, es erleichtert das Leben. Ich fühle mich dann frei und habe keine Hemmungen mehr.« Natürlich wusste Linda, dass das ein Trugschluss war. Denn sobald die Wirkung nachließ, waren all die Probleme und Hemmungen wieder da. Doch dann goss sie sich ein neues Glas ein und der schreckliche Kreislauf begann von vorn. Linda war süchtig nach Alkohol. Ihr Wohlbefinden hing davon ab, ob sie getrunken hatte oder nicht.

»So richtig habe ich mit dem Saufen während der Ausbildung zur Kinderpflegerin angefangen«, erzählte sie. »Da war ich 15. Wenn's Stress gab, habe ich eben heimlich einen runtergekippt. Dann ging's mir besser. Irgendwann hat mich jemand verpfiffen und von da an wurde ich kontrolliert. Ich hatte Glück, dass ich nicht rausgeflogen bin. Daraufhin habe ich nur noch außerhalb getrunken. Besonders schlimm war es vor der Prüfung. Ich hatte schreckliche Angst davor und war sehr nervös. Dann habe ich mir am Abend vorher eben Mut angetrunken, gekotzt, geschlafen, und am nächsten Tag war ich fit.

Es hat also geholfen. Das hat mich so aufgebaut, dass ich fast ein Vierteljahr keinen Alkohol mehr brauchte. Ich fühlte mich auch ohne sicher und gut.«

Die meisten Trinker erleben sogenannte »trockene Phasen«, in denen sie ohne Stoff zurechtkommen. Das passiert meistens dann, wenn alles nach Plan läuft. Wird der Trott aber durch ein unvorhergesehenes Ereignis unterbrochen, greift ein Alkoholiker nur allzu leicht wieder zur Flasche.

Alle Jobs, die Linda antrat, hat sie entweder selbst wieder hingeworfen oder verloren. Den täglichen Leistungsdruck im Berufsleben glaubte sie mit Alkohol bewältigen zu können. Das Gegenteil war der Fall. Das Gift machte sie nur noch schwächer. »Ich habe heimlich den Weinkeller meiner Mutter geleert«, sagte sie. »Nach einer Flasche musste ich mich meistens übergeben, aber durch ständiges Training hat sich der Körper dann daran gewöhnt, und die Kotzerei hat aufgehört. Das ganze beschissene Leben kann man doch nur im Rausch ertragen. Es ist sowieso alles so ungerecht. Die Menschen, die man mag, erleben eine Scheiße nach der anderen, und die größten Idioten sitzen wie die Maden im Speck. Ein Freund von mir hat sich vor den Zug geworfen und er hat es überlebt! Das ist doch Wahnsinn, das hältst du doch gar nicht aus. Jetzt hat er beide Beine ab und alles ist noch schlimmer als vorher. Das hat mich richtig fertig gemacht, als ich das hörte. Ich habe mich sofort total zugeschüttet.«

Wie schwer krank Linda im Grunde war, stellte eine Ärztin fest, die sie aufgrund einer Erkältung aufsuchte. Sie überwies die Patientin sofort in eine psychiatrische Klinik, wo ihr erst einmal ein Entzug mit Medikamenten verordnet wurde. Linda: »Es war grauenvoll. Ich war total unruhig, wollte unbedingt raus und was trinken. Aber ich war ja eingesperrt. Ich sah keinen Ausweg mehr und versuchte dann, mir mit einer Rasierklinge die Pulsadern aufzuschneiden. Aber irgendwer hat mich verpfiffen, weil ich mich so lange im Klo eingeschlossen hatte. Dann kamen sofort die Ärzte und holten mich raus. Ich wäre sowieso nicht gestorben, weil ich es total falsch gemacht hatte. Aber jetzt weiß ich, wie es geht. Die Krankenschwester, die mich verband, hat es mir gesagt.«

Wieso konnte sich Linda überhaupt nicht mehr vorstellen, dass das Leben auch sehr schön sein kann, wenn man nur für sich das Beste daraus macht? Sie lächelte abgeklärt: »Ich bin mein ganzes Leben lang nur enttäuscht worden. Mich will keiner. Also – was soll ich hier? Und nun soll ich auch noch mit dem Trinken aufhören? Wenn ich besoffen bin, gibt's wenigstens noch ein paar Momente, wo es ganz nett ist.«

Über ein halbes Jahr verbrachte Linda in der Klinik. Anschließend wurde sie in ein Therapiezentrum überwiesen, wo sie als Erstes unterschreiben musste, dass Alkohol für sie tabu war. Nach einer Weile wurde der Vertrag gelockert, und sie sollte den täglichen Umgang mit der Droge üben, ohne sie selbst zu gebrauchen.

Das war ein sehr wichtiger Vorgang, denn nun musste sie sich beweisen, dass sie der Verlockung widerstehen konnte. Es ist natürlich einfacher, auf etwas zu verzichten, was gar nicht zu sehen ist. Da in unserer Gesellschaft Alkohol aber zu den Alltäglichkeiten gehört, ist es extrem schwierig, ihm zu entsagen.

Um es gleich vorwegzunehmen: Linda hat es nicht geschafft. Sie trank wieder: Bier, Rum, Apfelkorn. Wenn sie angeschickert war, war sie in der Kneipe jemand. Dann hatte sie keine Hemmungen mehr. Wenn sie nüchtern war, stand sie still und einsam in der Ecke und kam sich vor wie der letzte Dreck. »Ich hab einfach das Gefühl, dass ich nichts tauge«, sagte sie bitter, »das haben sie mir auch immer gesagt. Mein Vater, in der Ausbildung, überhaupt alle. Ich mag mich selbst nicht.« Zum Zeitpunkt unseres Gesprächs war Linda 19 Jahre alt. Zwei Jahre später starb ihre Mutter an Krebs. Das packte die Tochter nicht. Nur wenige Wochen nach dem Tod ihrer geliebten Mama betrank sich Linda übermäßig und schnitt sich erneut die Pulsadern auf. Dieses Mal klappte es.

Der erste Rausch: Bagatelle oder der Anfang vom Ende?

> **Philipp** (15): »Neulich war ich auf einer Fete und da haben wir alle ziemlich viel getrunken. Ich hab es gar nicht gemerkt, aber auf einmal war ich total voll. Es war mein erster Rausch.«

Der erste Rausch muss nicht gleich Ausdruck eines problematischen Trinkverhaltens sein. Aus Philipp wird deshalb nicht gleich ein Alkoholiker. Kommt es aber häufiger vor, dass er sich unkontrolliert zulaufen lässt, handelt es sich schon um »riskanten Umgang mit der Alltagsdroge Alkohol«.

Der Anteil der Jugendlichen, die so viel trinken, dass es in einem Rausch endet, ist in den letzten Jahren deutlich gestiegen. Auch wenn der Alkoholkonsum unter Jugendlichen generell zurückgeht, so trinken die, die ihn konsumieren, mehr und mehr. Fast die Hälfte aller Jugendlichen erlebt ihren ersten Rausch zwischen 14 und 17 Jahren. Das gehört zum Entwicklungsprozess und sollte nicht überbewertet werden. Es muss weder der Anfang vom Ende deiner »Alkoholiker-Karriere« sein – noch ist es eine Bagatelle. Du solltest in jedem Fall immer darauf achten, dass der Konsum von Alkohol nicht zur ständigen Gewohnheit wird und dass du in Maßen trinkst, ohne dich zuzuschütten. Die Gefahr, daran hängen zu bleiben, ist zu groß. Und welche Risiken du mit jedem Rausch eingehst (Millionen von Gehirnzellen werden zerstört!), solltest du dir immer vor Augen halten.

Lass dich nicht zu Wettsaufen oder ähnlichen dummen Spielchen überreden, die nur davon zeugen, dass ihr total uncool seid und versucht, mit Alkohol eure Bedeutung zu unterstreichen. Wenn ihr so viele Minderwertigkeitskomplexe habt, dass ihr diese Kampftrinkerei nötig habt, dann macht euch ja keine Illusionen, dass ihr danach stärker seid. Im Gegenteil, ihr habt einen furchtbaren Kater und zeigt Schwäche, indem ihr vielleicht die Schule schwänzt oder nicht zur Arbeit geht. Alkohol ist nur etwas für Feige, aber doch nicht für dich, der du noch was erwartest vom Leben! Wichtigkeit und Persönlichkeit kannst du viel eher errei-

chen, wenn du sagst: Nein, danke! Diese zwei Worte: »Nein, danke!« haben es in sich. Wenn du lernst, sie auszusprechen, wenn's ums Mitsaufen oder um das Einnehmen anderer Drogen geht, dann gewinnst du eine Menge Selbstbewusstsein für dich und brauchst keine Angst zu haben, im Sumpf irgendeines Gifts unterzugehen. Du hast viele Wünsche und Träume – nur mit nüchternem und klarem Kopf wirst du sie realisieren können. Bestimmt nicht mit Alkohol. Wer sich die Birne zudröhnt und meint, damit würde alles besser, kann sich und seine Zukunft abschreiben.

Wie sehr bist du gefährdet?

Mehr als 25000 Kinder und Jugendliche landen jährlich mit einer Alkoholvergiftung im Krankenhaus. Fast die Hälfte der Jugendlichen konsumiert Alkohol mindestens einmal pro Woche. Das Trinkverhalten wird im Wesentlichen vom Elternhaus bestimmt. Hier kannst du testen, welche Rolle der Alkohol in deinem Leben spielt. Zähl mit, wie viele der zehn Fragen du mit ja beantworten musst. Sind es über die Hälfte, dann solltest du dein Verhalten dringend ändern und Hilfe suchen.

- Hast du nach starkem Trinken Gedächtnislücken oder Filmrisse?
- Trinkst du heimlich?
- Trinkst du, weil du sonst deine Probleme nicht in den Griff kriegst?
- Schämst du dich und hast ein schlechtes Gewissen, nachdem du getrunken hast?
- Denkst du oft an Alkohol und daran, dass du trinken willst?
- Leerst du die ersten Gläser sehr hastig?
- Stört es dich, wenn in deiner Anwesenheit über das Thema Alkohol gesprochen wird?
- Findest du immer eine Entschuldigung dafür, dass du trinken musst?
- Tust du dich schwer damit, »nein« zu sagen?
- Nimmst du dir immer wieder vor, gar nichts oder weniger zu trinken, und am Ende schaffst du es doch wieder nicht?

Der schlimme Weg in die Alkoholabhängigkeit und wie man davon wegkommt

> **Leonie (17):** »Wie schnell wird man von Alkohol abhängig? Ich habe gehört, dass das im Gegensatz zu harten Drogen sehr langsam geht.«

Die Bindung an die Droge Alkohol kann sehr, sehr stark werden. Dementsprechend schwierig ist es auch, davon wieder loszukommen. Fehlt ihm der Alkohol, leidet der Abhängige unter schweren körperlichen und/oder seelischen Entzugserscheinungen wie Schlafstörungen, Schweißausbrüchen, Zittern am Morgen bis hin zu krampfartigen Anfällen, optischen und akustischen Halluzinationen (er sieht z. B. »weiße Mäuse« oder »grüne Männchen« oder hört Stimmen) und dem »Delirium tremens«. Letzteres kann zu einer furchtbaren Qual werden, in der der Kranke auch die räumliche und zeitliche Orientierung verliert. Wird dieser Zustand nicht behandelt, kann er vier bis zehn Tage dauern. Meist ist dabei nicht nur der Alkoholiker selbst betroffen, sondern auch sein Umfeld, Partner und Familie. Vielleicht auch du als Tochter oder Sohn? Unruhe, Gereiztheit, Ängste und depressive Verstimmungen bis hin zu Selbstmordgedanken plagen den Süchtigen. Unter Selbstmördern sind überdurchschnittlich viele alkoholabhängige Menschen.

Je weiter die Suchtentwicklung bzw. Alkoholabhängigkeit fortschreitet, desto schlimmer werden die körperlichen, geistigen, seelischen und auch sozialen Schäden. Da sie sich teilweise gegenseitig verstärken, schlittern Abhängige ab einem gewissen Punkt immer schneller in Richtung Zusammenbruch. Weil sie sich schämen, ziehen sie sich oft zurück, was sie in eine Isolation bringt, in der sie dann im Alkohol den einzigen Verbündeten sehen. Trinker, die ihre Familie verlieren, stürzen oft auch in einen sozialen Abgrund, indem sie ihre äußere Erscheinung vernachlässigen und sich nicht mehr richtig ernähren.

Laut der Deutschen Hauptstelle für Suchtfragen e.V. (DHS) gibt es in Deutschland etwa 1,5 bis 2 Millionen alkoholkranke Menschen, mehr als doppelt so viele Männer wie Frauen. Der Anteil der Frauen steigt jedoch seit Jahren stetig an. Problematisch ist auch die Zunahme jugendlicher Alkoholiker. Schon mit zwei, drei Jahren dürfen manche Kinder daheim am Eierlikör oder Sekt nippen und lernen damit von klein auf, dass Alkohol zum täglichen Leben gehört.

Zum Glück haben in deinem Alter aber noch sehr wenige das Problem, schon total alkoholabhängig zu sein. Dennoch »üben« sehr viele bereits so intensiv, dass es ins Auge gehen könnte. Alkohol ist die Einstiegsdroge Nummer eins für härtere Drogen wie Heroin und Kokain. Gefährdet ist vor allem, wer trinkt, weil er Ängste, Sorgen oder Komplexe hat. Wenn du meinst, dass du bereits zu viel trinkst und es genau aus soeben erwähnten Gründen tust, dann brauchst du dringend fachliche Hilfe. Wende dich an einen Arzt, eine Drogenberatungsstelle oder an die Anonymen Alkoholiker in deiner Nähe (Adressen siehe Anhang ab S. 269).

Etwa zehn Millionen Menschen in Deutschland betreiben einen »riskanten Gebrauch« des Alkohols. Als kritische Grenze dafür gilt für erwachsene Männer ein täglicher Konsum von etwa einem halben bis einem ganzen Liter Bier, für erwachsene Frauen ungefähr ein viertel bis ein halber Liter Bier. Diese Werte sind sehr umstritten, da jeder Mensch den Alkohol anders verarbeitet. Manche vertragen deutlich weniger als diese »Norm«. Für dich ist auch dieser Konsum bereits zu viel, weil dein junger Organismus wesentlich empfindlicher darauf reagiert. Ärzte halten dieses fragwürdige Limit ohnehin für zu hoch und plädieren aufgrund ihrer Erfahrungen mit Alkoholpatienten zu Recht für möglichst gar keinen oder sehr wenig Alkohol – und den auch nur ganz selten.

Leider dauert es oft sehr, sehr lange, bis ein Alkoholkranker seine Situation erkennen will und bereit ist, Hilfe anzunehmen. Er macht sich und seiner Umgebung selbst etwas vor, tröstet sich mit »trockenen Phasen« und kontrolliertem Trinken, was fast bei jedem Alkoholiker immer wieder mal vorkommt. Bald darauf verfällt er wieder in seine alten Gewohnheiten. Allein und ohne Hilfe mit dem Trinken aufzuhören ist verdammt schwer. Es gibt Menschen, die das geschafft haben, aber mit dem Rückhalt Gleichgesinnter in einer Selbsthilfegruppe (Anonyme Alkoholiker) oder mittels einer Psychotherapie fällt es leichter. Der Alkoholiker hat irgendwann gelernt, seine schwankenden Stimmungen in den verschiedensten Situationen mit Alkohol zu manipulieren und damit auch sein schwaches Selbstwertgefühl künstlich zu stärken. Je länger das funktioniert hat, desto schwieriger ist es für ihn, seine Krücke wegzulassen. Im Unterbewusstsein hat er außerdem die Glücks- und Erleichterungsgefühle gespeichert, die der Alkohol anfangs bei ihm hervorrief. Das macht ein Aussteigen hart. Deswegen solltest du jetzt schon darauf achten, warum du trinkst. Es ist nämlich ganz leicht, in den Alkoholismus zu rutschen.

Dramen rund um den Alkohol: Wenn Eltern trinken

> **Franziska (14):** »Mein Vater ist ziemlich oft betrunken. Dann tobt er herum, verprügelt meine Mutter, manchmal auch meinen kleinen Bruder und mich. Wenn er wieder nüchtern ist, kann er sich an nichts mehr erinnern und entschuldigt sich tausendmal. So oft hat er schon versprochen, nichts mehr zu trinken. Aber schon, wenn Mama keinen Schnaps eingekauft hat, dreht er total durch. Ich hasse Alkohol.«

Was Franziska beschreibt, das müssen leider auch viele andere Kinder und Jugendliche erleben. Wenn ein Elternteil oder sogar beide trinken, dann wirkt sich das auch auf deinen Alltag aus. Auch dein Leben dreht sich dann nur noch um den Alkohol. Wann sind Papa oder Mama mal nüchtern, wann hört er oder sie endlich auf zu trinken? Du zitterst schon, wenn er nach Hause kommt, oder gerätst in Panik, wenn Mama die Flasche in die Hand nimmt. Du möchtest helfen, aber weißt nicht wie. Vor deinen Freunden schämst du dich für deine Eltern und strengst dich vielleicht besonders an, um durch gute Leistungen zu beweisen, dass daheim alles in Ordnung ist. Oder du wehrst dich, indem du selbst aggressiv wirst, um so unbewusst einen Teil der Wut in der Familie auf dich zu ziehen.

Kinder suchtkranker Eltern leiden oft unter Folgen wie tiefem Misstrauen anderen gegenüber, übersteigertem Hunger nach Anerkennung und dem merkwürdigen »Drang« nach problematischen Partnerschaften. Mädchen, die einen Alkoholiker-Vater erlebt haben, nehmen sich auch oft einen Freund, der trinkt. So begleitet sie der Alkohol immer wieder, auch wenn sie selbst nichts oder nur manchmal mittrinken, um das zu ertragen. Dieses Verhalten, in eine Situation verstrickt zu sein und ihr letztlich hilflos gegenüberstehen zu müssen, heißt »co-abhängig«.

Wenn dein Vater trinkt, dann ist auch deine Mutter vermutlich »co-abhängig«. Sie geniert sich und leidet unter massiven Scham- und Schuldgefühlen. Aber sie tut auch alles, um den Schein nach außen zu wahren und entschuldigt Verwandten und Freunden gegenüber schlechtes Benehmen und Ausfälle deines betrunkenen Vaters. Sie besorgt Alkohol, um ihn nicht zu reizen, und sie bezahlt seine Schulden. Sie möchte in einem sinnlosen und zermürbenden Kampf um das Suchtmittel Alkohol helfen und reibt sich auf, aber sie bezweckt damit überhaupt nichts.

Im Gegenteil – durch ihr Verhalten unterstützt sie den Süchtigen eher darin, weiter mit dem Alkohol zu leben, als von ihm loszukommen. Ihm fehlt nichts, weil sie alles managt. Warum sollte er also etwas ändern? Am Ende ist deine Mutter – oder du, wenn du einen Alkoholiker-Partner hast – selbst total abhängig vom Verhalten des trinkenden Mannes, sodass auch die Frau fachliche Hilfe braucht, um ihr Leben wieder selbst in die Hand nehmen zu können.

Natürlich gibt es auch Mütter oder Partnerinnen, die trinken, und Väter oder Partner, die co-abhängig sind. Doch diese Variante kommt wesentlich seltener vor als die soeben beschriebene. Meist sind Frauen und Kinder co-abhängig, seltener Männer. Zum einen, weil rund zwei Drittel der Alkoholiker männlich sind, und zum anderen, weil Männer eher dazu neigen, ihre alkoholkranke Partnerin zu verlassen als umgekehrt. Schätzungsweise fünf bis sieben Millionen Menschen leben in enger Gemeinschaft mit einem Alkoholabhängigen.

Betrunkene gefährden in der Regel nicht nur sich selbst, sondern auch andere. Das eigene Unfallrisiko steigt mit zunehmendem Alkoholgenuss, häufig aber auch die Gewalt, in die dann noch die Familie verwickelt wird – wie Franziska schilderte. Alkohol trägt vielfach zum Ausbruch von Aggressionen bei. Als alkoholtypische Vergehen gelten

Sachbeschädigung und Randalieren, Beleidigung, Körperverletzung, Vergewaltigung, Misshandlung und Totschlag.

Nach Polizei-Erkenntnissen steht fast ein Drittel aller Verdächtigen eines Gewaltdelikts unter Alkoholeinfluss. Vor Gericht bekommen alkoholisierte Täter häufig mildernde Umstände – zum Leidwesen der Opfer. Vergleichsweise hart wird dagegen oft der bestraft, der ein paar Gramm Haschisch, Heroin, Kokain oder ein paar Ecstasy-Pillen für seinen Eigenbedarf in der Tasche hat. Das soll hier nicht verharmlost werden, doch dass Alkohol immer wieder als Entschuldigung dient und ein anderer Drogensüchtiger die ganze Härte des Gesetzes zu spüren bekommt, das muss dringend überdacht werden. Auch Heroinsüchtige sind Kranke – ebenso wie Alkoholiker. Warum gilt der Alkoholkranke vor Gericht immer wieder als »besserer Süchtiger«? Nur weil Alkohol eine legale Droge ist? Ist Droge nicht gleich Droge?

Wenn du von deinem alkoholabhängigen Freund geschlagen, misshandelt oder vergewaltigt wirst, wenn dein Vater im Rausch über dich herfällt oder die ganze Familie terrorisiert, dann brauchst du dringend Hilfe. Lass dir das nicht gefallen, wehre dich! Je früher und stärker du dich wehrst, desto besser ist das für deine Entwicklung. Halte nicht still, und erdulde das nicht! Je mehr du dir gefallen lässt, desto mehr musst du ertragen. Ein alkoholisierter Mann, der Gewalt ausüben will, kennt keine Grenzen! Nicht umsonst kommt es immer wieder zu blutigen Familiendramen. Tu etwas, bevor die Situation eskaliert. Tu es auch gegen den Willen deiner Mutter, du hilfst ihr nur damit! Du musst keine Angst haben, dass dir etwas passiert, wenn du »petzt«. Es kann alles nur besser werden für dich, deine Geschwister und deine Mutter.

Erfahrungsgemäß werden besonders viele sexuelle Straftaten von alkoholisierten Männern begangen. Da dies ein Tabubereich ist und sich Mädchen und Frauen noch für das schwere Vergehen, das ihr Partner oder ein anderer Mann an ihnen begangen hat, schämen, bleibt die Tat oft ungesühnt. Die Opfer leiden jedoch ein Leben lang darunter. Wenn du von deinem betrunkenen Vater missbraucht wirst oder von deinem alkoholisierten Freund gegen deinen Willen gezwungen wirst, mit ihm zu schlafen, dann behalte das nicht für dich. Du wirst sonst immer daran knabbern und es nie richtig verarbeiten können. Missbrauch, sexu-

elle Nötigung und Vergewaltigung sind schwerwiegende Delikte, die jedes Mädchen und jede Frau zutiefst demütigen, quälen und den Rest ihres Lebens beschäftigen. Diese Last darfst du nicht still und leise für dich tragen! Du musst deine Wut, deine Enttäuschung und deinen Schmerz unbedingt rauslassen!

Wende dich an den Kinderschutzbund in deiner Nähe! Oder vertraue dich einem Lehrer oder jemand anderem an, den du magst. Geh zur Polizei, wo es verständnisvolle und engagierte Beauftragte für Kinder und Frauen gibt, die dir weiterhelfen können. Wenn du Alkohol täglich zu Hause miterlebst, bist du sehr gefährdet, irgendwann auch zu trinken. Viele Alkoholiker kommen aus Alkoholikerfamilien. Bis heute weiß die Wissenschaft nicht genau, ob dies daher kommt, weil es in den Genen verwurzelt ist – oder ob dieser Weg einfach durch die Umstände, die ein Kind oder ein Jugendlicher daheim erlebt, vorgezeichnet ist. Wahrscheinlich spielen beide Komponenten zusammen. Wer immerzu mitkriegt, dass Alkohol konsumiert wird, sobald ein Problem auftaucht, tut dies später meistens auch. Dennoch solltest du darin nicht dein Schicksal sehen, dem du ohnehin nicht entkommen kannst. Es gibt reichlich Beispiele von jungen Leuten, die nichts trinken, weil sie die Auswirkungen von Alkohol zu Hause erlebt haben.

Wie verhält es sich mit Alkohol, wenn du schwanger bist?

Kathi (13): »Ich habe gehört, dass Babys, deren Eltern trinken, geistig behindert zur Welt kommen. Ist das wahr?«

Eine werdende Mutter, die Alkohol trinkt, gefährdet ihr Baby. Schwangere Frauen sollten ihren Alkoholkonsum stark einschränken oder am besten gar keinen trinken – ebenso wenig wie sie rauchen sollten. Die meisten Mütter in spe wissen das und halten sich daran.

Trotzdem gibt es auch solche, die süchtig sind und auf ihre Droge nicht verzichten können, obwohl sie das gerne tun würden. So kommt es zu verschiedenen Formen der Alkoholschädigung beim Kind. In schweren Fällen können an Herz, Geschlechtsorganen und Nieren sowie an Händen, Füßen und dem Skelett Fehlbildungen auftreten und schlimme Hirnschäden entstehen. Daneben haben solche Kinder oft eine verzögerte geistige Entwicklung, Sprach- und Hörstörungen und Anpassungsschwierigkeiten. Selbst für einen erfahrenen Arzt ist es nicht immer einfach, ein »fetales Alkoholsyndrom« – so der Fachbegriff für diese Schädigung des Babys – festzustellen. Zum einen, weil es keinen einfachen Labortest zur Feststellung gibt, und zum anderen, weil die Schwangere ihren Alkoholkonsum meist geheim hält. Das kommt daher, weil weibliche Trunksucht gesellschaftlich mehr geächtet wird als männliche.

Das fetale Alkoholsyndrom ist eine der häufigsten Schädigungen eines Babys, die durch übermäßigen und/oder dauerhaften Alkoholkonsum der Mutter während der Schwangerschaft entsteht. Es wird jedoch kaum darüber gesprochen, sondern eher verdrängt, verharmlost und verschwiegen. Zwar gibt es in Deutschland keine Statistik über die Häufigkeit dieses fetalen Alkoholsyndroms, aber Studien lassen den Schluss zu, dass auf tausend Geburten drei Neugeborene alkoholgeschädigt sind. Jährlich muss in Deutschland mit 2200 Babys gerechnet werden, die an diesem fetalen Alkoholsyndrom (FAS) leiden und so mit schweren, nicht wiedergutzumachenden Schäden ins Leben geschickt werden. Jeder einzelne Fall ist eine menschliche Tragödie, die verhindert werden kann.

Alkohol im Straßenverkehr: Am besten ohne Promille!

> **Vanessa (16):** »Wenn ich am Wochenende weggehe, fahre ich meist bei älteren Jungs mit, die schon ein Auto haben. Weil ich auf dem Land wohne, bin ich auf diese Fahrgelegenheit angewiesen. Doch manchmal sind die voll besoffen, wenn wir heimfahren. Und dann habe ich wahnsinnig Angst, dass etwas passiert.«

Tatjanas Angst ist berechtigt. Was ihre Freunde tun, ist hochgefährlich und verantwortungslos. Sich selbst und ihren Mitfahrern gegenüber. Sie sollte lieber mit ihren Eltern oder älteren Geschwistern verabreden, dass die sie abholen, oder den Disco-Bus nehmen, den immer mehr Disco-Betreiber für junge Gäste einsetzen. Sollte beides nicht möglich sein, kannst du dich mit einer Freundin und deren Eltern organisieren, oder ihr nehmt zusammen, wenn ihr in einer Stadt wohnt, ein Taxi. Eltern, denen etwas an ihren Kindern liegt, werden immer eine Möglichkeit finden, sie unbeschadet wieder nach Hause zu bringen. Ihr müsst nur offen darüber reden und du solltest nicht heimlich in die Disco abhauen. 338 Menschen sind 2013 in Deutschland bei alkoholbedingten Unfällen im Straßenverkehr ums Leben gekommen. Das sind 338 Tote, die noch leben könnten, wenn sie oder ihre »Chauffeure« keinen Alkohol getrunken hätten. Im Übrigen wird die Hälfte aller Verkehrsopfer durch alkoholbedingte Verkehrsunfälle verursacht. Immer wieder kannst du in der Zeitung von den »Disco-Unfällen« lesen, bei denen junge Leben plötzlich ausgelöscht werden oder deretwegen Jugendliche für den Rest ihres Lebens behindert sind.

Viele halten sich auch nach mehreren Gläsern Bier, Wein oder Schnaps noch für »nüchtern« oder meinen gar, jetzt hätten sie erst den richtigen Durchblick. »Wenn ich am Steuer sitze, ist der Alkohol plötzlich verflogen«, behaupten manche, die sich selbst überschätzen und damit anderen ihre überirdischen Fähigkeiten demonstrieren wollen. Wenn dir einer so einen Quatsch erzählt, dann steig bloß nicht in sein Auto oder auf sein Motorrad! Rede lieber auf ihn ein, das Fahrzeug stehen zu lassen. Seine Fahrt könnte in einem Horrortrip enden und gefährdet nicht nur ihn, sondern auch alle anderen Verkehrsteilnehmer.

Bei 1,0 Promille ist die Wahrscheinlichkeit, einen Verkehrsunfall zu verursachen, siebenmal größer als beim Fahren im nüchternen Zustand. Die Chance, an einem Unfall beteiligt zu sein, ist 85-mal größer. Da es häufig klappt, dass jemand mit 1,0 Promille unbehelligt im Auto nach Hause kommt, bestärkt ihn das in der Meinung, die von ihm getrunkene Alkoholmenge könne er vertragen und würde nicht zu einer unsicheren Fahrweise führen. Dies gelte dann erst recht für weniger Alkoholkonsum. Doch das ist ein fataler Trugschluss.

Nur bei null Promille hast du kein Problem.

Da die meisten Autofahrer nur selten von der Polizei zum Alkoholtest angehalten werden, fühlen sie sich sicher, hoffen darauf, nicht erwischt zu werden, und trauen sich infolgedessen mit immer höherer Alkoholkonzentration im Blut ans Steuer. Es zeugt von Naivität und Verantwortungslosigkeit, wenn jemand solche Risiken eingeht, nur weil er glaubt, ohnehin nicht erwischt zu werden. Irgendwann passiert es doch und dann ist im glücklichsten Fall nur der Führerschein weg, im schlimmsten Fall aber ein Unglück geschehen, an dem andere, unschuldige Menschen beteiligt waren. Etwa 150000 Menschen wird jährlich aufgrund von Trunkenheit am Steuer der Führerschein entzogen.

Wer glaubt, Kaffee würde die Wirkung von Alkohol aufheben, der irrt. Das tut er nicht. Auch bei Übermüdung hilft Kaffee nur sehr, sehr kurzfristig. Wenn du eigentlich k. o. bist, auch wenn du nichts Alkoholisches getrunken hast, dann vergiss dein Mofa, Motorrad oder Auto lieber für diesen Abend, denn wenn der schnell aufputschende Effekt des Kaffees nachlässt, sackt deine Konzentration rapide wieder ab, und du bist für den Straßenverkehr noch weniger geeignet.

3. MEDIKAMENTE

Wie machen Medikamente abhängig?

> **Alexandra (17):** »Eine Freundin von mir nimmt jedes Mal vor einer Klassenarbeit ein paar Tabletten, die ihre Nervosität dämpfen. Sie hat mir auch schon welche angeboten, aber ich will das aus eigener Kraft schaffen, nicht mit Tabletten.«

Alexandra hat Recht. Es ist natürlich besser, die Klassenarbeit ohne chemische Krücke zu bewältigen. Medikamente gibt es, solange es die Menschheit gibt, und schon immer wurde auch etwas gegen Befindlichkeitsstörungen eingenommen. Früher waren das zumeist Naturprodukte. Seit der Fortschritt in Chemie und Pharmazie es ermöglicht, Medikamente synthetisch herzustellen, ist die Auswahl natürlich größer und umfangreicher geworden. Seuchen wurden dank Medikamenten fast ausgerottet, und die Lebenserwartung stieg beträchtlich, weil heute viele Krankheiten behandelt werden können. So gesehen sind Medikamente ein Segen für die Menschheit.

Doch nun gibt es auch viele Arzneimittel, die ganz gezielt auf das Nervensystem einwirken und die Psyche beeinflussen, sogenannte Psychopharmaka. Dazu gehören Beruhigungs- und Schlafmittel, Antidepressiva und Neuroleptika. Sie sind stets verschreibungspflichtig und verändern Wahrnehmungen, Gefühle und Verhalten eines Menschen. Einige dämpfen Verstimmungen, Unruhe und Nervosität, andere wirken aktivierend und anregend. All die Wirkstoffe, die in solchen Pillen enthalten sind, können auf die Psyche angenehmen Einfluss nehmen, aber auch in Abhängigkeit oder Sucht führen, ebenso wie das beim Alkohol oder illegalen Drogen der Fall ist.

Medikamente sind dazu da, um Beschwerden möglichst schnell und einfach zu beseitigen oder zu lindern. Sie sind kurzzeitig eingenommen auch durchaus hilfreich. Doch oft nehmen Menschen ein Mittel, das eine Befindlichkeitsstörung so gut aus dem Weg räumen konnte, weiterhin ein. Dadurch entsteht ein Gewohnheitseffekt, der eine erneute Einnahme nötig macht. Mit der Zeit lässt die Wirkung nach, also muss die Dosis erhöht werden, obwohl eine medizinische Notwendigkeit oft schon lange nicht mehr vorliegt. Die Verträglichkeit (Toleranz) wird höher und höher, der Stoffwechsel hat das Medikament als festen Bestandteil im Körper »eingeplant«, was ein deutliches Zeichen für ein Medikament mit Suchtcharakter ist. Mit anderen Worten: Um frei von Nervosität, Anspannung, Schmerzen oder Unlust zu sein, brauchst du immer mehr – der Körper verlangt danach und funktioniert nicht mehr ohne Medikament.

Psychopharmaka werden ebenso wie Alkohol zur Bewältigung von Stress-Situationen und zur Reduzierung von Anspannungen eingesetzt. Dem Medikamentengebrauch bzw. -missbrauch liegt jedoch meist eine psychische oder psychosomatische Erkrankung zugrunde, sodass das Mittel erst einmal als Helfer bei der Wiederherstellung des allgemeinen Wohlbefindens dient.

Bei dem Versuch, das Mittel abzusetzen, kommt es zu Entzugserscheinungen wie z. B. Angstgefühlen, Händezittern, Schlafstörungen, Schmerzen und innerer Unruhe. Also genau zu den Beschwerden, deretwegen die Arznei ursprünglich eingenommen wurde. Die Tablette, Pille, Kapsel, die Tropfen, Zäpfchen oder das Pulver haben durch die Abhängigkeit im Körper nun eine ganz andere Funktion erhalten. Das vollzieht sich unbewusst und unabhängig vom Willen des Betroffenen. Um diese Entzugserscheinungen, die er zunächst oft für wiederkehrende Beschwerden hält, zu mildern, nimmt der bereits Abhängige wieder sein Medikament – in noch höherer Dosis. Weil die Entzugssymptome sich nicht immer klar von den ursprünglichen Symptomen, die Anlass für die Medikamenteneinnahme waren, unterscheiden lassen, ist dieser Entzug auch so schwierig. Er ist häufig schlimmer und langwieriger als ein Alkoholentzug und sollte nur mit fachlicher Hilfe durchgeführt werden. In die Medikamentenabhängigkeit kannst du nur mit Mitteln geraten, die eine Substanz mit Suchtpotential enthalten und die du über einen bestimmten Zeitraum hinweg einnimmst. Nichtsdestoweniger ist es immer besser, seinen depressiven Verstimmungen und Schlafstörungen auf natürliche Weise beizukommen, z. B. indem du dich mit schönen Dingen beschäftigst und ablenkst und nicht immer in deiner miesen Laune herumbohrst. Positives Denken kann oft Wunder wirken.

Die verordnete Sucht: Die Rolle der Ärzte

Annika (13): »Weil ich meine Eltern immer so genervt habe, sind sie mit mir zum Arzt gegangen. Seitdem muss ich jeden Tag eine Tablette nehmen, Ritalin. Mama sagt, jetzt sei es erträglicher mit mir. Aber ich habe mich früher viel besser gefühlt. Jetzt schlafe ich nachts immer schlecht und habe oft Kopfschmerzen.«

Annika wurde von einem Arzt ADS diagnostiziert. Das Aufmerksamkeitsdefizitsyndrom. Sie hat Probleme sich zu konzentrieren und zum Beispiel in der Schule still zu sitzen. ADS kann eine große Belastung für Kinder, Eltern und Lehrer darstellen. Dennoch ist es erschreckend wie stark der Verbrauch von Methylphenidat, dem Wirkstoff in Ritalin, in den letzten 20 Jahren angestiegen ist. Wurden 1993 noch 34 kg des Wirkstoffs in Deutschland verbraucht, waren es 2012 schon 1839 kg! Mittlerweile gehen die Zahlen wieder leicht zurück und kritische Stimmen werden laut. Methylphenidat ist gesundheitlich nicht unbedenklich. Und Tabletten sollten nicht die erste Wahl sein, um Schulproblemen zu begegnen.

Auch wenn es immer mehr Mediziner gibt, die mit der Verschreibung von Psychopharmaka sehr sorgsam umgehen, ist der Umfang der Verordnungen insgesamt nicht kleiner geworden. Jährlich werden etwa 35 Millionen Rezepte für Psychopharmaka ausgestellt.

Dies ist alarmierend; denn meist liegen dieser Verordnung von psychisch wirksamen Mitteln gar keine medizinischen Gründe, sondern psychosoziale zugrunde. Psychosoziale Gründe sind z. B. Liebeskummer, Arbeitslosigkeit, Einsamkeit, Trennung von einem Partner oder Tod eines geliebten Menschen. Dies sind alles keine Krankheiten, sondern

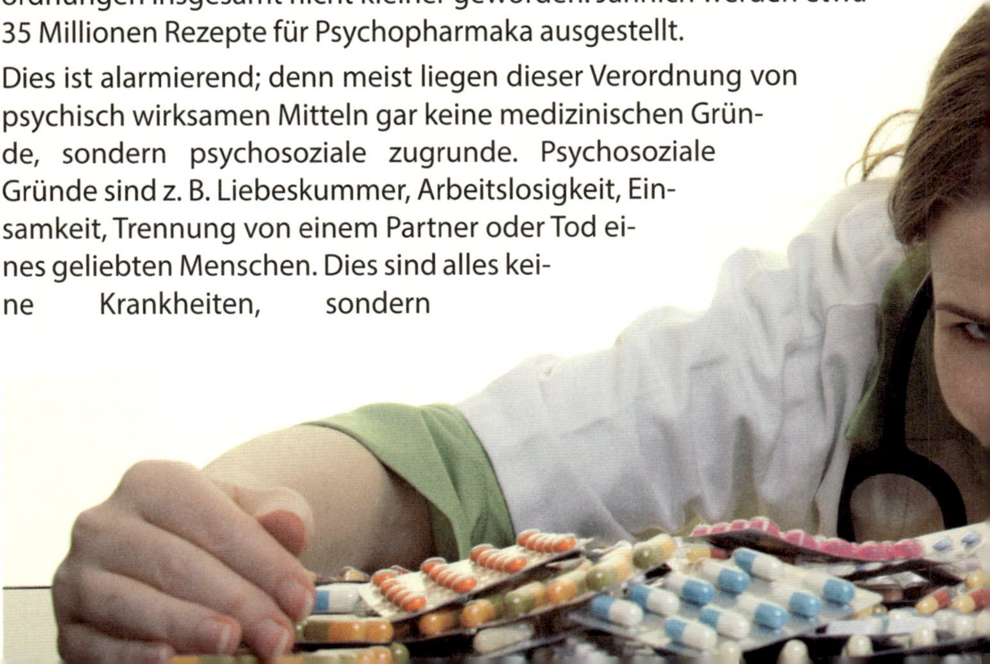

psychische Belastungen, die auf Dauer nicht medikamentös behandelt werden können, sondern vielmehr therapeutisch. Auch wenn du unter Prüfungsangst leidest, bist du nicht krank und brauchst infolgedessen auch keine Pillen, sondern eher jemanden, der dir hilft, dein mangelndes Selbstbewusstsein zu stärken. Dies könnte ein Psychotherapeut sein oder eine Selbsthilfegruppe. Du schaffst die Prüfung am besten mit klarem Kopf, guter Vorbereitung, positivem Denken und Gelassenheit. Das lässt sich alles machen und lernen. Und wenn du die Prüfung nicht schaffst, geht die Welt auch nicht unter. Dann wiederholst du sie eben oder findest eine andere Lösung. Die Angst zu versagen lässt sich auch nicht durch Tabletten beheben, sondern nur durch die Veränderung deiner inneren Einstellung.

Ein Arzt, der wegen solcher psychosozialer Probleme Psychopharmaka verordnet, beteiligt sich nicht nur an einer Abhängigkeitsentwicklung, sondern indirekt auch daran, dass das Leiden des Patienten chronisch wird, weil die Konflikt- und Auseinandersetzungsfähigkeit mit seinem Problem durch die Tabletten reduziert wird. Eine Pille kann zwar akut die Wahrnehmung eines Problems dämpfen, aber lösen kann sie es nicht.

Leider verharmlosen viele Ärzte die Abhängigkeitsentwicklung solcher Medikamente und informieren ihre Patienten nicht ausreichend über Gefahren und Nebenwirkungen von Beruhigungs-, Schlaf-, Schmerz-, Schlankheits- und Aufputschmitteln. Der Beipackzettel wird nur selten gelesen und ersetzt nicht die Aufklärung durch den Arzt. Erkläre deinem Arzt gleich, dass du keinesfalls Psychopharmaka möchtest, sondern lieber die Adresse eines Psychotherapeuten, der dir bei der Bewältigung deines Problems helfen kann.

Gebrauch und Missbrauch von Medikamenten

> **Finja (19):** »Als meine Mutter starb, war ich so fertig, dass ich eine Weile nur mit Beruhigungspillen leben konnte. Ich finde, dass von den Medien zu viel Panikmache betrieben wird um Sucht und Abhängigkeit.«

Finja hat richtigen Gebrauch von Medikamenten betrieben. So sollte es sein: dass einem ein Mittel hilft, kurzfristig eine Situation zu überstehen, aber bei der langfristigen Bewältigung sollte man sich auf sich selbst besinnen und die Chemie-Krücke wieder zurückstellen. Und selbstverständlich wird nicht jeder sofort abhängig, der mal vorübergehend psychisch wirksame Tabletten einnimmt. Ebenso wenig, wie nicht jeder, der mal raucht oder Alkohol trinkt, zum Raucher oder Trinker wird. Der Gebrauch von Schmerz-, Beruhigungs- und Schlafmitteln über einen bestimmten Zeitraum muss also nicht in einen Missbrauch münden. Missbrauch einer Arznei ist es, wenn sie ohne ärztliche Verordnung und in hohen Dosen eingenommen wird, z. B. auch rezeptfreie und damit scheinbar »harmlose« Kopfschmerztabletten. Meist liegt so einem Verhalten eine Medikamentenabhängigkeit zugrunde. Gerade manche Schmerzmittel, die ohne ärztliches Rezept frei in der Apotheke erhältlich sind oder von vielen Ärzten ohne große Bedenken verschrieben werden, sind oft alles andere als harmlos und mit Koffein oder Codein angereichert. Auch wenn diese Stoffe nur in geringer Menge enthalten sind, entfalten sie bei höheren Einnahmedosen ihr volles Suchtpotenzial. Codein wird als Beruhigungsmittel benutzt. Ist Koffein mit drin, stellt sich leichte Euphorie ein.

Entscheidend für eine Abhängigkeit ist immer der Umgang mit einer Droge. Wer zu depressiven Verstimmungen neigt oder sich schnell emotional aus der Fassung bringen lässt, der greift eher zu beruhigenden oder stimulierenden Medikamenten als jemand, der die Dinge nimmt, wie sie sind. Vom Missbrauch sind vor allem Frauen betroffen, weil sie häufiger wegen psychischer Beschwerden zum Arzt gehen und ihre Symptome seltener mit Alkohol oder illegalen Drogen betäuben. Oft bemerken sie gar nicht, dass sie längst abhängig sind.

Nicht zu vergessen: Von Medikamenten abhängig ist auch jemand, der jahrelang täglich (oder seltener) immer nur eine oder zwei Tabletten (z. B. Schlaftabletten) mit Suchtpotential nimmt, ohne Tendenz zur Steigerung. Das nennt sich »Niedrig-Dosis-Abhängigkeit«. Auch in so geringen Dosen führt der Gebrauch der Medikamente zu Persönlichkeitsveränderungen und bei Absetzen zu Entzugserscheinungen wie Albträumen, Krampfanfällen, Erbrechen, Schlaflosigkeit und Bewusstseinstrübungen. Das Risiko einer solchen Abhängigkeit besteht darin, dass der Betroffene irgendwann die Dosis doch erhöht und die Kontrolle verliert. Viele ältere Leute (und nicht nur sie!) sind auf diese Weise von ihren Medikamenten abhängig.

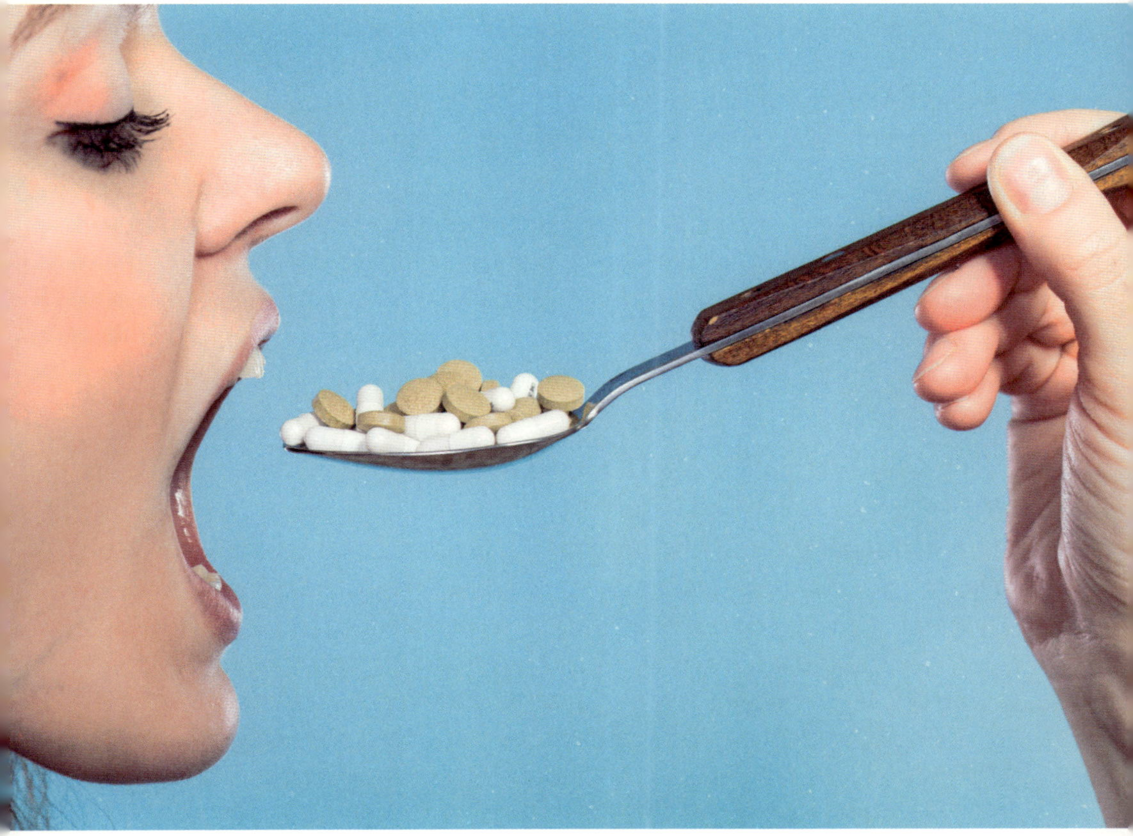

Tabletten in Kombination mit Alkohol

Moritz (14): »Ich kenne einige, die ziemlich viel Alkohol trinken und dazu auch noch Tabletten nehmen. Sie sagen, beides zusammen, das wäre voll der Hit.«

Wer zusätzlich zum Alkohol noch Tabletten konsumiert oder wer Tabletten mit Alkohol begießt, der läuft Gefahr, gleich doppelt abhängig zu werden. Lieber Moritz, ob das nun wirklich »voll der Hit« ist, darf doch bezweifelt werden. Oder?

Die Wirkung von Beruhigungs-, Schlaf- und Aufputschmitteln wird durch Alkohol erheblich verstärkt. Trinkt ein Tablettenabhängiger zusätzlich regelmäßig Alkohol, um die Wirkung seiner Medikamente damit zu erhöhen, so wird er in kurzer Zeit auch alkoholabhängig sein. Und versucht ein Alkoholiker immer wieder, seinem Rausch noch mit entsprechenden Arzneimitteln den »nötigen Kick« zu geben, dann kann er sich bald ebenfalls zu den Medikamentenabhängigen zählen.

Zudem gibt es das Phänomen der Kreuztoleranz: Wer von einer Substanz abhängig ist, *z.* B. von Alkohol, der reagiert gegenüber einer anderen Substanz mit ähnlicher Wirkung (in diesem Fall: beruhigend) sehr unempfindlich. Das heißt: Weil die verschiedenen Suchtstoffe an ähnlichen Stellen im Gehirn wirken, reagiert der Körper auch ähnlich darauf. Die Gewöhnung an den Alkohol gilt dann auch für Beruhigungsmittel. Oft passiert es auch, dass jemand nach dem Entzug von einem Suchtmittel, *z.* B. Alkohol, auf ein anderes, z. B. Medikamente, umsteigt.

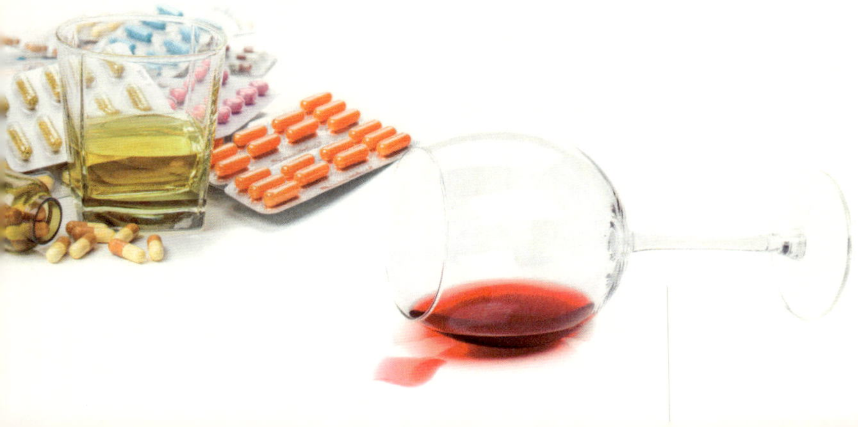

Welche Medikamente machen abhängig?

> **Eva (17):** »Weil ich sehr leicht zunehme und darunter leide, hat mir der Arzt Appetitzügler verschrieben. Seitdem habe ich einen ganz trockenen Mund und bin total überdreht. Außerdem habe ich trotzdem dauernd Hunger.«

Viele Appetitzügler enthalten Psychostimulanzien, die aufputschend wirken und süchtig machen können. Evas Beobachtungen sind richtig. Sie sollte so schnell wie möglich aufhören, die Pillen zu schlucken, und versuchen, auf natürlichem Weg ihr Gewicht zu kontrollieren.

Es gibt kein Leiden, das die Pharma-Industrie übersehen hat. Für jedes Wehwehchen hat sie helfende Mittelchen. Gegen Kopfschmerzen und Migräne gibt es eine große Auswahl an Schmerzmedikamenten, gegen Müdigkeit greifen viele schnell zu Stimulanzien und wer sich innerlich unruhig und nervös fühlt, der nimmt halt ein Beruhigungsmittel.

Abhängig kann jemand nur von Medikamenten mit Suchtpotenzial werden. Das ist die Eigenschaft eines Stoffes (hier Medikamente), Menschen abhängig zu machen. 1,5 Millionen Tablettenabhängige gibt es nach Schätzungen der Deutschen Hauptstelle für Suchtfragen (DHS). Zwei Drittel davon sind Frauen. Die Dunkelziffer dürfte allerdings wesentlich höher liegen, denn Tablettensucht ist eine »heimliche Sucht«, die unauffällig stattfindet. Der Konsument hat keine »Fahne« wie ein Alkoholiker, kann die Pillen problemlos mit sich führen und sie rasch und ohne dass jemand es bemerkt, schlucken. Außerdem kann er damit auch offen umgehen, indem er eben eine Kopfschmerztablette nimmt, was legal und üblich ist. 15 bis 20 Prozent derjenigen, die regelmäßig Medikamente einnehmen, werden von diesen abhängig – also bei weitem nicht alle. Dennoch birgt jede dauerhafte Einnahme solcher Mittel eine Abhängigkeitsgefahr in sich.

Insgesamt sind die Ärzte heute etwas zurückhaltender, was das Verschreiben suchterzeugender Medikamente angeht. Schwarze Schafe gibt es aber immer wieder. Süchtige bedienen sich mittlerweile auch ausländischer Online-Apotheken und unseriöser privater Anbieter im

Netz. Bei Medikamenten, die auf diesem Weg beschafft werden, ist es aber nie sicher, ob wirklich der Wirkstoff enthalten ist, der auf der Packung steht und ob die Dosierung und das Haltbarkeitsdatum stimmen. Außerdem machen sich sowohl Händler als auch Käufer strafbar, wenn sie Apothekenpflicht, Rezeptpflicht und evtl. auch das Betäubungsmittelgesetz umgehen. Vertrau lieber einem kompetenten Arzt und bestelle nur bei Onlineapotheken, die seriös sind und rezeptpflichtige Medikamente nicht einfach so abgeben.

Die wichtigsten suchtfördernden Mittel

Schmerzmittel (Analgetika) sind, abgesehen von den starken Opiaten, häufig rezeptfrei in der Apotheke erhältlich und helfen gegen Schmerzen, die sowohl organisch, psychisch als auch psychosomatisch bedingt sein können. Sie lindern die Schmerzen nur künstlich und beheben nicht deren Ursache. Aber sie erzeugen meist ein angenehmes Körpergefühl und regen an. Schmerzmittel sind der absolute Renner in Apotheken. Etwa drei Milliarden solcher Pillen und Zäpfchen gehen dort jedes Jahr über die Ladentische, umgerechnet 50 Medikamente pro Person. Jedes zehnte verkaufte Medikament ist ein Schmerzmittel.

Viele enthalten den Wirkstoff Codein, der süchtig machen kann. Besonders verhängnisvoll ist der Konsum von Kombinationspräparaten, denen oft auch Koffein zugesetzt ist, sodass sie belebend wirken und nicht nur wegen der Schmerzen, sondern vor allem wegen dieser Wirkung genommen werden. Wer Schmerzmittel regelmäßig einnimmt, steigert meist auch die Dosis. Bei Absetzen des Medikaments tauchen Entzugserscheinungen wie Übelkeit, starke Kopfschmerzen und verlangsamte Reaktion auf, was dann meist wieder mit Schmerzmitteln bekämpft wird – der Suchtkreislauf hat begonnen. Bei Überdosierung kann es zu einer Vergiftung kommen, langfristig zu Nierenschädigung und seelischer Abstumpfung.

Beruhigungsmittel (Tranquilizer) und Angstlöser (Anxiolytika) sind neben dem Alkohol zur Volksdroge Nummer zwei geworden. Die meisten der rund 1,5 Millionen Medikamentenabhängigen sind von Tranquilizern abhängig. Sie enthalten Suchtstoffe aus der Gruppe der Benzodiazepine, die an bestimmten Haftorten (Rezeptoren) des Gehirns dämpfend, angstlösend, entrückend, aber zugleich auch euphorisierend wirken. Kein Wunder, dass Alkoholiker Beruhigungsmittel häufig als Ersatzmittel einsetzen und Drogenabhängige sie in höheren Dosen als Überbrückung nutzen. Sie machen das Leben ziemlich schnell schöner und angenehmer und setzen dem Konsumenten die »rosarote Brille« auf. Er fühlt sich gelöst, ungehemmt und hat keine Ängste mehr. Zu dieser Sorte von Medikamenten zählen Präparate wie Valium, Librium, Lexotanil, Frisium, Tavor, Adumbran oder Tranxilium. Bei höheren Wirkstoffdosen finden Tranquilizer als Schlafmittel Anwendung, z. B. Rohypnol, Remestan oder Halcion die auch in der harten Heroinszene gehandelt und meist zusätzlich eingenommen werden.

Akute Gefahren des Missbrauchs von Tranquilizern: Gleichgewichtsstörungen, damit verbunden Unfallgefahr, verminderte Bewegungskontrolle, bei gleichzeitigem Alkoholkonsum wechselseitige Wirkungssteigerung. Lebensgefährlich ist die Injektion zusammen mit Opiaten.

Schlafmittel und dämpfende Mittel (Hypnotika/Sedativa) reichen von starken Präparaten, wie den oben genannten Bezodiazepinen bis zu schwach dämpfenden Mitteln wie Baldrian oder Hopfen. Die sehr gefährlichen und höchst suchterzeugenden Barbiturate, die früher weit verbreitet waren, werden heutzutage glücklicherweise nicht mehr verschrieben. Einige Psychiater, die sich mit dem Thema Schlaf ausführlich beschäftigt haben, sind der Meinung: »Schlafschwierigkeiten werden durch Schlaftabletten nicht behoben, eher verschlimmert, weil sie in Wirklichkeit nur den natürlichen Schlafrhythmus verhindern. Diese Mittel nutzen niemandem, nur der Pharmaindustrie.« Meist sind es psychische Belastungen, Probleme oder Stress, die einen nicht schlafen lassen. Das hast du sicher auch schon erlebt, dass du kein Auge zukriegst, weil in der Schule etwas nicht so lief, wie du wolltest. Deshalb musst du keine Tabletten nehmen. Ein heißes Bad oder ein bisschen Gymnastik vor dem Schlafengehen und ein gut abgedunkeltes und belüftetes Zimmer leisten bessere Dienste.

Antidepressiva und Neuroleptika, die neben Beruhigungs- und Schlafmitteln auch zur Gruppe der Psychopharmaka gehören, werden vor allem bei schweren psychischen Erkrankungen verordnet und spielen daher eine besondere Rolle. Sie gelten nicht als suchterzeugend, worüber aber in Fachkreisen noch gestritten wird.

Auf jeden Fall haben sie beide enorme Nebenwirkungen, die als sehr stark behindernd erlebt werden. Antidepressiva können Müdigkeit, übergroßen Bewegungsdrang, eingeschränkte Konzentration, trockenen Mund, Zittern, Fieber und Frösteln, Herz- und Kreislaufbeschwerden, Durchfall oder Verstopfung bis hin zur Darmlähmung erzeugen. Sie helfen einem schwer depressiven Patienten nur kurzfristig. Leider werden von Allgemeinärzten bei leichten Beschwerden wie Menstruationsstörungen, depressiven Verstimmungen, Verhaltensstörungen oder Schulproblemen immer häufiger Neuroleptika verordnet. Diese sollten jedoch nur in der Psychiatrie bei Schizophrenie oder anderen psychotischen Symptomen verabreicht werden. Ziel der Neuroleptika ist es, nahezu alle Reaktionen auf Umweltreize zu unterdrücken. Dies mag bei schwer kranken Patienten mit Wahnideen oder unkalkulierbaren Aggressionen seine Berechtigung haben, aber wenn du in der Schule nicht klarkommst oder deine Mutter unter ihrer Periode leidet, dann ist so ein Chemie-Hammer fehl am Platz. Erkundige dich bei deinem Arzt genau, was das ist, was er dir verschreibt, und frage notfalls auch noch mal den Apotheker, wie suchterzeugend und gefährlich das Medikament, das auf deinem Rezept steht, wirklich ist. Lies den Beipackzettel – die Industrie bemüht sich, diese zunehmend verständlicher zu formulieren.

Die Liste der möglichen Nebenwirkungen bei Neuroleptika ist schrecklich und lang. Hier ein Auszug daraus: Eingeengte Wahrnehmung, Zittern, verkrampfte Bewegungen, ständige Unruhe, große Müdigkeit, Einschränkung des Denkens, Antriebslosigkeit, Leberschäden, Kreislaufschwäche, Veränderung des Hormonhaushalts, evtl. sogar organische Hirnschädigung und Halluzinationen. Nach längerem Gebrauch kann es zu bleibenden körperlichen und seelischen Schäden kommen, vor allem zu ausgeprägten und nicht kontrollierbaren Zuckungen der Körper- und Gesichtsmuskulatur. Jetzt, wo du dies alles weißt, verstehst du sicher, wie wichtig es ist, sich genau darüber zu informieren, was du einnimmst. Auch Ärzte sind nur Menschen und keine Götter in Weiß. Du hast das Recht, sie zu fragen, was du deinem Körper auf ihr Geheiß zumuten sollst. Und sie haben die Pflicht, dich genau darüber aufzuklären. Wenn dein Arzt dies nicht tut, dann geh zu einem anderen.

Aufputschmittel (Psychostimulanzien) sind künstliche Muntermacher, die das zentrale Nervensystem erregen, wach halten, kurzfristig fit machen, Hemmungen und Ängste abbauen und Leistungsfähigkeit und Antrieb erhöhen. Der Konsument wird hyperaktiv, euphorisch, überschätzt sich selbst, hat kaum noch Hunger und einen gesteigerten Sexualtrieb. Müdigkeit und Erschöpfung, natürliche Alarmzeichen des Körpers, werden unterdrückt. Wer Aufputschmittel regelmäßig über längere Zeit missbraucht, schädigt seine Gesundheit sehr. So kann es zu Zusammenbrüchen, Depressionen, Ängsten und Wahnvorstellungen kommen. Manche Aufputschmittelabhängige leiden unter regelrechtem Verfolgungswahn bis zu voll entwickelten, meist kurz andauernden Psychosen und werden zu einer Gefahr für ihre Umwelt. Der Sucht-Wirkstoff in fast allen Aufputschmitteln ist das Amphetamin. Psychostimulanzien werden selten allein eingenommen. Oft werden sie zusammen mit Alkohol, Schlaf- und/oder Beruhigungsmitteln kombiniert und sind so das Bindeglied in einem Mehrfachabhängigkeitskreislauf (Polytoxikomanie).

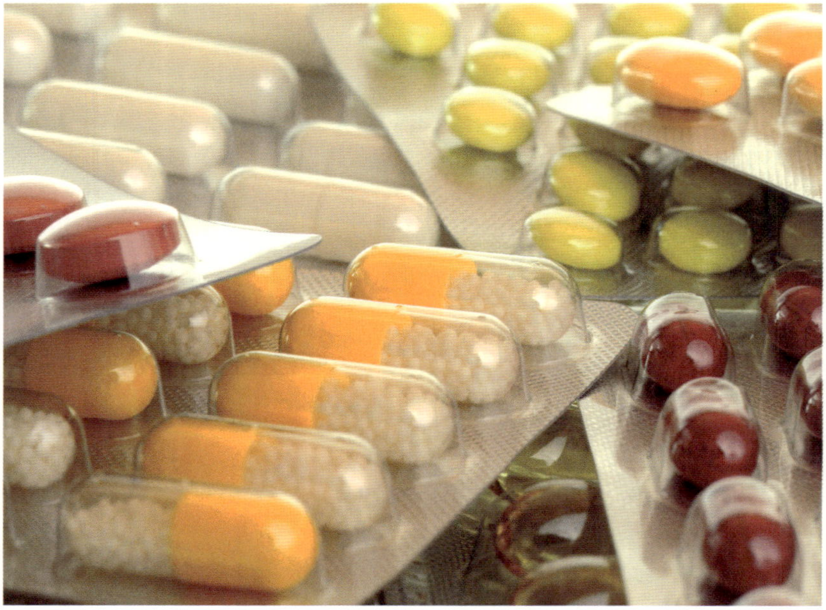

Sie sind auch unter den Namen »Speed, Weckamine oder Happy Pills« bekannt. Früher waren amphetaminhaltige Präparate (z. B. Pervitin, Preludin, AN 1 oder Reactivan) frei in der Apotheke erhältlich, mittlerweile unterliegen sie der Verschreibungskontrolle durch das Betäubungsmittelgesetz, da sie in hohem Maße gesundheitsschädlich sind. **Stimulanzien** werden in der Regel geschluckt, manchmal gesnieft, aber fast nie gespritzt. Es kommt höchstens zu einer sehr leichten physischen Abhängigkeit, dafür ist die psychische enorm hoch. Auf Entzug sind Abhängige oft depressiv und haben paranoide Ideen, weshalb sie stark selbstmordgefährdet sind. Die akute Gefahr des Aufputschmittelmissbrauchs besteht in einer selbstgefährdenden planlosen Überaktivität und in Wahnbildungen, die bisweilen in Aggressivität umschlagen. Der Blutdruck steigt, bei einer Überdosierung kann es zu tiefer Bewusstlosigkeit oder sogar zum plötzlichen Tod durch Herz- und Kreislaufversagen kommen. Der direkte Konsum der Stimulanzien, die nur über ärztliches Rezept zu bekommen sind, wird seit einigen Jahren von einer ähnlichen, viel größeren und illegalen Szene in den Hintergrund gedrängt, in der sich junge Leute wie du bewegen und wo Aufputscher und Wachmacher schon wie eine Selbstverständlichkeit dazugehören. Die anregenden Pillen oder Pülverchen, die so viel Spaß und Freude versprechen, werden längst als »Speed« oder »Ecstasy« in allen möglichen Variationen in illegalen Labors, ja in mobilen Fabriken hergestellt und auf dem Schwarzmarkt gehandelt.

Abführmittel (Laxanzien) werden meist aus den gleichen Gründen wie Appetitzügler genommen: um durch schnelle Verdauung zu der ersehnten schlanken Figur zu kommen und um eine falsche Ernährung und Bewegungsarmut auf diese Weise auszugleichen. Zu Abführmitteln greifen wesentlich mehr Frauen als Männer. Sie klagen auch häufiger über Darmstörungen. Diese Mittel scheinen ideal um Verdauungsprobleme schnell zu lösen, doch Abführmittel sind auf Dauer schwer gesundheitsschädlich. Sie beeinträchtigen die natürliche Darmflora, es kommt zu großem Salz- und Flüssigkeitsverlust. Aufgrund der vermehrten Wasserausscheidung entsteht auch Kaliumverlust, der wiederum zu Muskelschwäche, niedrigem Blutdruck, erhöhter Herzfrequenz und zur Darmträgheit führt. Um diese Darmträgheit zu beseitigen, werden erneut Abführmittel eingenommen. Der Kreislauf ist genauso wie bei den meisten anderen Drogen. Man nimmt sie, um ein Problem zu übertünchen – und macht es damit immer schlimmer.

Wer täglich sein Abführmittel nimmt, und sei es noch so »schonend« und noch so »pflanzlich«, tut sich und seinem Körper also keinen Gefallen. Häufig kommt es auch dabei neben körperlicher Gewöhnung zu einer starken psychischen Abhängigkeit. Die kann so weit gehen, dass sich das ganze Leben nur noch ums Essen und um die Einnahme der Pillen dreht und Abhängige kaum noch aus dem Haus gehen, weil sie Angst haben, keine Toiletten in der Nähe zu finden. So wie hochgradige Bulimiker, die ebenfalls ihren ganzen Alltag danach einteilen, wo genug und geeignete Toiletten sind, um sich erbrechen zu können. Letzteres erspart sich der Abführmittelabhängige. Er erledigt sein »Geschäft« auf übliche Weise, dies dafür umso öfter.

Appetitzügler (Anorektika) sind die Drogen, vor allem der Mädchen und Frauen, die einem Schönheitsideal nacheifern, das mit einer schlanken Figur verbunden ist. Millionen von Packungen mit Schlankheitsmitteln werden jedes Jahr an die Frau gebracht. Die Pharmaindustrie macht damit blendende Umsätze, und die Konsumenten – auch schönheitsbewusste Jungen und Männer greifen auf diese Tabletten zurück – ruinieren damit ihre Gesundheit.

Appetitzügler fallen unter die Rubrik Aufputschmittel, weil sie ein eher zufällig entdecktes Nebenprodukt der Amphetamine sind. Als Aufputschmittel in den 30er-Jahren erstmals eingesetzt wurden, erkannte man bald, dass sie auch den Hunger dämpfen. Seitdem sind sie ein fester Bestandteil in jedem Apothekensortiment. Mittlerweile werden sie aufgrund der dramatischen Nebenwir-

kungen nur noch selten verschrieben, dafür wächst die Zahl unseriöser Angebote im Internet für solche und andere Medikamente zweifelhafter Herkunft und Qualität.

Tabletten, die den Hunger zügeln, sollten nicht länger als zehn Tage, maximal zwei Wochen hintereinander eingenommen werden. Viele Präparate wurden inzwischen vom Markt genommen, weil sie verheerende gesundheitliche Schäden anrichten können, z. B. Herzrhythmusstörungen, andauernde Kopfschmerzen, Schwindelanfälle, schwere Darmkrämpfe, schlimmes Frieren und Zittern am ganzen Körper. Langfristig kann die Einnahme von Appetitzüglern auch zu Wahnvorstellungen und Persönlichkeitsveränderungen führen. Du siehst also: Es lohnt sich nicht, mit Tabletten das Gewicht hinbiegen zu wollen. Eine gesunde, abwechslungsreiche Ernährung – überwiegend auf pflanzlicher Basis – kann dir mit Sicherheit besser beim Abnehmen helfen. Und natürlich solltest du immer nur soviel essen, dass du satt bist und dich nicht vollstopfen. Dann bleibt es auch ein Genuss für dich und wird nicht zur Last.

Die große Gefahr von Anabolika: Fit um jeden Preis

> **Sebastian (18):** »Seit einiger Zeit gehe ich zweimal pro Woche ins Fitnessstudio zum Bodybuilding. Ich möchte gerne Muskeln bekommen. Nun hat mir dort jemand ein Mittel angeboten, mit dem das viel schneller gehen soll.«

Lass die Finger von dem Angebot, Sebastian! Versuch lieber durch Training ein paar Muskeln zu bekommen, aber übertreibe es nicht. Je wichtiger Fitness und Outfit in unserer Gesellschaft werden, desto mehr Auswüchse gibt es auch in dieser Richtung. »Fitnesssucht« gehört leider zu den neuesten Errungenschaften dieses Trends. Dazu gehören Menschen, die sich halb tot trainieren, um einem Idealbild zu entsprechen, das Werbung und Medien zeichnen. Und zu diesem Schönheits-, Body- und Fitness-Wahn gehört es zunehmend auch, mit Hilfe von Anabolika chemisch nachzuhelfen.

Den Missbrauch von Anabolika nennt man **Doping,** ein Begriff, den du aus dem Hochleistungssport kennst. Wegen Dopings sind schon viele hochrangige Sportler von internationalen Wettbewerben ausgeschlossen worden. Leider gibt es immer noch Trainer und Betreuer, die ihre Spitzensportler mit Anabolika und anderen Substanzen vollpumpen, um sie zu Rekorden zu treiben, die dann den Verein oder die Nation schmücken sollen. Das ist verboten und macht Sportler zu lebenden Chemiebomben. Immer schneller, immer weiter, immer höher – der menschliche Körper hat Grenzen, und die sollten akzeptiert werden.

Leider ist dies nicht nur im Hochleistungssport ein Thema, sondern zunehmend auch im alltäglichen Freizeitsport.

Anabolika sind sowohl von der Struktur als auch von der Wirkung her mit dem Männerhormon Testosteron vergleichbar. Sie beeinflussen die Entwicklung der männlichen Geschlechtsmerkmale und begünstigen den Eiweißaufbau in der Skelettmuskulatur. So kommt es zu einer Gewichtszunahme und zum erwünschten Muskelzuwachs, während der Kraftzuwachs umstritten und auch eine Steigerung der Ausdauerleistung nicht gewährleistet ist.

45
46
47
48

Die Risiken von Anabolika sind vielfältiger Art. In erster Linie wirken sich die »Fitmacher« auf das Hormonsystem aus. Bei Jungen und Männern kann es zu Unfruchtbarkeit, Hodenatrophie, Vergrößerung der Prostata und dem Wachstum des Brustdrüsengewebes kommen. Mädchen und Frauen müssen einkalkulieren, dass sich an ihrem Körper durch die Einnahme von Anabolika männliche Merkmale wie eine Zunahme der Körper- und Gesichtsbehaarung, Stimmveränderungen, Menstruationsstörungen und eine Veränderung des sexuellen Lustbedürfnisses zeigen können. Bei Jugendlichen können Störungen des Wachstums, Stillstand des Wachstums oder gar Minderwuchs auftreten.

Um das angestrebte Ziel – eine bestimmte Muskelmasse – zu erreichen, müssen Anabolika über einen längeren Zeitraum eingenommen werden. Dabei kann es leicht passieren, dass die Dosis langsam gesteigert und mit anderen Drogen kombiniert wird. So erhöht sich automatisch das Risiko, an unerwünschten Nebenwirkungen zu erkranken. Bei Absetzen der Anabolika kann es zu körperlichen Entzugserscheinungen kommen. Wer unbedingt meint, er müsse sich mit Anabolika zu einer körperlichen Leistungssteigerung bringen, sollte einen Sportarzt zu Rate ziehen und sich nicht von anderen irgendein Mittel andrehen lassen. Es kommt auch immer darauf an, in welcher Sportart du deine Leistung steigern willst. Ein Mediziner wird einen Marathonläufer mit Sicherheit anders behandeln als einen Sprinter. Und in deinem Alter solltest du ohnehin freiwillig auf die chemischen Fitmacher verzichten.

4. SCHNÜFFELSTOFFE

Was sind Schnüffelstoffe und wie wirken sie?

> **Lasse (14):** »Wenn wir sturmfreie Bude haben, dann treffe ich mich mit meinen Freunden zum Schnüffeln. Wir machen einfach Verdünner oder so Zeug aus der Werkstatt meines Vaters warm, schütten das dann in eine Plastiktüte und riechen daran. Das ist voll cool. Wir sind dann immer ganz prall.«

Ob das nun wirklich voll cool ist, was Lasse mit seinen Freunden treibt? Wahrscheinlich weiß die Clique nicht genau Bescheid über Verdünner und solche Dinge. Sie sind nämlich gar nicht so harmlos, wie du vielleicht denken magst. **Schnüffelstoffe** sind meist flüssige organische Lösungsmittel, die in Klebstoffen, Verdünnern, Lacken, Nagellackentfernern, Farben-, Lösungs- und Reinigungsmitteln sowie in Sprays und Benzin enthalten sind. Sie werden inhaliert, ihre giftigen Dämpfe eingeatmet. Schnüffeln ist kein Kinderspiel, sondern kann bei andauerndem und hoch dosiertem Missbrauch bleibende Schäden verursachen. Das kann so weit gehen, dass es zu spastischen Lähmungen und tatsächlich zu Verblödung (Demenz) führt. Das ist kein Scherz, denn diese üblen Stoffe lösen die Hirnsubstanz regelrecht auf. Daran solltest du in jedem Fall denken, bevor du schnüffelst. Möglicherweise vergeht dir dann die Lust darauf.

Selbst wenn du nicht gleich verblödest (das ist wirklich nicht zum Lachen, sondern eine ernst zu nehmende Krankheit!), musst du mit einer Reihe möglicher und sehr unangenehmer Nebenwirkungen rechnen, die auch schon auftreten können, wenn du dies nur einmal probierst: Übelkeit, Kopfschmerzen und Atemnot, Angstzustände im Rausch, Panikreaktionen, Verbrennungen und Verätzungen der Atemwege und sogar der Erstickungstod in der Bewusstlosigkeit drohen.

Entsprechend sind die Folgen beim häufigen Schnüffeln: Einengung der Interessen, Entwicklungsverzögerung, chronische Kopfschmerzen, Schlaflosigkeit, Schwindel, Appetitmangel und schwere Organ- und Nervenschäden durch einzelne Inhaltsstoffe.

Das Ziel der Schnüffler ist es, einen Rausch zu bekommen, »prall« zu sein, gesteigerte Sinneswahrnehmungen und -täuschungen sowie Befindlichkeitsveränderungen herbeizuführen. Häufig setzt auch ein Gefühl der Schwerelosigkeit ein. Die Wirkung kann jedoch auch in Bewusstseinstrübung und in Schlaf bis hin zur Bewusstlosigkeit münden.

Laut einer Umfrage des Instituts für Therapieforschung in München haben rund 10% der Jugendlichen in Deutschland schon mindestens einmal im Leben geschnüffelt, regelmäßigen Konsum gaben weniger als 1% an. Vor allem in den sozial schwächeren Schichten wird Schnüffeln als Alternative zu teuren Drogen betrachtet, da es die nötigen Utensilien für wenig Geld in jedem Heimwerker-Markt gibt. Sehr häufig wechseln Schnüffler später auch zu illegalen Drogen über. Du bist selbst clever genug, um zu entscheiden, ob du bestimmte Drogen, die dich interessieren, überhaupt noch ausprobieren möchtest, wenn du darüber so gut Bescheid weißt. Möglicherweise sagst du nun: Okay, das wusste ich nicht, dass auch Schnüffeln so gefährlich ist, das lasse ich lieber. Aber wenn du meinst, du müsstest es dennoch probieren, dann kann dich keiner daran hindern, obwohl es völlig uncool von dir wäre.

C. ILLEGALE DROGEN

Die politische und rechtliche Situation

Illegale Drogen unterliegen dem Betäubungsmittelgesetz (BtMG). Darin sind alle Stoffe aufgeführt, die als verbotene Betäubungsmittel im Sinne des Gesetzes gelten.

> **Jasmin (16)**: »Warum mischen sich ständig alte, rückständige Politiker, die noch nie eine Droge außer Alkohol genommen oder gesehen und null Ahnung haben, in diese Dinge ein? Woher wollen die das alles wissen? Mit uns hat sich noch nie einer unterhalten darüber. Mich regt das voll auf.«

Bewusstseinsverändernde Drogen gibt es seit Jahrtausenden. Je nach Kulturkreis und Zeitepoche wurden sie gepflegt und waren erlaubt oder wurden geächtet und verboten. So kauten die Menschen in Südamerika früher Kokain in Form von Kokablättern, wenn sie sich krank, müde und erschöpft fühlten. Im alten Ägypten und Griechenland galt Opium, der Grundstoff des Heroins, das aus dem Milchsaft des Schlafmohns gewonnen wird, als schmerzstillende und einschläfernde Droge. In China war das Rauchen von Opium bis Mitte der 40er Jahre des 20. Jahrhunderts üblich, dann wurde es verboten.

Ende des 18. Jahrhunderts wurde erstmals aus Opium ein Bestandteil, das Morphium, ausgelöst und gegen Krankheiten wie Pest, Cholera, Pocken, Gicht oder Fieber eingesetzt. Verdünnte Opiumpräparate wurden sogar als Husten- und Schlafmittel für Kinder verkauft, *z.* B. unter dem Namen »Hoffmann's Tropfen«. 1898 wurde von der Firma Bayer ein neues Medikament gegen Hustenreiz und Schmerzen präsentiert und unter dem Namen »Heroin« eingetragen. Damals waren die Wissenschaftler noch nicht so weit, dass sie schon erkannt hätten, dass diese Mittel in die Sucht führen und schlimme Nebenwirkungen haben.

Inzwischen stehen Heroin und Kokain längst auf der langen Liste der gesetzlich verbotenen Betäubungsmittel. Ebenso sind dort Haschisch, Marihuana, Crack, LSD, Meskalin, Ecstasy, einige Amphetamine und synthetische Drogen aufgeführt. Auch diverse Medikamente sind eingetragene Betäubungsmittel, so *z.* B. Valoron, Polamidon/Methadon,

Captagon, Rohypnol oder Vesparax. Außer Methadon dürfen diese Präparate nur in bestimmten täglichen Mengen vom Arzt verschrieben werden. Er muss den Bedarf begründen und ein spezielles »Betäubungsmittel-Rezept« ausstellen, das gesetzlich kontrolliert wird. Darüber hinaus ist der Besitz dieser Mittel genauso strafbar wie der von Kokain, Heroin und anderen Drogen.

Nun fragst du dich sicher, warum der Gesetzgeber es unter Strafe stellt, wenn jemand mit Stoffen erwischt wird, die dem Betäubungsmittelgesetz unterliegen. Das hat zum einen den Grund, junge Menschen wie dich vor schweren, häufig bleibenden Schäden zu schützen, die Drogen an Körper und Seele anrichten. Zum anderen sollen so der Allgemeinheit die hohen Folgekosten erspart bleiben, die auf sie zukämen, wenn Drogenkonsum legalisiert und dadurch weiter verbreitet würde.

Viele junge Leute machen sich Gedanken über die Legalisierung von Drogen. Sie fordern allerdings auch mehr Hilfe und Verständnis und weniger Ächtung für Drogensüchtige. Hier ein paar Meinungen:

Merle (15): »Es ist wohl wichtig und richtig, dass manche Drogen verboten sind. Aber es ist eine Schande, dass es immer noch nicht genug Therapieplätze für Drogenabhängige gibt. Ich bin auch für Fixerstuben, weil sie dann eine feste Anlaufstelle hätten und nicht in Parks und Bahnhöfen herumlungern müssten.«

Stefan (17): »Das grundsätzliche Legalisieren von Drogen fände ich nicht gut. Dann kann ja jeder in einen Laden gehen und sich das Zeug holen. Am Ende werden Drogen konsumiert wie Lebensmittel. Aber ich fände es okay, wenn Drogen an kontrollierten Stellen verkauft würden.«

Aysche (15): »Mir tun die Drogensüchtigen leid, auch wenn die oft was gegen Türken haben, weil sie von denen meist ihr Heroin kaufen müssen. Junkies leben genauso gefährlich wie ich als Türkin, was die rechten Glatzen betrifft. Legalisierung braucht es nicht – wer Stoff will, der kriegt ihn so oder so.«

Nick (18): »Eine Freigabe von Drogen könnte verhindern, dass die Dealer das große Geld machen. Außerdem würde die Beschaffungskriminalität zurückgehen. Andererseits sieht man ja am Alkohol, was abgeht, wenn eine Droge für jeden zu haben ist. Eigentlich müsste auch Alkohol unters Betäubungsmittelgesetz.«

Wofür wird man nach dem Betäubungsmittelgesetz bestraft?

> **Jan (17):** »Ich verstehe nicht, warum sich jemand mit Alkohol selbst zu Grunde richten darf, aber mit Heroin, Kokain und anderen Rauschgiften nicht.«

Es ist tatsächlich ein Widerspruch und fragwürdig dazu, weshalb Alkohol und Nikotin, die ja bei Einzelnen auch sehr große gesundheitliche Schäden anrichten und der Allgemeinheit reichlich Folgekosten bescheren, erlaubt und öffentlich zugänglich sind, und jemand, der andere Drogen konsumiert, mit dem Gesetz in Konflikt kommt. Auch Selbstmord ist in Deutschland nicht strafbar, ebenso wenig wie sich selbst zu verletzen. Da drängt sich die Frage auf: Warum kann dann die eigene Gesundheitsschädigung oder -gefährdung durch den Konsum von Betäubungsmitteln bestraft werden? Antwort: Niemand wird deshalb bestraft, das ist rechtlich nicht möglich.

Die Juristen gehen jedoch davon aus, dass jemand, der Betäubungsmittel besitzt, auch eine Gefahr darstellt, weil er diese an andere weitergeben könnte, denen die Gefährdung ihrer eigenen Gesundheit durch den Genuss der verbotenen Stoffe nicht bewusst ist. Deshalb sind auch die Ein- und Ausfuhr, der Erwerb und die Abgabe, das Herstellen und der Anbau von Betäubungsmitteln sowie der Handel damit strafbar, egal, ob die Ware entgeltlich oder unentgeltlich abgegeben wird. Zum Handel können bereits Verkaufsangebote, Vermittlungen, Entgegennahme und Weitergabe des Kaufpreises, Kauf zur Probe, Werbungsbemühungen, Abfüllen, Abpacken oder Strecken der Betäubungsmittel zum beabsichtigten Verkauf, Kurierdienste und die sogenannte Geldwäsche gehören. Du siehst also:

Jeder noch so geringfügige Umgang mit den im Betäubungsmittelgesetz aufgeführten Stoffen ist strafbar – nur der bloße eigene Konsum nicht.

Sogar das Erschleichen von ärztlichen Verschreibungen für Betäubungsmittel wird strafrechtlich verfolgt. Das heißt: Wer dem Arzt unwahre Storys erzählt oder sich von verschiedenen Ärzten gleichzeitig Betäubungsmittel verschreiben lässt, macht sich strafbar. Nicht strafbar macht sich dagegen, wer lediglich Betäubungsmittel-Utensilien, wie z. B. Pfeifen, besitzt.

Was ist, wenn man erwischt wird?

Natalie (16): »Letztes Wochenende war bei uns in der Disco eine Razzia. Einige wurden total gefilzt. Die Polizei hat sich voll unverschämt benommen und uns behandelt wie Dreck. Dabei hatten wir gar nichts.«

Im Betäubungsmittelgesetz steht nicht nur, was bestraft wird, sondern auch, wie es bestraft wird. Es kommt immer darauf an, welche Menge des Betäubungsmittels jemand bei sich hat und zum wievielten Mal er dabei erwischt wird.

Bei der sogenannten **»geringen Menge«** kann von einer Bestrafung und Strafverfolgung abgesehen werden, wenn diese geringe Menge ausschließlich dem Eigenverbrauch dient. Was und wie viel ist aber nun eine geringe Menge? Das steht nicht im Betäubungsmittelgesetz und liegt im Ermessen der Gerichte und Strafverfolgungsbehörden in den einzelnen Bundesländern. Wer ein Gramm Heroin oder Kokain besitzt oder erwirbt, der dürfte z. B. von einem Gericht in Hamburg, Bremen oder Hessen anders behandelt werden als in Bayern. Im Freistaat reicht oft schon ganz, ganz wenig Stoff aus, um in die Mühlen der Justiz zu geraten. Doch trotz dieser teilweise sehr restriktiven Vorgehensweise gibt es auch in Bayern jede Menge Drogenabhängige. Ein Beweis dafür, dass extreme Härte in diesem Punkt nicht zu dem von vielen Politikern und Juristen erwünschten Erfolg führt.

Der **erhöhte Strafrahmen** mit einer Mindeststrafe von einem Jahr Freiheitsentzug im Regelfall wird in besonders schweren Fällen angewandt. Er ist für diejenigen bestimmt, die mit Betäubungsmitteln in **»nicht ge-**

ringer Menge« Handel treiben, sie abgeben oder besitzen oder die als Erwachsene Betäubungsmittel an Jugendliche abgeben.

In den meisten Bundesländern liegen die Grenzwerte für nicht geringe Mengen bei eineinhalb Gramm Heroinhydrochlorid für Heroin, bei fünf Gramm Kokainhydrochlorid für Kokain und bei siebeneinhalb Gramm THC für Cannabis. Es kommt also auch auf die Qualität und die Menge des rauschauslösenden Wirkstoffs an, wann für die Rechtsprechung die nicht geringe Menge überschritten ist. Bei überdurchschnittlicher Qualität muss jemand, der mit mehr als fünf Gramm Heroin, mehr als zehn Gramm Kokain oder mehr als einhundert Gramm Cannabis erwischt wird, mit Gefängnis von mindestens einem Jahr rechnen. Wer öfter beim Anhäufen von Eigenbedarf ertappt wird, dessen Einzelmengen werden nicht zusammengezählt, sondern es zählt immer die Menge pro Erwerb, also der momentane Besitz. Zudem spielt es beim Strafmaß auch eine Rolle, ob jemand zum ersten Mal gegen das Betäubungsmittelgesetz verstößt oder bei Polizei, Staatsanwaltschaft und Gerichten schon ein »alter Bekannter« ist.

Der sogenannte **normale Strafrahmen** findet dann Anwendung, wenn es sich um geringere Mengen handelt als die, bei denen der erhöhte Strafrahmen das Maß bildet und wenn jemand mehr als die sogenannte »geringe Menge« an Betäubungsmitteln besitzt und damit gestellt wird. Der normale Strafrahmen reicht von einer Geldstrafe bis zu maximal fünf Jahren Haft. Dies ist eine große Spannbreite, und keiner sollte davon ausgehen, dass er mit Geldstrafen davonkommt.

Das hört sich für dich sicher alles ein bisschen kompliziert an, aber Gesetze sind so und bestehen fast immer aus vielen Wenns und Abers. Dennoch solltest du darüber Bescheid wissen, in welche rechtliche Situation du dich begibst, wenn du mit Betäubungsmitteln in Berührung kommst. Am besten ist natürlich: Du lässt die Finger ganz von illegalen Drogen, erwirbst keine und treibst dich auch nicht in der entsprechenden Szene herum. Nicht nur um nicht mit dem Gesetz in Konflikt zu kommen, sondern auch deiner eigenen Gesundheit zuliebe.

Auch das solltest du wissen: Vor Gericht kann nur gestellt werden, wer zur Tatzeit über 14 Jahre alt ist. Bis 18 giltst du rechtlich als Jugendlicher und musst nach dem Jugendstrafrecht behandelt werden. Ab dem 18.

bis zum 21. Lebensjahr bist du Heranwachsender und kannst theoretisch, je nach dem vom Gericht eingeschätzten Entwicklungsstand, nach dem Jugend- oder dem Erwachsenenstrafrecht verurteilt werden. In der Praxis werden die meisten Heranwachsenden nach dem Jugendstrafrecht verurteilt. Die Maßnahmen sind dann für die Betroffenen in aller Regel viel milder.

Es gibt im Jugendstrafrecht nicht den im Erwachsenenstrafrecht geltenden Strafrahmen mit vorgeschriebenen Mindeststrafen, sondern mehr Geldstrafen, Arbeitsauflagen (in Kliniken oder Seniorenheimen) und Arrest (Freiheitsentzug bis zu vier Wochen). Ein jugendlicher Drogenabhängiger erhält von den Gerichten meist viel mehr Chancen und muss nur in Ausnahmefällen (bei großen Mengen harter Drogen oder mehrfacher vorheriger Verurteilung) ins Gefängnis. Außerdem bleibt sein Führungszeugnis auch nach Verurteilungen meist sauber. Erst wenn ein Jugendlicher oder Heranwachsender mehr als ein Jahr Jugendhaft verbüßt hat, steht dies auch im Führungszeugnis. Bei Erwachsenen dagegen erfolgt eine Eintragung ins Führungszeugnis bereits, wenn jemand zu mehr als drei Monaten Haft oder zu Geldstrafen mit mehr als 90 Tagessätzen verurteilt wurde.

Die Beschaffungskriminalität: Folge der Suchtkrankheit

Michelle (18): »Es ist doch logisch, dass Drogensüchtige kriminell werden müssen, weil sie ihren teuren Stoff sonst gar nicht finanzieren können. Ich kenne ein süchtiges Mädchen, das nie geklaut hat, dies aber jetzt tut, weil sie es psychisch einfach nicht mehr schafft, auf dem Strich mit Freiern ihr Geld für das Heroin zu verdienen.«

Es ist eine Tatsache, die Michelle hier schildert. Kaum ein Heroinabhängiger kann seinen durch die Sucht ständig steigenden Bedarf dauerhaft legal finanzieren. Sobald Taschengeld, Ausbildungsvergütung, Arbeitslosengeld oder Sozialhilfe verbraucht sind, müssen neue Geldquellen erschlossen werden. Zunächst leiht sich der Abhängige dieses Geld – von Eltern, Geschwistern, Freunden und Verwandten. Das Versprechen, es zurückzuzahlen, kann er nicht einhalten, und das bringt natürlich Probleme mit sich. Dann versetzt er seine Wertsachen wie Armbanduhr, Schmuck, Kleidung, Fahrrad oder Mofa, um an Geld für Stoff zu kommen. Oft bestiehlt und betrügt er seine Familie, Kollegen und Bekannte, heimlich werden Wertgegenstände aus der elterlichen Wohnung geschafft. Das hat nicht selten den Bruch mit dem Elternhaus, den Verlust des Freundeskreises oder des Arbeitsplatzes zur Folge. Damit begibt sich der Süchtige immer mehr in die Isolation, gleitet in die Kriminalität ab.

Ein Drogenabhängiger, der pro Tag mehrere hundert Euro für seinen Stoff benötigt, kann solche Beträge oft nur noch durch Diebstahl, Einbruch, Raub, Betrug oder Prostitution aufbringen. Beispiel: Ein Junkie, der drei Gramm Heroin á 50 Euro pro Tag braucht, muss dafür im Durchschnitt 150 Euro aufbringen. Jeden Tag.

Je verbotener etwas ist, desto höher sind die Preise auf dem Schwarzmarkt, desto größer der finanzielle Druck der Abhängigen – und desto höher auch zwangsläufig die Beschaffungskriminalität, die eine Folge der Suchtkrankheit ist und durch einen anderen politischen Umgang mit der Problematik gesenkt werden könnte. Eine Situation, die unbefriedigend ist – für die Allgemeinheit ebenso wie für die Abhängigen. Doch was nicht sein darf, kann in den Augen vieler Politiker auch nicht sein, sodass sie davor bis jetzt noch am liebsten die Augen verschließen. Haben wir nicht alle die Verpflichtung, das Elend von schwer kranken Drogenabhängigen zu lindern anstatt sie wie eine Horde ungeliebter Tiere immer nur wegzujagen und zu ächten?

Häufig werden Rauschgiftabhängige auch selbst zu Dealern, die zur Finanzierung ihrer eigenen Sucht neue Konsumenten finden müssen, denen sie gegen Aufpreis etwas von ihrem Stoff andrehen. Dabei ist es ihnen egal, ob sie andere Jugendliche oder Freunde gefährden und mit in den Drogenstrudel reißen. Es geht ihnen nur darum, ihren Stoff zu verkaufen, um sich selbst Nachschub kaufen zu können. Wird der Abnehmer süchtig, wird er vielleicht auch bald zum Dealer werden müssen und es ebenso machen, wie es ihm widerfuhr. Das »Schneeballsystem« wird auf diese Weise am Laufen gehalten.

Iris F. (21): »Für drei Gramm Heroin gaben wir die Stereoanlage her«

»Manchmal wundere ich mich, dass ich noch lebe«, sagt Iris F. (21). »Mein Mann Mike starb 2012 mit nur 23 Jahren an einer Überdosis Drogen, meine Schwester Leonie war 16, als sie nach einem Teufelscocktail nie mehr aufwachte, und einige meiner Freunde sind auch längst unter der Erde. Wären sie nicht auf Drogen gewesen, würden sie alle noch leben. Nur ich bin noch übrig. Ich muss von dem Gift loskommen, aber ich schaffe es einfach nicht ...«

Immerhin ist Iris so weit, dass sie sich kein Heroin mehr spritzt. Dafür schluckt sie starke Schlaftabletten und Codein, zusammen mit Alkohol. Immer wieder verschwindet sie während unseres Interviews und nimmt einen Schluck billigsten Weins. Hauptsache prall. Darum dreht sich ihr ganzes Leben. Seit acht Jahren. »Es fing alles schon an, als ich noch ein Kind war«, erzählt Iris. »Mit elf rauchte ich zum ersten Mal Zigaretten. Meine Mutter war stocksauer deswegen, gab mir eine Woche Hausarrest. Das nutzte nicht viel. Als ich mit 13 ins Disco-Alter kam, wurde nicht nur geraucht, auch Alkohol getrunken. Im Freizeitheim gab es Haschisch und obwohl ich erst gar nicht probieren wollte, tat ich es nach mehreren Aufforderungen anderer doch. Auf Partys lernte ich ältere Typen kennen, mit denen ich nächtelang um die Häuser zog und im Auto spazieren fuhr. Meine Lehre als Verkäuferin, die ich nach der Schule begann, brach ich bald ab. Bei diesem exzessiven Nachtleben wurde mir der Tagesjob zu viel.

Als ich meinen späteren Mann Mike kennenlernte, schlug der Liebesblitz voll ein. Ich war nur noch mit ihm zusammen, hatte keine Ahnung, dass er auf Heroin war. Als ich gerade 16 und er 21 war, zogen wir zusammen. Bald war ich schwanger. Während dieser Zeit half ich in einem Altenheim aus. Kurz nach der Geburt unserer Tochter Manuela heirateten wir. Mike arbeitete auf dem Bau. Es hätte doch alles so schön sein können ... «

Aber Mike war süchtig. Und Iris wurde schnell neugierig. Iris: »Ich wollte das auch probieren, mich genauso gut fühlen wie Mike. Wir hatten uns doch versprochen, alles zu teilen: Leid und Freude. Er verbot mir, dass ich das Gift probiere, ohrfeigte mich sogar. Aber ich gab keine Ruhe bis ich auch einen Schuss intus hatte. Von da an ging es bergab. Manuela lieferte ich immer öfter bei meiner Mutter ab, damit wir uns ungestört zudröhnen konnten. Ich brauchte sofort eine neue Dosis Heroin, wenn die Wirkung nachließ, weil ich sonst zu große Schmerzen hatte, einen üblen Affen schob. Um unseren Eigenbedarf zu finanzieren, mussten wir zwangsläufig dealen. Von einem türkischen Händler bekamen wir einen guten Preis.

Wir bezahlten für zehn Gramm zwischen 250 und 400 Euro und verkauften das Gramm für 100 bis 125 Euro an andere Junkies. Unsere Adresse machte bald die Runde. Wir beide selbst brauchten täglich um die vier Gramm Heroin. Das Problem der Beschaffung kam aber erst so richtig auf uns zu, als unser Türke heimfuhr und nicht wieder zurückkam. Um an das nötige Geld für unseren Bedarf zu kommen, versetzten wir alles, was es in der Wohnung gab: die Couch, die noch nicht abbezahlt war, Fernseher, Schmuck und die Stereoanlage. Die gaben wir für drei Gramm Heroin her. Ich klaute meiner Mutter den Videorecorder, Mike seiner Mama Geld und alles, was nicht niet- und nagelfest war.

Eine Weile musste ich auch anschaffen gehen. Das war ziemlich schlimm für uns beide. Das viele Geld, das ich damit verdiente, setzten wir sofort in Heroin und Kokain um. Damit ich nicht mehr auf den Strich gehen musste, klaute ich Klamotten, um sie zu verkaufen. Voll gepumpt wie ich war, wurde ich natürlich erwischt. Dabei wollte ich nur verhindern, dass Mike irgendwo einbricht, um unser Gift zu finanzieren. Ich musste ins Gefängnis. Es war furchtbar, weil ich dort erst mal einen entsetzlichen Entzug hatte. Ich konnte nicht schlafen, musste mich erbrechen, fror, schwitzte, zitterte und hatte Durchfall. Und dann passierte das Schreckliche: Mike starb draußen an einer Überdosis. Das schaffte mich. Zu seinem Begräbnis durfte ich nur in Handschellen und mit zwei bewaffneten Bewachern.«

Nach diesem Schicksalsschlag nahm sich Iris fest vor, keine Drogen mehr zu konsumieren. Doch das ist für eine Abhängige wie sie nicht leicht. Um wenigstens nicht mehr mit dem Gesetz in Konflikt zu kommen, hörte sie auf, sich Heroin zu drücken. »Es ekelt mich heute vor der Nadel. Ich hatte mich ja auch überall reingestochen, sogar in den Hals«, sagt Iris.

Dennoch – irgendeinen Stoff brauchte sie bis vor kurzem noch: Jeden Tag mindestens vier starke Schlaftabletten, dreimal täglich eine Flaschenkappe Codein, beides vom Arzt verschrieben, und dazu Alkohol in großen Mengen. Das war mit etwa 50 Euro pro Woche zwar viel billiger als früher, aber es war keine Lösung ihres Drogenproblems. Sie hing genauso vernebelt und zugedröhnt herum wie eh und je. Die kleine Manuela weinte, wenn sie ihre Mutter erlebte, und kuschelte sich lieber an ihre Oma. Deshalb entschloss sich Iris im Juni 1998 zu einem kalten Entzug plus Therapie. So sehr sie anfangs litt, jetzt fühlt sie sich täglich besser – ohne Drogen. Bleibt nur zu hoffen, dass sie auch durchhält. Jeden Tag aufs Neue.

Sind Süchtige im Gefängnis am besten aufgehoben?

> **Alexandra (16):** »Ich habe gelesen, dass es auch im Knast Drogen gibt und dass die meisten Süchtigen, die rauskommen, sich gleich wieder neuen Stoff besorgen. Das heißt doch, dass das Gefängnis überhaupt nichts nützt. Wenn es wirklich abschrecken würde, dürfte es doch mittlerweile gar keine Süchtigen mehr geben.«

Die Gedanken, die sich Alexandra macht, beschäftigen auch Fachleute – Kriminologen, Psychologen, Pädagogen, Juristen und Politiker. Aus dem Knast ist kaum jemand als besserer Mensch rausgekommen. Was Gefangene dort an Verhalten lernen, rüstet sie beileibe nicht für ein straffreies und sogenanntes ordentliches Leben draußen. Dies gilt für alle Inhaftierten, insbesondere aber für Drogenabhängige, deren Suchtstoffe in den Haftanstalten allgegenwärtig und oft auch leicht zu bekommen sind, selbst wenn dies von den Justizbehörden bestritten wird.

Durch den zusätzlich belastenden Umstand einer Inhaftierung fällt es vielen drogenabhängigen Gefangenen drinnen mindestens genauso schwer, sich den Angeboten zu entziehen wie draußen. Die Umstände, um an Stoff zu kommen, sind hinter Gefängnismauern noch bedrückender und erniedrigender als in Freiheit.

Auch die gesundheitlichen Gefährdungen sind erheblich größer. Häufig sind Drogensüchtige extrem sensible, empfindsame und durchsetzungsschwache Menschen, deren Persönlichkeit unter dem Strafvollzug sehr leidet. Dies haben mittlerweile auch Richter und Staatsanwälte erkannt. Bei ohnehin überfüllten Gefängnissen sind sie dazu übergegangen, Drogenabhängige in Therapie zu schicken anstatt hinter Gitter.

Der Gesetzgeber bestimmt demzufolge im Betäubungsmittelgesetz auch, dass Verurteilte, die vom Gericht keine Bewährungsstrafe bekommen, unter bestimmten Umständen ihre Strafe nicht in einer Justizvollzugsanstalt (JVA) verbüßen müssen. Voraussetzung dafür: Die verhängte Freiheitsstrafe, bzw. die noch zu verbüßende Freiheitsstrafe, darf nicht mehr als zwei Jahre betragen. Bei mehreren verhängten Freiheitsstrafen kann die Summe auch zwei Jahre überschreiten.

Zudem muss die Straftat aufgrund einer Drogenabhängigkeit begangen worden sein. Nur wenn diese Voraussetzungen erfüllt sind, stimmen Gericht und Staatsanwaltschaft in der Regel einer Zurückstellung der Strafvollstreckung zu, wenn der Verurteilte sich entweder schon in einer Therapie befindet oder wenn feststeht, dass er eine beginnt. Der verurteilte Abhängige muss also erklären, dass er den festen Willen hat, sich in eine Therapie zu begeben und es müssen eine Therapieplatzzusage ebenso vorliegen wie ein Vorentgiftungsplatz und die Kostenzusage.

Die Therapie muss nicht zwingend stationär in einer geschlossenen Einrichtung erfolgen. Das Gesetz lässt auch ambulante Therapien zu. Die Behandlung kann in jeder anerkannten Einrichtung erfolgen, die Suchtkranke betreut. Stationären Therapien in entsprechenden Einrichtungen wird in der Gerichtspraxis fast immer zugestimmt, selbst dann, wenn es bereits in der Vergangenheit mehrere fehlgeschlagene Therapieversuche gab. Ambulanten Therapien jedoch wird häufig misstraut, denn Therapie soll ja für den Verurteilten nicht »normale Freiheit« bedeuten. Deshalb werden diese ambulanten Therapien, die ja anstelle eines Strafvollzugs stattfinden, sehr streng kontrolliert. Das bedeutet: regelmäßige Kontrollen und Berichte durch Ärzte und therapeutische Einrichtungen.

Eine erfolgreich durchgeführte Therapie hat für den Drogenabhängigen nicht nur den persönlichen Vorteil, dass er danach eine Chance zum Neuanfang hat, sondern die in der Therapie-Einrichtung verbrachte Zeit wird als Haftzeit auf die Strafe angerechnet. Die noch verbleibende Restfreiheitsstrafe wird zur Bewährung ausgesetzt, in der meist noch weitere Auflagen wie Nachsorge und Urinkontrolle erfüllt werden müssen. Ziel einer erfolgreichen Therapie soll sein, dass der Betroffene nie wieder in den normalen Strafvollzug zurückmuss.

Wer die Therapie abbricht, bekommt ein Problem. Das muss jedoch nicht gleich wieder Knast bedeuten. Der Abhängige sollte sich sofort um eine neue Therapie bemühen, egal, ob stationär oder ambulant, sich an eine Drogenberatung wenden und möglichst persönlich bei der für ihn zuständigen Staatsanwaltschaft vorsprechen. Da Therapieabbrüche nichts Ungewöhnliches sind, wird meist bei weiterer Therapiebereitschaft und -bemühung oder anderer positiver Prognose kein Widerruf der Strafvollstreckung erteilt, sondern es ergehen neue Weisungen.

Wenn du dies aufmerksam durchgelesen hast, wirst du feststellen, dass vieles vielleicht ganz anders ist, als du gedacht hast. Was die Inhaftierung von Drogenabhängigen betrifft, hat sich in der letzten Zeit einiges getan. Dies ist sicher kein reiner Akt der Humanität, sondern vor allem wird hier aus der Not eine Tugend gemacht. Da viele Gefängnisse bereits hoffnungslos mit Kriminellen überbelegt sind, ist für Drogensüchtige kaum noch Platz – und sie sind dort zumeist auch fehl am Platz. Andererseits fehlt es auch an Therapieplätzen, sodass immer noch viele Junkies hinter Gittern landen. Die Drogen- und Mafiabosse, die die wirklichen Drahtzieher im Rauschgiftgeschäft sind und damit Milliarden verdienen, bleiben dagegen fast immer unentdeckt.

Drogen und die damit verbundenen Straftaten sind ein weltweites Problem, und Gesetzgeber und Politiker stehen ihm zunehmend hilflos gegenüber – ob bei uns, in den USA oder in anderen Staaten. Weder Verbote, harte Strafen, Gefängnis oder Aufklärung und Abschreckung brachten bisher den erwünschten Erfolg. Um die wachsende Kriminalität in der Szene zu stoppen, wird es sich langfristig nicht verhindern lassen, illegale Drogen unter Kontrolle an Süchtige abzugeben. Befürworter dieser Idee sehen darin die Eindämmung organisierten Verbrechens und die Chance, Abhängige aus der Verelendung zu holen und ihnen nicht mehr zumuten zu müssen, gestreckte und lebensgefährlich verunreinigte Ware von der Straße zu kaufen. Gegner der kontrollierten Abgabe sehen darin eine Kapitulation des Staates vor den Drogenhändlern und eine Gesellschaft, in der Drogenkonsum zunehmend salonfähig wird und sich immer weiter ausbreitet. Darüber wird in der Zukunft sicher noch viel diskutiert werden.

1. DIE CANNABIS-PRODUKTE HASCHISCH UND MARIHUANA

Haschisch und Marihuana: Ihre Herkunft und Wirkung

Klara (14): »Wir haben neulich in der Clique einen Joint geraucht, aber ich habe bei mir überhaupt keine Wirkung feststellen können. Die anderen haben erzählt, sie würden schweben und lauter so Quatsch. Bei mir war gar nichts. Damit ist für mich das Kapitel Haschisch erledigt.«

Klara ist nicht die Einzige, die eine solche Erfahrung gemacht hat. Auch viele andere, die zum ersten Mal an einem Joint zogen, haben vergeblich auf eine Wirkung gewartet. Das mag daran liegen, dass Klara keine großen Erwartungen hatte und innerlich auch nicht bereit war, eine Wirkung zu spüren. Das ist okay. Versuch misslungen, weitere Experimente nicht gefragt. Keiner muss so lange probieren, bis er endlich eine Wirkung verspürt, auch wenn die anderen noch so sehr drängeln. Du musst für dich allein entscheiden, was du tun willst, und solltest in diesem Punkt nichts wegen anderer tun.

Cannabis, der indische Hanf, ist eine Pflanze, aus der die Rauschdrogen Haschisch und Marihuana gewonnen werden.

Haschisch, auch »Shit« genannt, wird aus dem Harz der Cannabispflanze hergestellt. Dieses Harz enthält den berauschenden Wirkstoff THC (Tetrahydrocannabinol). Haschisch wird in Platten gepresst. Wie andere Drogen auch wird es manchmal mit Streckmitteln wie Henna oder Schuhcreme versetzt. Meist sind diese Streckmittel gesundheitlich nicht sehr gefährlich. Möglich sind aber allergische Reaktionen und eine nicht so konzentrierte Wirkung. Häufig wird auch behauptet, es seien Opiate beigemengt, um die Konsumenten abhängig zu machen. Das konnte aber bisher nicht bestätigt werden.

Haschisch wird meistens geraucht. Dazu wird von dem süßlich riechenden Klumpen oder der Platte ein Stückchen abgebrochen, erwärmt und dann zerbröselt. Dann wird es mit Tabak vermischt und mit Zigarettenpapier zu einem **Joint** gedreht. Manche rauchen es auch pur in einer kleinen Haschischpfeife oder aus einer speziellen Wasserpfeife, die »Bong« genannt wird. Eine Wirkung tritt in der Regel spätestens nach zehn bis dreißig Minuten ein und dauert etwa zwei, drei Stunden an, manchmal länger. Das Rauchen von Haschisch oder Marihuana, nennt man auch »**kiffen**«.

Hin und wieder wird Haschisch auch, in Tee aufgelöst, getrunken oder Speisen beigemischt, z. B. mit Plätzchenteig gebacken, und gegessen. Die Wirkung tritt dann wesentlich später ein als beim Rauchen, etwa nach zwei Stunden. Sie hält drei bis fünf Stunden an. Um beim Essen und Trinken den gleichen Effekt zu erzielen, wird durch den Wirkstoffverlust im Magen-Darm-Bereich mindestens eine doppelt, oft sogar dreimal so große Menge Haschisch benötigt wie beim Rauchen.

Marihuana, auch »Gras« genannt, sieht aus wie grünlicher Tabak und besteht aus den getrockneten Blüten und Blättern der Cannabis-Pflanze. Je nach Sorte ist es meist etwas schwächer als Haschisch und wird überwiegend geraucht – wie Haschisch als Joint oder pur in einer Pfeife. Marihuana wird sehr selten gestreckt. Es sind aber schon Fälle bekannt geworden, in denen es mit Sand, Haarspray oder sogar Bleipulver versetzt war – beim Rauchen ein lebensbedrohliches Gift.

Cannabis wurde schon im Mittelalter von Hildegard von Bingen zur Behandlung von Geschwüren und offenen Wunden empfohlen. Es konnte sich als Medizin bei uns nicht durchsetzen, soll aber jetzt für die Schmerzbehandlung synthetisch hergestellt werden. In China und Indien diente es als Arznei und wurde in Indien auch fester Bestandteil religiöser Zeremonien. In den USA wird es seit den 20er-Jahren, bei uns seit den 60er-Jahren (Flower-Power- und Hippie-Ära) als Rauschmittel benutzt. Und es erfreut sich weiterhin großer Beliebtheit, gerade unter Jugendlichen. Die Weltgesundheitsorganisation (WHO) hat es jedoch 1961 den gefährlichen Drogen zugeordnet und verboten. Indien, wo Cannabis nach wie vor fester Bestandteil von Kultur und Medizin ist, hat dieses Verbot damals nicht anerkannt. In manchen muslimischen Ländern hat Cannabis einen ähnlichen Stellenwert wie bei uns Alkohol, auch wenn der Konsum mittlerweile offiziell meist verboten ist.

Die **Wirkung** von Cannabis-Produkten ist von Mensch zu Mensch individuell so verschieden, dass es keinen typischen Cannabis-Rausch gibt. Die Palette reicht von überdurchschnittlichen Glücksgefühlen, Entspannung und Fröhlichkeit bis hin zu Angst, Panik und Depressionen. Es gibt Kiffer, bei denen sich ein Gefühl der totalen inneren Zufriedenheit bis hin zur völligen Passivität einstellt. Gedankenspinnereien verschmelzen wie in Träumen. Musik, Farben und Geräusche werden viel intensiver wahrgenommen, Momente werden wie Ewigkeiten erlebt und alles rundherum rückt weit weg, wird unwichtig und bedeutungslos.

Haschisch und Marihuana können durchaus schöne Gefühle erzeugen. Es wäre Unsinn, das hier zu verschweigen, nur um dich ja nicht auf die Idee zu bringen, es vielleicht einmal testen zu wollen. Du weißt selbst schon längst, dass Drogen zunächst oft eine positive und wohltuende Stimmung erzeugen, und jeder, der die Stoffe immer nur verteufelt, der sagt einfach nur die halbe Wahrheit oder weiß nicht gut genug Bescheid. Aber dieses Positive, das anfangs eintritt, ist ja gerade das Gefährliche an Drogen, weil es Hoffnung gibt und leichtsinnig macht.

Natürlich ist auch unter Cannabis-Einfluss nicht alles von Haus aus nur schön. Positive Empfindungen können von Angst und Schuldgefühlen durchsetzt sein. Das passiert meist dann, wenn jemand ohnehin schlecht drauf ist oder sich in einer Umgebung befindet, die ihm nicht behagt. Es kann dann zu schlimmen Depressionen kommen. Auch schnellerer Herz- und Pulsschlag, höherer Blutdruck, Kopfschmerzen, erweiterte Pupillen, kalte Hände und Füße, Übelkeit, Zittern, vermehrter Hunger und Durst, Torkeln, Wanken und verlangsamte, undeutliche Sprache treten möglicherweise auf. Sogar der Kreislauf kann zusammenbrechen. Vor allem in Kombination mit Alkohol oder anderen Drogen wird die Cannabis-Wirkung unberechenbar, was zu Verwirrung und Desorientiertheit führen kann.

Meist fängt das mit dem Haschen ja gerade in einer Zeit an, die der absolute Superstress ist: so zwischen 14 und 16 Jahren. In der Schule wird heftig gesiebt, um nicht hängenzubleiben musst du dich voll reinhängen. Die Eltern mäkeln an dir rum, und dann ist da noch der Typ oder das Mädchen, das du so toll findest, und du weißt nicht genau, wie du rankommen sollst! In dieser Phase wird der Joint oder die Haschpfeife oft zum Rettungsanker, der die böse Welt da draußen ausschaltet. Und es ist ja auch toll: Haschisch gaukelt dir eine schöne Welt vor. Das Problem ist nur: Manchmal bleibt es nicht dabei. Der Cannabis-Wirkstoff kann sich bei andauerndem Konsum zunehmend in den Gehirnzellen festsetzen und dort bewirken, dass man nach dem Trip nicht mehr richtig runterkommt.

Auch eine Gefahr beim Haschen: Dadurch, dass das Konzentrationsvermögen und der Realitätsbezug oft nachhaltig gestört werden, verlieren Eltern, Schule und Hobbys immer mehr an Bedeutung. Wichtig ist dann nur noch das Gefühl beim Kiffen. Resultat: Die Noten sacken ab, man fliegt von der Schule oder aus der Lehre, der soziale Abstieg droht. Möglicherweise senkt der Konsum von Haschisch auch deine Angst vor Drogen allgemein, sodass du eher bereit bist, auch mal was Härteres auszuprobieren. Das befürchten viele Eltern und reagieren deshalb oft über. Hab ein bisschen Verständnis für deine alten Herrschaften, sie sorgen sich ja nur um dich. Auf Dauer ist Haschisch mit Sicherheit kein Mittel, um sich die Welt schön zu singen.

Wie süchtig machen Cannabis-Produkte?

Anna (13): »Jemand in unserer Clique behauptet, dass Haschisch gar nicht süchtig macht. Ich glaube das nicht, denn sonst wäre es doch nicht verboten.«

Haschisch und Marihuana machen körperlich nicht abhängig. Wenn jemand nur gelegentlich einen Joint raucht, wird er dadurch auch nicht automatisch psychisch abhängig. Eine dreijährige Untersuchung der Freien Universität Berlin aus dem Jahr 1998 hat ergeben, dass sowohl die Gelegenheitskonsumenten als auch die meisten Gewohnheitskonsumenten das Haschisch-Rauchen eines Tages freiwillig wieder einstellen.

Nur für eine kleine Gemeinde von Dauer-Usern kann Kiffen zum Problem werden. Und zum Thema Abhängigkeit fanden die Wissenschaftler heraus: »Eine Problemgruppe sind lediglich die Dauerkonsumenten, die Cannabis wie Medikamente einsetzen, um in Schule oder Job zurechtzukommen. Dann stellt sich auch ein hohes Risiko ein, dem Stoff vollends zu verfallen. Aber nicht Haschisch und Marihuana bedingen die Abhängigkeit, sondern die Alltagsprobleme, mit denen Kiffer nicht klarkommen.« Die Entzugssymptome bei Cannabis sind gering. Leichte Schlafstörungen und innere Unruhe können sich zeigen, ähnlich wie bei einem Kaffee-Entzug. Anders sieht es allerdings aus, wenn sich jemand eine Überdosis Haschisch zuführt, wobei zu bemerken ist, dass Haschischraucher ihre Dosis eher selten steigern – im Gegensatz zu anderen Drogenkonsumenten.

Wer Cannabis über längere Zeit konsumiert, bei dem bleiben die typischen Rauscherlebnisse aus. Was bleibt, ist die stimmungshebende Wirkung. Einige ziehen sich vermehrt in sich zurück und werden träge, andere werden besonders aktiv und kontaktfreudig, und wieder andere überbrücken damit ihre Hemmungen und machen sich Mut. Bei diesem Verhalten zeigt sich eine gewisse psychische Abhängigkeit, die es zweifelsfrei gibt. Um ein bestimmtes Befinden immer wieder herzustellen, kifft sich so mancher eben immer wieder zu und manchmal auch mit zu viel Stoff.

So kommt es immer wieder vor, dass ein Rausch tagelang anhält und den Raucher in »Horrortrips« mit quälenden Ängsten, Depressionen und Halluzinationen stürzt – ähnlich wie bei LSD. Außerdem passiert es, dass manchen Kiffern verdrängte Erlebnisse ins Bewusstsein rutschen. Dies kann verborgene Psychosen in Gang bringen, jedoch keine neuen hervorrufen. Werden bestimmte Erinnerungen durch Drogenwirkung ins Bewusstsein eines ohnehin gefährdeten Menschen gerufen, kann dies zur Folge haben, das der Betreffende die Realität verlässt und nie mehr dorthin zurückfindet. Der Fachausdruck ist »psychotisch«. Starke Halluzinationen und eine merkliche Persönlichkeitsveränderung mit Realitätsverlust sollten in jedem Fall ein Alarmsignal dafür sein, kein Haschisch oder Marihuana mehr zu konsumieren.

Bei einer Überdosis kann es einen Kiffer auch körperlich ziemlich beuteln. Herzrasen, Atemnot und Schocksymptome, Übelkeit und Erbrechen, Husten, Tränenfluss, Körperstarre und Koordinationsstörungen können ihn plagen.

Eine weitere, sehr unangenehme Wirkung sind die sogenannten »**Flashbacks**«: Noch Monate nach dem letzten Konsum können rauschähnliche Zustände auftreten, die Angst machen, weil sie meist nicht mit dem Cannabiskonsum, der lange zurückliegt, in Verbindung gebracht werden. Flashbacks stellen sich zwar nur selten ein, können aber gefährlich werden, z. B. im Straßenverkehr.

Die gesundheitlichen Schäden, die Cannabiskonsum auf Dauer anrichtet, sind mit Sicherheit in der Lunge zu suchen. Durch den hohen Teergehalt, der weit über dem normaler Zigaretten liegt, ist das Lungenkrebsrisiko natürlich sehr groß, ähnlich wie bei Nikotin. Hin und wieder kommt es auch zu Herzrhythmusstörungen, da durch Haschisch und Marihuana der Pulsschlag erhöht wird. Sehr starke Kopfschmerzen können ebenfalls eine Begleiterscheinung sein. Es wurde auch schon vor Gen-, Leber- und Gehirnschäden gewarnt, doch konnte dies bisher nicht eindeutig nachgewiesen werden. Auf keinen Fall sollte jemand, der Herzprobleme hat, psychisch krank ist oder an gefährlichen Maschinen arbeiten muss, die er aufgrund des veränderten Raum- und Zeitempfindens nicht mehr richtig bedienen kann, Cannabis konsumieren. Auch wer Alkohol getrunken hat, sollte an keinem Joint ziehen.

Zusammengefasst: Es ist also gar nicht so ohne, mit Cannabis herumzuspielen, auch wenn es für die meisten Menschen, die es nur gelegentlich konsumieren, eine relativ ungefährliche Droge ist. Wer hin und wieder an einem Joint zieht oder sich selbst einen dreht, der wird davon weder heroinabhängig, wie viele unwissende Erwachsene befürchten, noch wird er fürs Leben süchtig. Aber wer dauerhaft und in aller Regelmäßigkeit Shit oder Gras konsumiert, der sollte die Gefahr, die er damit eingeht, auch nicht unterschätzen.

Ist Haschisch gefährlicher als Alkohol?

> **Max (16):** »In meiner Clique spielen Drogen keine Rolle. Wir trinken auch keinen Alk und finden diese zugeschütteten Schnaps-Prolos widerlich und spießig. Dafür drehen wir uns hin und wieder in aller Friedlichkeit einen Joint und genießen das. Für die Säufer sind wir aber die Rauschgiftsüchtigen. Dabei sind die immer viel praller und ekelhafter als wir.«

Das war schon in den 60er-Jahren so: Wer Alkohol trank, der galt als Spießer und als Prolo. Wer kiffte, der empfand sich als etwas Besseres und wollte sich damit vom Rest der Welt abgrenzen. Dieses Image hält sich teilweise bis heute, obwohl es natürlich Quatsch ist. Ob du dich nun mit Alkohol oder mit Shit zudröhnst, das ist im Prinzip egal. Das eine ist so überflüssig wie das andere. Ein Unterschied mag darin liegen, dass jemand, der regelmäßig Alkohol trinkt, seinen Körper so trimmt, dass der den Stoff irgendwann braucht. Jemand, der Haschisch regelmäßig konsumiert, tut seinem Körper (vor allem seiner Lunge!) zwar auch keinen Gefallen, bleibt aber in aller Regel nicht daran hängen und kann ohne wesentliche körperliche Entzugssymptome wieder damit aufhören. Die Gefahr der psychischen Abhängigkeit ist dagegen auch bei Cannabis gegeben.

Gegner von Haschisch, die es mit Heroin, Kokain und synthetischen Drogen in einen Topf werfen, wollen nicht wahrhaben, dass es keine größere Gefahr ist als Alkohol. Und die anderen, die Cannabis verherrlichen, was oftmals auch sehr übertrieben und unsachlich ist, sehen im Alkohol natürlich den weitaus größeren Feind.

Tatsache ist, dass Haschisch im Vergleich zu Alkohol, Nikotin, Barbituraten und Benzodiazepinen nur wenige Risiken birgt, die eine derartige gesellschaftliche Verteufelung und auch die strafrechtliche Verfolgung rechtfertigen. Dies soll keine Verharmlosung sein und auch kein Plädoyer für Cannabis-Produkte, sondern nur eine Zurechtrückung der Gegebenheiten.

Kann man nach einem Joint noch Auto fahren?

> **Mehmet (18):** »Was passiert, wenn man zugekifft am Steuer erwischt wird? Merkt die Polizei das überhaupt?«

Wer zugekifft ist, kann kein Fahrzeug mehr lenken und sollte es daher lieber stehen lassen. Schon geringe Mengen Haschisch können durch den Wirkstoff THC zu Stimmungsveränderungen führen und dir den Bezug zur Wirklichkeit nehmen, sodass du als Fahrer eines Rollers, Motorrads oder Autos ein Verkehrsrisiko darstellst.

Mit Haschisch und anderen illegalen Drogen wie Ecstasy, Kokain, LSD oder Heroin verhält es sich in diesem Punkt nicht anders als mit Alkohol und zahlreichen Medikamenten. Werden verschiedene Drogen kombiniert oder zusammen mit Alkohol konsumiert, sind die Auswirkungen auf die Teilnahme am Straßenverkehr noch verheerender. Aber warum machen nun speziell Cannabis, Ecstasy, LSD, Kokain und Heroin fahruntüchtig?

◊ Das Reaktionsvermögen wird herabgesetzt. Dadurch verlängert sich der Anhalteweg.

◊ Das Zeitgefühl geht verloren, Entfernungen und Geschwindigkeiten werden falsch eingeschätzt. Man fährt und fährt und glaubt, doch nicht weiterzukommen. Der Fußgänger auf dem Zebrastreifen scheint noch weit weg zu sein, in Wahrheit ist man schon dicht vor ihm.

◊ Konzentration und Aufmerksamkeit werden gestört. Man lässt sich leicht ablenken und hält unscheinbare Dinge am Straßenrand für wichtiger als den Verkehrsfluss.

◊ Verwirrtheit tritt ein. Trotz bekannter Fahrstrecke verfährt man sich leicht.

◊ Bewegungen werden falsch aufeinander abgestimmt. Unsichere Fahrweise ist die Folge.

◊ Auch Sinnestäuschungen sind möglich. Manche weichen vielleicht einem auf die Fahrbahn springenden Tier aus, das gar nicht da ist und gefährden so die entgegenkommenden Fahrer.

Cannabis wird sehr langsam abgebaut, ist bis zu einem Monat im Körper nachweisbar und wird dort gespeichert. Auch nach dem High-Gefühl dauern die beschriebenen Beeinträchtigungen noch mindestens sechs bis acht Stunden an. Wenn du in keine Verkehrskontrolle kommst, aber bekifft bist, dann solltest du nicht übermütig werden und denken, das würde sowieso nie einer merken. Ganz abgesehen davon, ist das ziemlich verantwortungslos – dir selbst und anderen Verkehrsteilnehmern gegenüber. Außerdem gefährdest du damit deinen Führerschein, den du dir vielleicht mühsam zusammengespart oder von deinen Eltern spendiert bekommen hast. Du hast auch ihnen gegenüber eine Verantwortung. Irgendwann bist du fällig, und selbst wenn ein Polizist nicht erkennt, dass du zugekifft oder sonst irgendwie von Drogen prall bist, weil du ja keine Alkoholfahne hast, dann kannst du sicher sein, dass mal ein anderer auftaucht, der sich von dir nicht an der Nase herumführen lässt.

Gerichtsmediziner haben festgestellt, dass Fahruntüchtigkeit vorliegt, sobald THC im Blut nachweisbar ist. Und dieser Nachweis ist heute aufgrund verbesserter Messmethoden auch bei Aufnahme ganz geringer Mengen möglich. Wird bewiesen, dass jemand ein Kraftfahrzeug unter Cannabis- oder sonstigem Drogeneinfluss im fahruntüchtigen Zustand geführt hat, erfolgt eine Verurteilung wegen Trunkenheit im Verkehr, bei Unfall wegen Straßenverkehrsgefährdung.

Daraus ergeben sich als Folgen: eine Geld- oder Freiheitsstrafe, der Entzug der Fahrerlaubnis, eine Sperre für einen neuen Führerschein (mindestens sechs Monate) und nach Ende der Sperrfrist und vor Neuerteilung einer Fahrerlaubnis eine medizinisch-psychologische Untersuchung (MPU).

Übrigens: Auch ohne jede Verkehrskontrolle prüft die Führerscheinstelle bei jedem nachgewiesenen Kontakt mit Drogen (Erwerb, Besitz, Konsum, Weitergabe, Handel), ob von dem Betroffenen eine Gefahr für die anderen Verkehrsteilnehmer ausgeht. Dies bedeutet grundsätzlich eine teure medizinisch-psychologische Untersuchung sowie Laborkonrollen. Solange ein Führerscheinbewerber keine dauerhafte Drogenfreiheit nachweisen kann, wird kein Führerschein erteilt oder eine bereits erworbene Fahrerlaubnis wieder entzogen. Wenn du also mal ein Auto fahren willst, dann solltest du dir das klarmachen.

Auch als Mitfahrer solltest du dich keinem »Chauffeur« anvertrauen, der zugekifft oder sonst irgendwie prall ist. Versuch lieber, ihn davon zu überzeugen, das Fahrzeug stehen zu lassen.

Fabian (16): »Wegen eines Joints haben sie meine ganze Party gesprengt!«

»Wir sind eine Clique von fünfzehn Mädchen und Jungen, alle so zwischen 14 und 17. Wir verstehen uns super, einer ist für den anderen da. Zu meinem Geburtstag habe ich natürlich alle eingeladen. Auch Susi, auf die ich voll stehe. Meine Eltern gingen weg, also hatten wir sturmfreie Bude. Supercool.

Einer hatte ein bisschen Shit dabei, packte ihn aus dem Stanniolpapier und drehte aus ein paar Krümeln und etwas Tabak einen Joint. Jeder, der wollte, zog dann mal dran.

Wer nicht wollte, der ließ es bleiben. Manche hatten schon mal Hasch probiert, die ließen dann lieber die anderen ziehen, die noch keine Ahnung hatten. Ich konzentrierte mich mehr auf Susi, die durch den Shit voll gut drauf war, und zog selbst gar nicht, weil ich das schon kannte.

Die, die gekifft haben, waren total albern und komisch drauf und haben nur noch gekichert. Ein Mädchen kriegte den totalen Hustenanfall, und ein Freund von mir, der setzte die Kopfhörer auf und ging voll auf die Musik ab. Ich knutschte mit Susi und hatte schon ein paar Bier intus.

Plötzlich kamen meine Eltern heim. Dabei hatten sie gesagt, sie kämen nicht vor zwei oder drei Uhr früh. Es war erst elf. Mein Vater riss die Tür auf und schrie: ›Was riecht denn hier so? Das ist doch Haschisch! Ihr braucht mich nicht für blöd verkaufen! Mein Haus ist keine Rauschgiftbude, raus hier! Alle!‹ Mit einem Schlag sprengte er meine ganze Party, auf die ich mich wochenlang gefreut hatte. Und meine Mutter machte mir Vorwürfe: ›Das hätte ich nicht gedacht, dass du mit Rauschgift was zu tun hast! Du weißt doch, dass man davon abhängig wird und am Schluss auf dem Bahnhofsklo landet. Mein Sohn ...‹ Es hatte keiner mehr Lust, bei uns zu bleiben. Sie hatten es geschafft, alles kaputtzumachen, obwohl eigentlich gar nichts passiert war. Außer, dass wir einen Joint geraucht haben. Einen einzigen Joint. Der Fehler war, dass wir das Fenster nicht aufgemacht haben. Dann hätten sie es vielleicht nicht gerochen. Dabei waren sie beide besoffen und hatten eine Fahne. Die haben sie immer, wenn sie von diesen Freunden kommen, bei denen sie waren.

Ich stand vor den anderen total blöd da. Mit solchen Eltern muss man sich ja schämen. Voll uncool sind die drauf, und Ahnung haben sie auch nicht von Drogen! Als ob man von Haschisch süchtig würde. Das hat sogar unser Lehrer in Bio gesagt, dass Hasch nicht süchtig macht. Körperlich jedenfalls nicht, aber vom Kopf her schon und vor allem auf Dauer. Aber wir kiffen ja höchstens mal auf Feten, oder wenn es sich ergibt. Wir brauchen das nicht zum Leben. Wenn keiner Shit oder Gras hat, dann ist das auch okay. Dann trinken wir halt Alkohol, obwohl wir das nicht so mögen. Man ist viel besser drauf mit einem Joint. Im Grunde können wir aber auf beides verzichten. Es macht halt Spaß, so ein bisschen prall zu sein.

Ich will mit meinen Eltern auch nicht mehr über Drogen reden, weil sie nur voll hysterisch sind, aber keine Ahnung haben. Mich ärgert, dass sie kein Vertrauen haben. Ich habe doch auch keine Lust, auf dem Bahnhofsklo zu enden. Deswegen würde ich nie Heroin oder so nehmen. Nun kiffen wir halt außerhalb, aber jetzt erst recht. Und ich ziehe jetzt einmal mehr, für meine Eltern. Weil sie so doof sind.«

»Da muss ja was dran sein, wenn es verboten ist.«

Was Fabian mit seinen Eltern erlebt hat, kennst du vielleicht auch. In ihrer Sorge um dich beschimpfen sie dich, sind hilflos, sprechen Verbote aus und erzeugen so in dir Trotz und Neugier. Alles, was verboten ist, das empfindest du erst recht als spannend. Du denkst dir: Wenn du etwas gar nicht tun sollst, dann muss da ja etwas dran sein, was einen Extrakick bringt. Also mach ich's eben heimlich! Es ist immer besser, wenn Eltern offen und realistisch mit ihren Kindern über alles sprechen, doch das schaffen leider nur wenige. Wenn du solche Eltern hast, dann sei happy! Du bist weniger gefährdet, weil du nichts verheimlichen musst und alles besprechen kannst, ohne gleich Strafen und Rüffel befürchten zu müssen.

Haschisch zu rauchen, das war schon zu Zeiten deiner Eltern ein Zeichen von Rebellion gegen die Erwachsenen und Etablierten. Und das ist es auch heute noch. Du möchtest dich abgrenzen von ihrer eingezäunten, organisierten, versicherten und durch Paragraphen geregelten Welt. Du möchtest ausbrechen und was erleben, Spaß haben. Wie sie leben, das findest du langweilig, spießig und ätzend. Dabei langweilst du dich selbst und suchst nach einem Kick. Angst, das ist etwas, was dich insgeheim anmacht, es ist ein Kitzel – auch wenn dir das vielleicht gar nicht bewusst ist.

Die Angst zu überwinden, das setzt ungeheure Energie frei. Wenn du es geschafft hast und über deinen eigenen Schatten gesprungen bist, dann empfindest du ein Gefühl der inneren Zufriedenheit und redest dir ein, dass du doch ziemlich gut und stark bist. Um diesen Kick zu kriegen, hängen sich manche als »S-Bahn-Surfer« aus rasenden Waggons, lassen sich beim Bungeejumping in die Tiefe fallen, tragen in aufgemotzten Autos lebensgefährliche Rennen aus, prügeln sich in Gangs um ihre Reviere oder randalieren sich als Hooligans in einen üblen Gewaltrausch. Jungen suchen meistens mehr Nervenkitzel als Mädchen.

Wenn's um Drogen geht, treffen sich die Geschlechter wieder auf einer Ebene. Wer Haschisch raucht, der überwindet die erste Angst vor Drogen; denn er weiß ja nicht, was auf ihn zukommt. Ist das nicht genug, kann der Kitzel so groß sein, dass du noch mal und noch mal und mehr und Härteres probieren willst. Das ist eine verdammt gefährliche Angelegenheit. Das solltest du dir bewusst machen. Da bleibst du ziemlich schnell irgendwo hängen, obwohl du das gar nicht wolltest.

Irgendwann reicht dir Haschisch nicht mehr, dann steigst du vielleicht um. Denk einfach mal darüber nach! Du wirst dich, wenn du ehrlich zu dir bist, auch dabei ertappen, dass das mit dem Nervenkitzel und der Angst schon so ähnlich ist – auch bei dir. Aber jetzt, wo du das weißt, kannst du dich besser beobachten und auch unter Kontrolle halten. Es ist auch ein Kick, sich selbst im Griff zu haben und zu disziplinieren.

Einstiegsdroge Haschisch: Ist es eine oder nicht?

> **Paula (15):** »Manche sagen, wer Hasch nimmt, der scheut auch vor anderen Drogen nicht zurück. Ich glaube das nicht, weil ich auch Hasch rauche, aber sonst nichts.«

Die Diskussion, ob Cannabis-Produkte Einstiegsdrogen sind oder nicht, flammt immer wieder auf. Du hast in den vorangegangenen Abschnitten nun schon öfter gelesen, dass es durchaus sein kann, dass dir irgendwann die Wirkung von Haschisch oder Marihuana nicht mehr genügt und deshalb die Versuchung da ist, auf stärkere Stoffe umzusteigen. In Studien wurde z. B. festgestellt, dass Haschischraucher sechsmal öfter mit anderen Drogen experimentieren als Jugendliche, die nur legale Drogen, also Alkohol, Nikotin oder Medikamente nehmen.

In einer Studie der Freien Universität Berlin dagegen wird die These von der Einstiegsdroge widerlegt. Die Wissenschaftler haben herausgefunden, dass sowohl Gelegenheits- als auch die meisten Gewohnheitskonsumenten das Kiffen eines Tages wieder einstellen. 85 Prozent der Aussteiger griffen innerhalb des letzten Jahres der dreijährigen Untersuchung auch zu keiner anderen illegalen Droge.

Die Forscher ziehen daraus den Schluss, dass jemand, der mit Kiffen aufhört, demnach aller Wahrscheinlichkeit keine anderen illegalen Drogen mehr konsumiert. Viele würden sich auch von dem Kraut abwenden, weil Kiffen durch das dadurch entstehende Phlegma mehr Schwierigkeiten und Ärger bringt als Genuss, Entspannung und Akzeptanz.

Auch interessant: Die Jagd der Kiffer nach angeblich unverzichtbarem Stoff stellte sich in der Studie als Legende heraus. Drei von vier befragten Kiffern verspüren kein oder nur ein geringes Bedürfnis, sich Cannabis zu beschaffen, wenn gerade keines zur Hand ist. Als ebenso haltlos erweist sich den Wissenschaftlern zufolge das Klischee vom jugendlichen Opfer, das von kriminellen Dealern verführt und durch mit Opiaten angereichertes Cannabis angefüttert wird. Drei Viertel der Befragten haben ihren ersten Stoff von Freunden bekommen.

Einige bekommen Cannabis sicher auch von Dealern. Und diese wiederum haben auch Heroin oder Kokain im Angebot. Eine solche Bezugsquelle dürfte wohl die größere Gefahr sein und könnte auch den Einstieg in härtere Drogen ermöglichen. Die Bezugsquelle stellt also in so einem Fall ein höheres Risiko dar als der Stoff selbst.

Widersprüchliche Forschungsergebnisse – Cannabis zwischen Verteufelung und Verherrlichung – die Frage ist offen. Es kann nicht aus der Tatsache, dass fast alle Heroin-Junkies Cannabis konsumiert haben oder immer noch konsumieren, der Schluss gezogen werden, dass alle Cannabis-Konsumenten zu Heroin-Junkies werden. Auch die Zahlen sprechen dagegen. Zudem haben die meisten Fixer vor dem Einstieg in das Heroin Zigaretten geraucht und Alkohol getrunken. Konsequenterweise müsste daraus dann gefolgert werden, dass alle, die gern Zigaretten und Alkohol konsumieren, früher oder später auch zu Heroin greifen werden.

Timo (18): »Durch den Shit bin ich erst voll draufgekommen!«

Timo zittert am ganzen Körper. Er fröstelt, schwitzt, krümmt sich zusammen. »Also, heute geht es mir voll mies«, klagt er. »Ich bin dabei, mich vom H (gesprochen: Äitsch – Heroin) runterzudosieren, aber du siehst ja, wie das ist. So weit wollte ich nie kommen. Ich weiß auch nicht, warum es trotzdem passiert ist. Mir war so langweilig mit dem Shit, ich wollte irgendwie einen besseren Kick. Diese Haschisch-Brüder, die haben mich alle genervt. Immer alles voll cool und harmonisch. Da ist nichts mehr abgegangen. Bis mir irgendwann ein Dealer Heroin angeboten hat. Das war's dann. Aber eigentlich hat alles mit dem Haschisch angefangen. Nur, das hat mir eben nicht mehr gereicht, ich wollte mehr.«

Nach dem Umzug mit seinen Eltern kam Timo in eine neue Clique. »Die Jungs waren tierisch gut drauf, haben immer was losgemacht und mich gleich aufgenommen. Da wurde nicht lange gefragt: Wer bist du? Woher kommst du? Ich war gleich voll dabei. Sie haben mich auf ein Bier eingeladen, wenn ich kein Geld hatte, und ihre Zigaretten mit mir geteilt. Das war irgendwie selbstverständlich. Dann hatte ich mal unheimlich Stress mit den Eltern und meiner Freundin. Alles lief schief, und eine Lehrstelle nach der Schule hatte ich auch nicht in Aussicht. An so einem Tag hat mir einer meiner Kumpels mal einen Joint angeboten. Haschisch, ganz harmlos, sagte er. Ich wusste schon, dass sie das nahmen, hatte mich aber nie darum gekümmert. Ich war der Meinung, das wäre deren Sache und ginge mich nichts an.

Erst wollte ich auch nicht, aber dann habe ich doch geraucht. Einfach, weil ich vor den anderen nicht doof dastehen wollte. Das war der Anfang vom Ende. Denn zuerst merkst du gar nichts, aber so nach einer Viertelstunde ging's mir plötzlich irre gut. Ich vergaß alles rund um mich, spürte mich selbst wahnsinnig intensiv, schien zu schweben, alles war leicht und locker. Probleme? Nee, die waren weg. Na ja, eigentlich logisch, wie es weiterging. Beim nächsten Zoff daheim haute ich ab zu meinen Kumpels und bat sie um Stoff.

Klar, aber ich müsste zahlen, sagten sie. Denn sie hätten selbst nicht mehr genug und müssten sich Nachschub besorgen. Für ein Gramm zahlte ich acht Euro. Das reichte gerade für einen Tag – und ich brauchte mehr. Damit war auch der Weg zum Dealen schon vorgezeichnet. Ich hatte irgendwann kein Geld mehr, ließ mir aber von einem Freund eine größere Menge Shit andrehen. Ich solle mich halt selbst finanzieren, sagte er dazu.

Ich wusste natürlich, wer in meinem Bekanntenkreis was brauchte und fing zu handeln an. Ich kaufte das Gramm weiter für acht Euro ein – und gab es erst für neun, dann für zehn Euro weiter. Zum Schluss erzielte ich bei guter Qualität einen Spitzenpreis von zwölf Euro, setzte in zwei Tagen 150 Gramm um. Auf einmal hatte ich mehr als genug Geld und hing nur noch in der Gegend rum. Ich kaufte Klamotten, ein Auto, und ich langweilte mich immer mehr. Hinzu kam die Angst, von der Polizei geschnappt zu werden. Meine Freundin hatte mich längst verlassen, meine früheren echt guten Freunde wollten nichts mehr von mir wissen. Und das Hasch machte mich auch nicht mehr an. Aber aufhören konnte ich auch nicht damit. Das hatte ich schon versucht. Körperlich wäre das kein Problem gewesen, aber ich kam aus der Mühle nicht mehr raus. Ja, und dann kam der Typ mit dem Heroin ...«

Eine Entgiftung und eine abgebrochene Therapie hat Timo schon hinter sich. »Ich will doch nicht auf der Straße enden. Ich nehme ja auch nur Heroin, keine Tabletten, kein Koks, nichts. Nur ab und zu halt Alkohol. Meinen Job in einem Supermarkt, den will ich unbedingt durchziehen. Aber wenn ich nicht drauf bin auf H, dann schaffe ich es einfach nicht. Jetzt probiere ich es selber, mich runterzudosieren. Und Dealen tue ich auch nicht mehr. Mit Heroin rutscht man da in zu dunkle Kreise. Das ist mir zu gefährlich.«

Wie strafbar sind Besitz und Konsum von Haschisch?

Jan (17): »Stimmt es, dass man für den Besitz von Haschisch nicht mehr bestraft werden kann? Jemand hat mir gesagt, das wäre so gut wie freigegeben.«

Das ist ein Irrtum. Haschisch und Marihuana zählen nach wie vor zu den illegalen Drogen und sind beileibe nicht »freigegeben« worden. Dieses hartnäckige und falsche Gerücht resultiert aus einem Urteil des Bundesverfassungsgerichts von 1994, das viele Gemüter unnötigerweise erregt hat. Nach dieser Entscheidung des Gerichts sind Besitz, Erwerb, Anbauen, Handeln und Veräußern von Cannabis-Produkten, auch unentgeltlich, nach wie vor strafbar. Das Bundesverfassungsgericht hält lediglich die mit der Strafverfolgung beauftragten Behörden dazu an, bei sogenannten »Bagatelldelikten« in der Regel von der Strafverfolgung und damit von einer Bestrafung abzusehen, wenn bestimmte Voraussetzungen erfüllt sind. Das liegt aber im Ermessen der Beamten und wird auch von Bundesland zu Bundesland sehr unterschiedlich gehandhabt.

Für und wider die Legalisierung von Cannabis

Natalie (14): »Wenn Haschisch legalisiert wird, dann ist auch der Weg frei zu härteren Drogen wie Heroin. Und es wird immer mehr Abhängige geben.«

Julian (16): »Je verbotener etwas ist, desto mehr reizt es. Manche kiffen nur, weil es illegal ist und weil sie damit zeigen wollen, dass sie sich was trauen und auf Verbote pfeifen. Ich bin für die Legalisierung von Haschisch, aber nicht für die härterer Drogen.«

Kim (16): »Ich hab gedacht, Hasch wäre schon längst so gut wie legalisiert. Und wenn nicht, auch egal. Es kifft doch sowieso jeder, wenn er will. Spätestens ab der 9. Klasse. Sogar unser Lehrer tut es. Und trotzdem wollen wir alle kein Heroin.«

Cannabis-Produkte sind die meistkonsumierten illegalen Drogen unter Jugendlichen. Und der Trend zum Hanf hält unvermindert an. Wenigstens probieren, das machen sehr viele mal. Richter machen sich Gedanken über Cannabis und sehen die Entwicklung, dass Haschisch und Marihuana immer mehr zu Kulturdrogen werden – wie Nikotin und Alkohol. Schätzungen zufolge sind immerhin vier Millionen Deutsche Gelegenheitskiffer, die im Haschischkonsum überhaupt nichts Verbotenes und Schlimmes sehen. Dennoch hat das Kraut ein paar kräftige Haken – wie du ja inzwischen weißt. Okay, du hast Recht: Auch Nikotin und Alkohol haben ganz kräftige Haken.

Drogen sind immer auch ein Politikum. Und dass die bisherige Drogenpolitik, auch in puncto Haschisch, gescheitert ist, sieht man deutlich daran, dass gekifft wird wie eh und je, dass der Drogenhandel blüht und dass die Zahl der Drogenkonsumenten nicht merklich sinkt. Hätte die restriktive Politik gegen das Teufelszeug gewirkt, müsste sich die Situation doch eigentlich verbessert haben. Realistische Polizeipräsidenten sehen das ganz nüchtern und sagen: »Wer täglich die Absurdität des Eingreifens und das Elend vor Augen hat, der weiß, dass was passieren muss. Solange es eine Gesellschaft gibt, die Rauschmittel konsumieren will, können wir als Polizei auch keine drogenfreie Gesellschaft durchsetzen.« Und ein Berliner Staatsanwalt hat erkannt: »Die Strafandrohungen des Betäubungsmittelrechts haben noch keinen an Rauschgift Interessierten abhalten können.«

Seit in den Niederlanden 1976 die »weichen Drogen« Haschisch und Marihuana legalisiert wurden, ist dort die Zahl der Konsumenten nicht in die Höhe geschnellt, wie allerorten befürchtet wurde. Sie ist gesunken. Dies bestätigt eine WHO-Studie, die Haschisch auch weniger gefährlich als Nikotin und Alkohol einstuft. Weiter wurde festgehalten, dass zwar viele Menschen die »weichen Drogen« ausprobieren, aber sie dann wieder aufgeben und dass es in Holland nicht mehr Kiffer gibt, als in anderen europäischen Ländern. Ein weltweiter Vergleich: Bei einer internationalen Erhebung 2008 gaben 42,4% der US-Amerikaner an, schon mindestens einmal im Leben Cannabis konsumiert zu haben, in den Niederlanden waren es dagegen nur 19,8%. Deutschland lag mit 17,5% nicht weit dahinter.

2. HALLUZINOGENE: LSD, Zauberpilze und Ketamin

Was ist LSD?

Jeanette (15): »Meine Mutter hat mir gesagt, dass LSD zu ihrer Zeit eine In-Droge war, und konnte sich gar nicht vorstellen, dass mir das neulich in einer Disco angeboten wurde. Aber mich interessieren Drogen nicht zum Nehmen. Trotzdem möchte ich alles darüber wissen.«

Ende der 60er-Jahre, zur Zeit der Hippie-Bewegung, galt LSD als die »bewusstseinserweiternde« Droge Nummer eins nachdem es 1966 in vielen Ländern als gefährliches Rauschgift eingestuft und verboten wurde. LSD, im Szenejargon auch »Acid«, »Trip«, »Ticket« oder »Fahrkarte« genannt, wird in Form von Tabletten oder Kapseln angeboten oder flüssiges LSD wird auf Zuckerwürfel oder Löschpapier getropft. Es wird in der Regel gelutscht oder geschluckt (»einen Trip schmeißen«). Nach dem großen Boom in der Flower-Power-Zeit spielte LSD im illegalen Drogenmilieu der letzten Jahre kaum noch eine Rolle. Doch seit Ende der 80er-Jahre die Designer-Droge Ecstasy aufkam, ist auch LSD wieder schwer im Kommen.

LSD (Lysergsäurediäthylamid) ist ein halbsynthetisches Rauschmittel der Lysergsäure, eines Wirkstoffbestandteils des »Mutterkorn«-Pilzes, der an Getreideähren schmarotzt. Ganze Ernten können dadurch verdorben werden. 1938 entdeckte Albert Hofmann, der Chef des Naturstofflabors der Schweizer Pharmafirma Sandoz, die farb-, geruchs- und geschmacklose Substanz. Sandoz brachte LSD unter dem Namen »Delysid« auf den Markt. Psychiater begannen, in Psychotherapien damit zu experimentieren. Als Sandoz LSD 1966 vom Markt nahm, begann die illegale Produktion.

LSD ist ein sehr starkes Halluzinogen, das die Rauschwirkung anderer Drogen (auch Alkohol!) erheblich intensiviert. Häufig werden Erlebnisse aus dem Unterbewusstsein so lebendig, dass anderweitig Süchtige damit nicht fertig werden und deshalb zur Dämpfung zu Heroin greifen – womit der Drogenkreislauf in Bewegung gerät. LSD wird in der Regel nur hin und wieder konsumiert, da bei Dauergebrauch die Wirkung nachlässt und die Erlebnisse im Rausch nicht mehr so toll sind. Deshalb ist eine psychische Abhängigkeit zwar möglich, aber selten. Bei intensivem und längerem Missbrauch wendet sich der LSD-Konsument immer mehr von der Realität ab, igelt sich ein und wird schließlich handlungsunfähig und apathisch. Körperlich macht LSD nicht abhängig.

Bei der Einnahme von LSD spielen sowohl die Umgebung als auch die Erwartungshaltung des Konsumenten eine große Rolle. Wird es in geringer Dosis, in großer Runde und verbunden mit einem Ritual (z. B. Musik der 60er oder 70er-Jahre, Räucherstäbchen und der Erwartung einer positiven Bewusstseinserweiterung) zusammen mit anderen eingeworfen, kommt es seltener zu Horrortrips. Menschen, die unter Psychosen leiden oder zu starken Depressionen neigen, sollten die Finger ohnehin ganz von Halluzinogenen lassen. Da LSD nur auf dem Schwarzmarkt zu haben ist, weiß niemand so genau, wie schmutzig der Trip wirklich ist, den er schmeißt. Verunreinigungen kommen immer wieder vor.

Was passiert in einem LSD-Rausch?

> **Michaela (16):** »Neulich haben welche aus unserer Klasse erzählt, dass sie LSD eingeworfen haben. Einer sah dann auf seinem Trip in der Stadt die Straßenlampen tanzen, ein anderer verwandelte sich angeblich in einen Werwolf und schrie wie ein Verrückter um Hilfe.«

Etwa 30 bis 60 Minuten nach der Einnahme eines LSD-Trips setzt der Rauschzustand ein. Zuerst sieht derjenige, der ihn eingeworfen hat, Dinge, die gar nicht da sind, aber er weiß, dass seine Wahrnehmung verzerrt ist. Dies sind sogenannte »Pseudohalluzination«. Bei echten Halluzinationen kann man nicht mehr zwischen Hirngespinst und Realität unterscheiden. Geräusche und Töne werden zu Bildern, Farben werden sehr intensiv, bunte Formen und Nebel schweben durch den Raum. Banale Alltagsgegenstände bekommen plötzlich eine große Bedeutung, werden ganz anders wahrgenommen. So ein Rausch hält je nach Dosis rund zehn Stunden an.

Bei einem Horrortrip sind die Visionen von Angst und Schrecken geprägt. Bei Überdosierung können echte Halluzinationen auftreten, die Pupillen vergrößern sich, die Körpertemperatur steigt, Atem und Herzschlag werden schneller, der Blutdruck geht hoch, Schwindel,

Schweißausbrüche, Hitze- und Kältegefühle plagen den Konsumenten. Außerdem kann er nicht mehr gerade gehen. Der Kreislauf kann zusammenbrechen. Es kann, wie bei Cannabis, Monate später noch zu rauschähnlichen Zuständen, »Flashbacks«, ohne aktuelle Drogeneinnahme kommen.

Dana (18) hat fast zwei Jahre LSD-Trips geschmissen und sich mit Amphetaminen voll gepumpt. Heute ist sie in psychotherapeutischer Behandlung und verarbeitet ihre Probleme auf natürlichem Weg. Sie erzählt:

»Als ich dreizehn war, las ich das Drogen-Buch von Christiane F. Mich schreckte das gar nicht ab, ganz im Gegenteil! Ich bekam dadurch erst so richtig Lust auf Trips und so Zeug. Auf mich wirkte das verherrlichend und ich wollte auch so cool und easy drauf sein und keine Angst mehr haben. Ich war immer so schüchtern und hatte damit ein Problem. Außerdem gingen mir meine Eltern voll auf den Geist, ich wollte mich von ihnen und all diesen Spießern abgrenzen und ihnen auch meine Ablehnung zeigen. Ich färbte mir die Haare blau und lief nur noch in Schwarz herum. Sie waren voll geschockt, aber genau das wollte ich ja.

Irgendwann habe ich dann angefangen, die Hausbar zu leeren: Likör, Schnaps, alles. Und dazu nahm ich mehrere Tabletten aus der Hausapotheke. So Beruhigungsmittel. Ich wollte einfach einen Rausch kriegen und meine Probleme vergessen. Meine Mutter merkte das, ging mit mir zur Drogenberatung. Doch der Typ dort war mir total unsympathisch. In der Schule hatte dann auch jemand Haschisch, da fing das mit dem Kiffen an. Da war ich 14,15. Wir drehten nur noch Joints, lungerten im Park herum und fanden uns toll und die anderen alle blöd. Auf einer Party bei 'ner Freundin gab's dann mal Speed, Amphetamine. Weil uns der Shit sowieso langweilte, schmissen wir das ein. Auf einmal merkte ich, dass ich total cool drauf war, überhaupt nicht mehr verlegen, und dass ich quasselte, wo ich doch sonst immer ganz still in der Ecke herumstand. Ich habe dann auch in der Schule Amphetamine genommen und war im Unterricht voll gut dabei. Das Blöde war nur, dass du total down bist, wenn die Wirkung nachlässt, und dass du immer mehr einwerfen musst. Auf einem Schulfest kriegten wir dann mit, dass einer LSD hat. Das war natürlich erst mal der Hit.

Ich war schon 16 und habe neben der Schule noch gejobbt, um Geld für meine Drogen zu verdienen. Durch die Amphetamine war ich richtig aktiv. Aber alle zehn LSD-Trips, die ich einwarf, waren voll die Horror-Nummern. Und auch mit dem Speed drehte sich die Wirkung irgendwann um. Einmal habe ich auf Trip ferngesehen und dachte, ich wäre der Typ da drinnen in dem Film, der in irgendeinem schrecklichen Gefängnis lag und gefoltert wurde. Es war furchtbar. Ich habe geschrien und nicht mehr gepeilt, dass das ein Film war. Ein anderes Mal rauschten auf der Straße die Autos vorbei wie fliegende Untertassen, und ich rannte bei Rot über die Ampel. Ich hatte solches Glück, dass mich keiner totfuhr. Aber damals hörte ich gar nicht, dass die hupten wie die Verrückten. Ich kam mir vor wie der letzte Dreck, mir war alles egal.

Die Schule interessierte mich kaum noch. Entweder pennte ich auf dem Tisch, oder wenn wir auf Amphetamin waren, warfen wir mit Äpfeln und Orangen. Wir waren zehn Leute, die sich vollgepumpt haben. Manche Lehrer kümmerten sich darum null, aber eine Lehrerin, die hat genau kapiert, was los war. Sie hat uns auf den Kopf zugesagt: Leute, ihr seid nicht sauber, ihr nehmt was. Erst stritten wir das ab, aber sie gab keine Ruhe. Sie hat dann mit uns lange geredet und uns davon überzeugt, dass wir eine Therapie machen müssen. Ich gehe da jetzt regelmäßig hin und habe auch erkannt, wo meine Probleme liegen. Ich bin ihr richtig dankbar, dass sie mich wieder zu Verstand gebracht hat. Auf Dauer wäre ich mit dem ganzen Zeug wahrscheinlich durchgeknallt. Der Typ, der uns die Trips verkauft hat, der ist selbst auf einem hängengeblieben und in einer geschlossenen Klinik.«

»Magic Mushrooms«: Der Missbrauch von halluzinogenen Pilzen

Melissa (17): »Was jetzt bei uns voll angesagt ist, das sind die Zauberpilze. Ich habe mal so einen Tee getrunken, da war ich völlig losgelöst und fühlte mich leicht wie eine Feder. Der ganze Frust war wie weggeblasen. Ein super Feeling! «

Sie werden roh geschluckt oder in Tee aufgegossen getrunken – die »Zauberpilze«, deren halluzinogene Wirkung mit dem LSD-Rausch vergleichbar ist. Gerade auf Raves und in Clubs sind die Pilze seit einigen Jahren angesagt und es ist oft problemlos ranzukommen. Dabei wird die Wirkung, die von den sogenannten »Magic Mushrooms« ausgeht, enorm unterschätzt. Auch kann es zu Verwechslungen kommen – die Wirkung mancher Giftpilze ist tödlich. Also von wegen »Bio-Drogen«, die aufgrund ihrer natürlichen Herkunft nach Meinung vieler Unwissender ungefährlich sein müssten! Das ist Quatsch, wenn dir jemand so was erzählt.

Der Wirkstoff in den »Zauberpilzen« ist das **Psilocybin,** daher heißen sie in der Szene auch »Psilos«. Es gehört zu den bekanntesten Halluzinogenen. In Dosen von acht bis zwölf Milligramm hat es eine mit dem LSD vergleichbare Wirkung. Bewusstsein und Wahrnehmung verändern sich, es kommt zu Verwirrtheit und Wahnvorstellungen.

Andrea (15) reicht es von den »Magic Mushrooms« erst einmal: »Zehn Euro hatte ich für ein Gramm Rauschpilze geblecht und es war der reinste Horrortrip. Kurz nachdem ich ein paar Pilze gekaut hatte, wurde mir speiübel. Ich musste mich übergeben, mein Herz raste. Ich bekam totale Muskelkrämpfe. Dann wurde ich ohnmächtig und wachte erst im Notarztwagen wieder auf.«

Schon die alten südamerikanischen Kulturen kannten die berauschende Wirkung einiger Pilze, die durch das Psilocybin entsteht. So werden Teonanacatl-Pilze vermutlich seit 3000 Jahren bei rituellen Feierlichkeiten eingesetzt. Die Azteken verehrten diese Pilze als »Gottesfleisch«, das nur die Hohenpriester genießen durften, um mit den Göttern in Verbindung zu treten. Die mexikanischen Indios pflegen diesen Kult teilweise noch bis heute, die Pilze gelten als heilig. Während der Hippie-Ära in den 60ern erlebten auch hierzulande psilocybinhaltige Pilze ein Hoch. Danach gerieten sie in Vergessenheit. Bis jetzt.

Die meisten Pilze, die bei uns auftauchen, stammen aus den Niederlanden. Dort werden sie meistens gekaut, während in England eher Tee daraus gemacht wird. In Holland gab es die Rauschpilze bis 2008 sogar in Spezialläden im normalen Sortiment. Sie schmecken im Rohzustand nach Rettich und wurden als kleiner Imbiss, zur Zubereitung von Suppen und Salaten und auch als Pizza-Belag angeboten. Einige ehemals renommierte Champignonzüchter rochen Umsatz, gaben kurzerhand ihre klassische Zucht auf, um in ihren unterirdischen Produktionsanlagen die lukrativen Drogenpilze anzupflanzen.

Bis 2006 waren frische Pilze in Deutschland legal, weil im Betäubungsmittelgesetz nur der Besitz von »Pflanzen« und »Pflanzenteilen« mit verbotenen Wirkstoffen unter Strafe gestellt war. Mittlerweile hat der Gesetzgeber aber nachgebessert und stattdessen den Begriff »Organismen« eingeführt, der umfasst auch Pilze. Die Zauberpilze sind jetzt also ganz klar illegal.

Lennard (17): »Ich hab früher immer Ecstasy genommen auf Partys, aber ich hab so oft erlebt, dass das mit gefährlichem Zeug gestreckt war, sodass die Leute umkippten. Bei den Pilzen weiß ich wenigstens, dass ich keinen Chemie-Schrott kaufe.«

Da unterliegt Lennard einem Irrtum. Um ihre Kunden zu täuschen, beträufeln manche Dealer ganz normale Pilze mit LSD. Die Risiken sind gewaltig. Außerdem kennt bei wild wachsenden Naturdrogen auch niemand die genaue Wirkstoffkonzentration. Sie hängt u. a. von Bodenbeschaffenheit und Wetter ab. Manche Pilze enthalten z. B. zehnmal mehr Psilocybin als andere und können so den User durch eine Überdosis vergiften. Keiner weiß also im Voraus, wie stark die Pilze wirklich sind. Werden die Pilze nicht schnell genug getrocknet, entstehen durch Zersetzungsprozesse gefährliche Giftstoffe, die das Krebsrisiko steigern können. Doch auch durch den Mischkonsum mit anderen Rauschgiften kann es zu lebensgefährlichen Wechselwirkungen kommen. Noch Wochen nach dem Konsum der Magic Mushrooms sind Flashbacks möglich.

Dunja (19): »Mir wurde eines Tages in der Arbeit ganz anders. Alles drehte sich, leuchtete so komisch. Und das, obwohl ich an diesem Tag gar keinen Pilz intus hatte. Ich hatte solche Panik, dass ich meinem Chef sagte, ich müsse sofort heim, mir ginge es nicht gut. Dann raste ich zur U-Bahn, sah die Stufen nicht und purzelte voll hinunter. Die Sanitäter kamen, ich hatte diverse Knochenbrüche. Mir ist klar, dass das ein Flashback war. Mit Pilzen und all dem anderen Drogenquatsch habe ich nichts mehr am Hut.«

Ein Pilztrip kann bis zu sieben Stunden dauern und wird häufig begleitet von Schwindel, Übelkeit, Magenkrämpfen, Gleichgewichtsstörungen und Kopfschmerzen. Auch der Kreislauf kann zusammenbrechen. Seelische Schäden sind bei ständiger Einnahme vorprogrammiert. Sie reichen von Depressionen und Panikattacken bis hin zur Psychose und Persönlichkeitsveränderung. Bei psychisch labilen Menschen kann bereits der erste Konsum unkontrollierbare Angstzustände auslösen.

Ketamin:
Was ist das und wie wirkt es?

Ketamin ist ein Arzneistoff der sowohl in der Tiermedizin als Betäubungsmittel verwendet wird, als auch als Anästhetikum in der Humanmedizin, sowie als Schmerzmittel für Notfälle, z. B. für Unfallopfer. Gelegentlich taucht es in Pulverform, selten als Tabletten, als Partydroge auf. Die Wirkung unterscheidet sich deutlich von klassischen Halluzinogenen, wie LSD. Bei Ketamin handelt es sich um ein Dissoziativum.

Der Konsument verliert den Bezug zu seinem Körper und seiner Umwelt. Alles wirkt fremd, fern und unwirklich. Bei höherer Dosis kommt es zu Sinnestäuschungen und Halluzinationen. Eine besonders starke Wirkung, bei der der Bezug zur Realität fast gänzlich verloren geht, wird als »K-Hole«, also »Ketamin-Loch« bezeichnet. Manche User berichten, sie hätten dabei außerkörperliche Wahrnehmungen erlebt. Wer auf »Keta« ist, kann sich kaum noch orientieren und irrt hilflos und verwirrt umher. Im Nachhinein sind die Erinnerungen an den Rausch oft lückenhaft und verschwommen. Bei Überdosierung kommt es zu Bewusstlosigkeit und Koma. Angstgefühle und Horrortrips sind keine Seltenheit und durch die entstehenden Koordinationsschwierigkeiten besteht erhöhte Sturz- und Verletzungsgefahr. Keine sehr erfreulichen Aussichten also. Trotzdem kann sich psychische Abhängigkeit entwickeln. Bei langfristigem Missbrauch kann es vor allem zu Schäden an den Harnwegen und der Blase kommen. Außerdem erhöht es Blutdruck und Puls und steigert so das Risiko für Herzinfarkte und Schlaganfälle. Gehirn- und Nervenschäden bei häufigerem Gebrauch werden vermutet.

3. ECSTASY (XTC) UND SYNTHETISCHE DROGEN

Ecstasy: Was ist das und was ist drin?

Emma (15): »Ich hätte schon Lust, mal ein Ecstasy einzuwerfen. Aber irgendwie habe ich Angst davor, weil man halt nicht genau weiß, was da wirklich drin ist.«

Emmas Bedenken sind berechtigt. Reines Ecstasy gibt es nur sehr selten und die Dosierung kennst du in der Regel auch nicht. Du gehst also immer ein Risiko ein, wenn du trotzdem Pillen schmeißt. Häufig sind Halluzinogene drin, sodass die Wirkung nicht mehr kalkulierbar ist und es zu heftigen Angstzuständen kommen kann. Oder das Ecstasy ist mit Speed versetzt, sodass dein Körper überfordert wird und dein Kreislauf zusammenbricht.

Wenn du auf einer Party keinen Spaß hast, alles blöd findest und meinst, du müsstest dir deswegen mit Drogen Stimmung machen, dann ist das der falsche Weg. Statt rumzunerven und dich immer schlechter zu fühlen, während die anderen feiern: Geh lieber nach Hause, hör Musik, lies was oder schlafe! Spaß lässt sich nicht erzwingen – weder mit Drogen noch sonst wie. Dann bist du eben nicht so gut drauf an diesem Tag, na und!? Das ist ganz normal und du solltest es für dich akzeptieren. Das passiert jedem Menschen, dass er sich mal in Gesellschaft voll gut fühlt und ein anderes Mal überhaupt keinen Spaß hat.

Ecstasy, auch »Xtasy« oder »XTC« geschrieben, enthält meist eine vollsynthetische Substanz mit der chemischen Bezeichnung MDMA (3,4-Methylendioxy-N-methyl-amphetamin). Es ist als Pille (Tablette), selten auch als Kapsel, hauptsächlich in der Jugendszene im Umlauf und hat chemische Ähnlichkeit mit Meskalin und dem körpereigenen Adrenalin, denen halluzinogene Eigenschaften zugeschrieben werden. Der Stoff ist kein Amphetamin, sondern ein Amphetamin-Abkömmling (Derivat). MDMA ist ein weißes, kristallartiges Pulver, das bitter schmeckt und im Gegensatz zu LSD lange haltbar ist.

Der Europäischen Beobachtungsstelle für Drogen zufolge enthält eine Ecstasy-Pille meist etwa 64 bis 90 Milligramm reines MDMA. Da dies aber aufgrund der Schwarzmarktproduktion nie ganz sicher ist, können die Erwartungen an eine Pille in erheblichem Widerspruch zu den tatsächlich hervorgerufenen Wirkungen stehen. So kann Ecstasy auch überwiegend halluzinogene Effekte erzeugen und eine doppelt so lange Wirkungsdauer haben, wenn z. B. anstatt des gewünschten MDMA-Feelings, vorwiegend andere Stoffe, wie MDA, mCPP oder 2C-B enthalten sind. Durch Ecstasy-Tabletten mit unklarem Inhalt sind schon Menschen zu Tode gekommen.

Pharmakologen teilen Drogen in drei Gruppen ein: In **Upper, Downer und Halluzinogene.** Zu den Uppern gehören stimulierende, aufputschende Stoffe wie Amphetamine, Koffein, Kokain und Nikotin. Zu den Downern zählen dämpfende, hemmende Substanzen wie Opium, Morphin, Heroin, Methadon, Benzodiazepine und Alkohol. Halluzinogenen sind Stoffe, die auf das Bewusstsein und die Wahrnehmung einwirken wie LSD, Meskalin (z. B. aus dem Peyote-Kaktus), Psylocibin (Magic Mushrooms) und Cannabis.

Ecstasy und andere synthetische Drogen lassen sich wegen ihrer unterschiedlichen Wirkung keiner Gruppe klar zuordnen. So hat MDMA sowohl sinnestäuschende als auch bewusstseinsverändernde Wirkungen, die einhergehen mit aufputschenden Effekten. Manche Wissenschaftler ordnen Drogen wie MDMA den »Entaktogenen« (griech. »Berührung mit dem eigenen Inneren«) zu, weil sie eigene Emotionen verstärken.

Konsum und Qualität von Ecstasy

Der **Konsum** von Ecstasy ist um die Jahrtausendwende sprunghaft angestiegen. Galt es in den 80ern und Anfang der 90er noch als Droge der Techno- und Housekultur, so hat es sich längst außerhalb dieser Szene etabliert. Die Musik ist für die breite Masse der Fans schon lange out, doch Ecstasy lebt weiter. Es ist fast selbstverständlich geworden, auf Partys etwas einzuwerfen. Bereits 12-Jährige prahlen, die erste Ecstasy-Pille geschluckt zu haben. Häufiger Konsum von Ecstasy führt dazu, dass die kurzfristig als positiv erlebten Wirkungen abnehmen, die unangenehmen aber immer schlimmer werden. Die Tabletten tragen oft Namen wie Kleeblatt, Smiley, VW, Adam, Eva und viele, viele andere, die sich auf einen Aufdruck auf der Tablette beziehen. Diese variationsreichen Print-Motive sagen nichts oder nur ganz wenig über Herkunft und Qualität des Stoffs aus. In vielen Fällen werden Ecstasy-verwandte Substanzen oder gar Imitate (Blender wie Benzodiazepine = »Benzos«) verkauft. Dadurch besteht bei der Unterscheidung zwischen den Pillen und deren Wirkung ein zusätzliches Risiko.

Im Laufe der Jahre ist Ecstasy aufgrund der Massenproduktion immer billiger geworden. Heute wird MDMA überwiegend in den Niederlanden in Großlabors hergestellt, einer Art mobiler Fabriken. Auch aus Polen und Russland kommt einiges. Kaum jemand bastelt noch im kleinen Heimlabor seine Pillen, was im Übrigen auch nicht so einfach ist, wie immer gern behauptet wird.

Nach Meinung mancher Experten passt Ecstasy als »Heartopener« (»Herzöffner«) besonders gut in unsere heutige hektische Zeit, in der menschliche Kontakte immer schwieriger werden. Die Droge stellt unter den Usern diese Menschlichkeit her, die für viele im Alltag verloren gegangen zu sein scheint.

Nina U. (16): »Mir reicht schon eine halbe Pille, um supergut und befreit drauf zu sein. Wenn wir alle was genommen haben, sind wir eine große Familie, einer ist für den anderen da, und niemand ist mehr allein. So zusammengehören, das ist Klasse!«

Die **Qualität** von Ecstasy ist sehr unterschiedlich, was viele User zu Recht beunruhigt. Unter dem Markennamen »Ecstasy« wird eine ganze Reihe von ähnlichen Drogen gehandelt und konsumiert – nicht mehr nur MDMA. Daher gehst du also nicht nur die Risiken ein, die MDMA birgt, sondern auch ganz andere, möglicherweise schlimmere, die auf Verunreinigungen und Beimischungen zurückzuführen sind. Sogar so harmlos erscheinende Wirkstoffe wie Koffein können überdosiert starkes Herzklopfen, Schweißausbrüche, Erbrechen und unangenehme Gefühle verursachen.

Es sollte dir vor dem Konsum von Ecstasy immer klar sein: **Wenn du selbst nicht gut drauf bist, helfen dir erst recht keine Drogen.** Drogen verstärken nur deine positiven und negativen Stimmungen, die du schon in dir hast. Du kannst es also gleich lassen, welche zu nehmen. So sparst du Geld, kriegst keinen Stress mit der Polizei und tust deiner Gesundheit einen Gefallen.

Wie wirkt Ecstasy?

Miriam (16): »Stimmt es, dass man sich durch Ecstasy schneller verliebt?«

Durch die starken Gefühle und die intensive Nähe, die einen auf Ecstasy (dt. Ekstase, Verzückung, höchste Begeisterung) mit einem anderen Menschen verbinden, bildest du dir leicht ein, das wäre jetzt die Liebe fürs Leben. Doch Vorsicht! Diese Meinung basiert auf Drogen. Wenn die Wirkung nachlässt, siehst du die Person meist mit ganz anderen Augen. Das, was du mit ihr im Rausch erlebt hast, lässt sich nur selten in den Alltag hinüberretten oder gar darin integrieren. Mach dir also nicht zu viele Illusionen, wenn es so richtig funkt, ihr aber voll drauf auf Ecstasy seid! Begegnet euch nüchtern, und versucht es miteinander, und ihr werdet sehen, dass sich vieles ganz anders darstellt als in euren Drogenträumen. Aber vielleicht kommt ihr ja auch ohne Ecstasy super miteinander zurecht, dann könnt ihr die Droge sowieso gleich vergessen und euch in eurem Verliebtheitsrausch aalen, der viel schöner und vor allem natürlicher ist. Aber wie schon erwähnt: Meist platzt die Euphorie bei Nachlassen der Wirkung.

Ecstasy wirkt mit doppeltem Effekt. Es besitzt außer den anregenden Effekten auf das Nerven- und Herz-Kreislauf-System auch eine leicht sinnestäuschende und bewusstseinsverändernde Wirkung. Diese typische Verbindung der beiden Effekte in einer Droge macht die besondere Attraktivität von Ecstasy aus. Diese Eigenschaften von MDMA haben auch dazu geführt, dass die Substanz viele Jahre in der Psychotherapie als Medikament eingesetzt wurde. Etwa 30 bis 60 Minuten nach der Einnahme einer Pille setzt die spürbare Wirkung ein. Sie dauert etwa vier bis sechs Stunden.

Die unmittelbare Wirkung von Ecstasy beschreibt **Daniel T. (18):** »So die ersten Male empfand ich das voll geil. Ich spürte plötzlich, dass ich auch wer war, nicht so ein kleines Würstchen wie sonst immer. Mein Selbstbewusstsein bekam einen Kick. Dann diese totale Entspannung, diese Gefühle von Wärme, Nähe und Liebe. Die Zeit schien stillzustehen. Auf einmal konnte ich mit allen quatschen, war ganz offen, und die Hemmungen und Ängste waren weg. Ich wog mich in Selbstzufriedenheit, war seelisch ausgeglichen, rundum happy und entspannt. Und ich fühlte mich topfit, hatte den totalen Durchblick und war null müde. Außerdem war ich auch sexuell total gut drauf, kuschelte mit Mädchen in der Ecke. Wir machten sonst nichts, waren einfach nur happy.«

Doch so schön, wie von Daniel beschrieben, muss Ecstasy nicht grundsätzlich sein. All diese Wirkungen können sich ebenso ins Gegenteil verkehren und zum **»Bad Trip«** werden. Ecstasy ist weder eine »Happy Pill« oder Glückspille noch eine Wunderdroge und es ist beileibe nicht immer Spaß angesagt.

Durch die halluzinogene Wirkung von Ecstasy kann es passieren, dass Erlebnisse und Empfindungen, die dem Konsumenten schwer zu schaffen machen, aus dem Unterbewusstsein nach oben gespült werden. Daher kommt es auch, dass jemand unter MDMA zusammengekauert in der Ecke sitzt und kaum ansprechbar ist. Diese **unangenehmen Gefühle,** die dich auf so einem »Bad Trip« plagen können, tun furchtbar weh. Mit dem eigenen Innenleben so direkt konfrontiert zu werden, das haut ziemlich rein.

Manche User brechen auch innerlich zusammen, wenn sie den Spaß nicht finden, den sie suchen. **Aber Ecstasy kann dir keinen Spaß garantieren,** selbst wenn viele das meinen. Für deinen Spaß bist du ganz allein zuständig, indem du innerlich gut drauf bist und versuchst, die Dinge positiv zu sehen, auch wenn's dir schwer fällt. Du kannst an dir arbeiten, um es zu erreichen. Ecstasy hilft dir nicht langfristig, höchstens mal für einen Abend. User, die ihren Spaß trotz Ecstasy nicht finden, fühlen sich verloren und fallen in ein tiefes Loch der Einsamkeit. Und genau diesem schrecklichen Gefühl willst du ja mit Ecstasy entkommen. Nun stell dir vor: Du kommst ohne Droge mit diesen Feelings schon nicht klar – auf Droge ist das doppelt schwierig!

Die meisten Konsumenten sagen, dass die erste Erfahrung mit Ecstasy die schönste gewesen sei. Danach hätten sich die negativen Effekte verstärkt und die positiven Wirkungen abgenommen. Der berühmte »Ecstasy-Film« wird dann uninteressant, sodass viele eine Pause machen oder ganz aufhören, Ecstasy zu nehmen. Letzteres ist die vernünftigste Lösung. Andere versuchen mit Gewalt, den ursprünglichen Effekt wieder herzustellen, indem sie die Dosis erhöhen und zusätzlich andere Substanzen wie Kokain oder Speed nehmen. Damit kommt ein sehr gefährlicher Kreislauf in Gang, der in die totale Drogensucht führen kann. Vergiss nie, dass du allein darüber bestimmst, ob du überhaupt eine Pille schlucken willst. Lass dich nicht von anderen dazu drängen! Wer keine Drogen nehmen will, der soll es lassen. Man muss es nicht probiert haben. Aber wer meint, er müsse doch, der sollte sich über alle Risiken klar sein. Die **körperlichen Auswirkungen** von Ecstasy nach der Einnahme hängen von deiner Konstitution ebenso ab wie von der Häufigkeit und der Dauer des Drogengebrauchs. Es kommt zur Erhöhung von Körpertemperatur, Blutdruck und Puls sowie zu einer Erweiterung der Pupillen. Außerdem lassen Appetit und Durst nach, Bronchien erweitern sich, der Atem verstärkt sich, das Hör- und Sehvermögen sowie die Schmerzempfindlichkeit nehmen ab. Und natürlich ist der Konsument total überdreht, spürt kribbelnde Unruhe in sich und auf der Haut. Das Berührungsempfinden wird intensiver.

Da Ecstasy den Blutdruck erhöht und das körpereigene Alarmsystem unterdrückt, sodass du Schmerz oder Erschöpfung kaum noch spürst, verlierst du leicht das Gefühl für deine Körpertemperatur und eine mögliche Überhitzung. Wer dann nichts tut, um abzukühlen, dessen Thermometer kann auf über 42 Grad ansteigen, was zu spontanen Blutgerinnungen und zur Verstopfung kleiner Blutgefäße führen kann. Das zeitgleiche Auftreten von hohem Blutdruck und Hirnblutungen kann einen Schlaganfall auslösen. Überhitzung führt auch zur Zersetzung von Muskelfasern.

Es kann vereinzelt auch zum tödlichen Kreislaufzusammenbruch und zum Herztod kommen, vor allem, wenn noch Alkohol mitkonsumiert wurde. Außerdem muss Ecstasy, wie alle Drogen, von der Leber verarbeitet werden, was zu akuten Leberentzündungen führen kann, manchmal auch zu Leberversagen. Wahrscheinlich beeinflusst MDMA auch die Monatsblutung bei Mädchen. Viele klagen darüber, dass die Periode ganz ausbleibt und sie öfter Probleme mit Harnwegsentzündungen haben.

Folgende **Nebenwirkungen** können sehr unangenehm sein: trockener Mund, Schwindel, Übelkeit (mit und ohne Übergeben), die Verkrampfung der Kiefermuskulatur und das Bedürfnis, ständig Kaubewegungen zu machen, Muskelzucken, Kopfschmerzen und Schwierigkeiten bei der Bewegungskoordination. Es ist, als würden sich Körper und Geist gegen die fremde Macht Droge wehren. Auch daran kannst du erkennen, dass es eben unnatürlich und widersinnig ist, sich mit irgendwelchen Stoffen vollzupumpen.

Bei häufigem und regelmäßigem Ecstasy-Konsum nehmen die erwünschten bewusstseinsverändernden Wirkungen immer mehr ab, bis sie letztlich ganz ausbleiben. Die unerwünschten Nebenwirkungen aber nehmen zu.

Die **Nachwirkungen** des Ecstasy-Gebrauchs ähneln der »Katerstimmung«, die im Anschluss an die Einnahme anderer bekannter Drogen wie Alkohol auch auftritt. Erkennbare Nachwirkungen des Ecstasy-Konsums können sein: Zustände extremer Erschöpfung, Müdigkeit, Unkonzentriertheit, Appetitverlust, Gliederschmerzen, Muskelkater, Vergesslichkeit, Depressionen, Demotiviertheit, Angstzustände, Schlafstörungen und Schmerzen in der Nierengegend. Diese Symptome können verstärkt werden durch gestreckte Pillen und durchwachte und durchtanzte Nächte.

Nimm dir kurz Zeit, mal darüber nachzudenken: Dein Körper ist nicht unverwüstlich, braucht einen geregelten Rhythmus, und den versagst du ihm, wenn du zwei Nächte durchmachst. Das strengt Geist und Körper so an, dass du dich Tage danach, auch wenn du dich schon ausgeschlafen hast, immer noch erschöpft, müde und matt fühlst. Und dann kommt das Wochenende, und alles soll von vorne losgehen? Du mutest deinem Body ganz schön was zu. Dass er sich da rächt und dir auf Dauer Probleme macht, das ist doch normal, oder? Achte darauf, du hast nur einen Körper!

Wenn der Rausch eines solchen Festes langsam nachlässt, dann kommt das **»Chill-out«.** Chill-out heißt so viel wie ausklingen, ruhen, erholen, entspannen, abkühlen. In Diskotheken gibt es meist einen schönen Dancefloor, aber keine ausreichend zur Ruhe und zum Entspannen geeigneten Chill-out-Räume. Wer beim Tanzen ohne oder mit Partydroge körperlich und psychisch intensive Ekstase-Erlebnisse hatte, der will zwischendurch entspannen, ruhige Musik hören, sich mit Freunden unterhalten oder einfach mit sich beschäftigt sein. Zu einer guten Dance-Party gehört eine Chill-out-Kultur.

Beim Abklingen des »Ekstase-Films« ist es wichtig zu akzeptieren, dass jedes Fest irgendwann zu Ende geht. Dann solltest du Vitamine und Mineralien (Kalzium und Magnesium) nehmen, die es in jeder Apotheke und im Drogeriemarkt als Brausetabletten gibt. Lös sie in Wasser auf und trink das! Wenn die Party zu Ende ist, bist du wahrscheinlich immer noch nicht müde. Dann mach einen Spaziergang mit Freunden oder tu sonst etwas Entspannendes und Ruhiges. Und bevor der Montag kommt, solltest du dich richtig gut ausschlafen. Iss viel Obst oder trink Fruchtsäfte! Und gib dem Körper die Spurenelemente zurück, die du ihm durch intensives Tanzen und wenig Schlaf entzogen hast. Vitamine und Schlaf stärken deine Abwehrkräfte, die bei Partystress und Schlafentzug beeinträchtigt werden. Nimm dir also Zeit für dein Chill-out! Gut ist es auch, unter der Dusche zu stehen, den ganzen Schweiß und Dreck abzuwaschen und dann ins frisch gemachte Bett zu gehen.

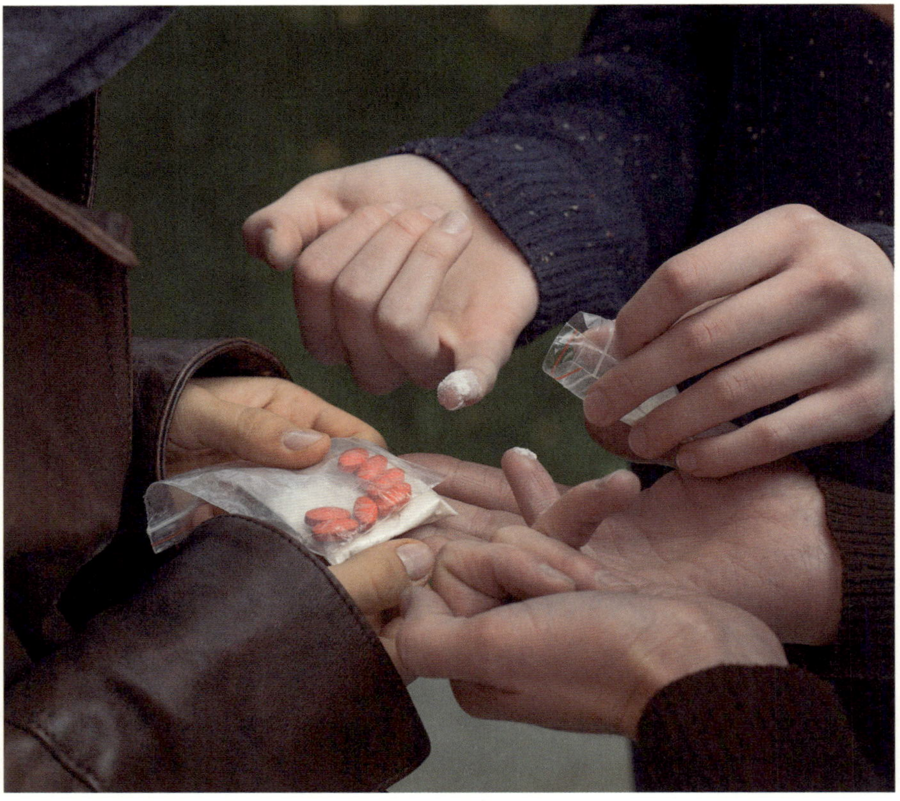

Macht Ecstasy süchtig?

Mary (13): »Die anderen haben gesagt, dass es ziemlich kompliziert ist, bis man von Ecstasy süchtig wird und dass man es deshalb ruhig nehmen kann. Ist das wahr?«

So kompliziert ist es gar nicht, von Ecstasy abhängig zu werden. Im Gegenteil! Es kann schneller passieren, als du denkst. Vor allem aber: Glaub nicht alles, was andere erzählen! Bilde dir eine eigene Meinung, informiere dich selbst und entscheide selbst! Es sei noch mal wiederholt: Lass dich nicht von anderen dazu drängen, Drogen zu nehmen! Sie erzählen viel und wissen meist wenig.

Die meisten Experten gehen davon aus, dass Ecstasy körperlich nicht abhängig macht. Doch die Droge ist relativ neu auf dem Markt und noch lange nicht ganz erforscht. Manche Fachleute meinen, ein gewisses Suchtpotenzial lasse sich nicht ganz ausschließen. Tatsache ist, dass der Konsum von Ecstasy weder zu einer ständigen Dosiserhöhung führt noch zu körperlichen Entzugserscheinungen beim Absetzen.

Eine **psychische Abhängigkeit** von Ecstasy ist dagegen sehr wohl möglich. Wenn du auf einer tollen Party warst, Ecstasy eingeworfen und richtig abgetanzt hast, dann möchtest du das vielleicht wiederholen. Und damit es genau so wird wie letztes Mal, ist die Verführung groß, wieder so eine Pille zu nehmen. Es entwickelt sich so ein stiller Automatismus nach dem Motto: Wenn's mir gut gehen soll, dann schmeiß ich eben Ecstasy ein. Vielleicht ist die Droge selbst zweitrangig für dich, aber die Stimmung, dieses Glücksgefühl und das ganze Drumherum – die Musik, die flackernden Lichter, das Abtanzen, die Harmonie und all die coolen und voll netten Leute – das willst du wieder haben. Die Party, das Ereignis als Ganzes, macht dich süchtig. Und manche, die ihre Lust auf Tanzen, Toben, Rasen und Phantasieren auf dem Dancefloor ausleben, haben die fixe Idee, dass sie Ekstase und Rauscherlebnis nur durch Drogengebrauch erleben können. Das ist natürlich Quatsch, aber wer so eine Einstellung hat, der ist gefährdet, von Partydrogen abhängig zu werden.

Wenn du auf Partys und Musik abfährst oder auf Partys und Ecstasy, dann vergiss nie, dass Partys nicht das ganze Leben sind, auch wenn es dir im Moment so vorkommt.

Es ist ein schleichender Prozess, in die Drogenabhängigkeit zu rutschen. Wenn du merkst, dass es passiert ist, hast du bereits ein großes Problem. Also solltest du vorbeugen, damit es nicht so weit kommt. Dies funktioniert natürlich am besten, indem du von Drogen ganz die Finger lässt und akzeptierst, dass du eben mal gut drauf bist und mal nicht. Wer sich aber auf das Risiko Droge einlässt, der muss schwer aufpassen, dass ihn die Droge nicht voll krallt und er am Ende ihr Sklave ist, indem er sie immer nehmen muss, weil er sonst mit sich nicht klarkommt. Drogenabhängigkeit zerstört nicht nur deine Gesundheit, sondern damit gleitest du auch sozial ab.

Isabel A. (19): »Auf Pille kam ich mir tierisch genial vor.«

Freitagabend. Isabel hat sich mit Freunden zu einer Party verabredet. Nach dem Frust der Woche will sie abtanzen, für ein paar Stunden alles vergessen. »Einige hatten schon Glückspillen intus, waren so gut drauf, dass ich auch mithalten und nicht müde werden wollte. Damals reichte mir noch eine Pille für zehn Euro. Es war ein irre gutes Gefühl, als ich drauf war. Ich hörte die Musik viel intensiver, hatte meinen inneren Frieden und spürte das pure Glück.«

Ein halbes Jahr später warf Isabel schon fünf oder sechs Ecstasy-Pillen ein. Immer öfter besorgte sie sich auch LSD-Trips. »Damit sah ich auf einmal Dinge, die es gar nicht gab. Da bewegte sich das Frühstück auf meinem Teller, oder das Kreuz auf einem Kirchturm wirkte auf mich überdimensional groß. Zum Glück hatte ich nie einen Horrortrip. Auf Pille kam ich mir tierisch genial vor. Ich wollte gar keinen klaren Kopf mehr haben. Zum Glück hab ich nie gemischt, immer nur eine Sorte Stoff genommen. Weil ich mich so stark fühlte, fuhr ich auch noch Auto. Im Job und daheim gab ich mich als braves Mädchen, sodass keiner etwas merkte. Manchmal schlief ich zwei Nächte gar nicht, fühlte mich topfit. Man braucht auch nichts mehr zu essen, Pillen töten jeden Appetit.«

Wenn Isabels Magen gegen das Gift rebellierte, übergab sie sich kurz und die Party ging gleich weiter. Den Absprung schaffte sie durch einen Jungen, in den sie sich verliebte. Er hatte die Ecstasy-Hölle bereits hinter sich, stellte sie vor die Alternativen: Die Pillen oder ich!

»Ich spürte ja selbst, wie groß meine psychische Abhängigkeit schon war. Ich meinte, ohne Pillen sei das Leben doch nur langweilig und traurig. Meinem Freund zuliebe ging ich erst mal auf keine Partys mehr, brach den Kontakt zur Szene bald ganz ab. Der körperliche Entzug war kein Problem, aber die innere Stärke, zu widerstehen, nicht rückfällig zu werden, war hart. Man gehört nicht mehr dazu, lebt nicht mehr nur von Party zu Party. Das nagt erst mal in dir. Etwa drei Monate dauerte diese unsichere, schwierige Phase. Danach hatte ich noch einen Rückfall, aber dabei fühlte ich mich so mies, dass mir das bestimmt nicht noch mal passiert. Ich weiß jetzt, dass ich mich auch ohne Pillen wohl fühlen und Spaß haben kann. Auf jeden Fall ist mein Magen so geschädigt, dass ich große Probleme damit habe.«

Welche Risiken du mit Ecstasy/XTC eingehst

Timmy (17): »Ich kann es nicht leiden, wenn XTC immer hingestellt wird als die Teufelsdroge, die die Jugend kaputtmacht. Ich weiß selbst, dass das nicht gesund ist, wenn ich Pillen schmeiße. Aber ich tu es trotzdem, lass es mir auch von niemand verbieten und will einfach wissen, wie ich mein Risiko so gering wie möglich halten kann.«

Einen Drogenkonsum ohne Risiko gibt es nicht. Also gibt es auch keinen XTC-Konsum ohne Risiko. Jemand, der Pillen schluckt, zeigt auf jeden Fall seine Bereitschaft, mit Drogen zu experimentieren und entsprechende Risiken einzugehen.

Langfristiger und zu häufiger Konsum von XTC kann möglicherweise zu bleibenden Hirnschäden führen. Es wird vermutet, dass MDMA das Kurzzeitgedächtnis schwächt bzw. verringert. Auftretende Psychosen müssen häufig monatelang in geschlossenen psychiatrischen Krankenhäusern behandelt werden, die Folgebehandlungen können Jahre dauern. Die Veränderungen in Hirn und Psyche treten mal schneller, mal langsamer ein und sind unterschiedlich ausgeprägt. Egal, wie stark diese Schäden sind, sie sind nur schwer – wenn überhaupt – rückbildungsfähig.

Leider ist bisher nur sehr wenig über die **Langzeitfolgen** von regelmäßigem XTC-Gebrauch bekannt, da die Droge erst seit Mitte der 80er-Jahre so eine bedeutende Rolle spielt – und entsprechende Forschungen dauern eben. In Einzelfällen wurde bei andauerndem Gebrauch akute Hepatitis (Gelbsucht) bis hin zu Leberversagen beobachtet. Zusammen mit einem anstrengenden Lebenswandel beeinträchtigt Ecstasy die körpereigenen Abwehrkräfte, sodass Konsumenten viel anfälliger sind für Erkältungen und andere Infektionen. Das größte aller Probleme bei Langzeitgebrauch ist aber – das wird Medizinern immer deutlicher – die irgendwann einsetzende quälende Schlaf- und Ruhelosigkeit, die mit handelsüblichen und verschreibungsfähigen Präparaten kaum oder gar nicht bekämpft werden kann.

Wiederholt kam es in der Vergangenheit im Zusammenhang mit XTC zu **Todesfällen.** Dabei scheinen folgende Faktoren eine Rolle gespielt zu haben: Überhitzung des Körpers und extremer Flüssigkeitsverlust einerseits sowie die Einnahme einer überhöhten Dosis und gleichzeitiger Mischkonsum verschiedener Drogen andererseits. Der Korrektheit halber muss gesagt werden, dass nicht alle Ecstasy-Toten nur Opfer des Konsums von Ecstasy sind, sondern dass in fast allen Fällen zusätzliche Ursachen, vor allem Mischkonsum, eine Rolle spielten. Diese Opfer dann einfach als Ecstasy-Opfer zu bezeichnen ist nicht ganz richtig, auch wenn Polizeistatistiken dies gerne tun. Meist spielt Ecstasy dabei eine Rolle, aber nicht immer die einzige und nicht immer die wichtigste. Dies soll nichts verharmlosen – du hast nun schon einiges gelesen, was du dir und deinem Körper damit antust und dass XTC verdammt gefährlich sein kann –, aber hier soll objektiv informiert und nicht plump dämonisiert werden. Du weißt selbst, dass Ecstasy kein Kinderspiel ist und auch nicht so harmlos, wie manche immer tun.

Beispiel Simone G. (17) aus Ingolstadt:

Die Schülerin feierte kurz vor Heiligabend mit drei Freunden privat Weihnachten. Zuvor hatten sie im Zehnerpack Ecstasy gekauft. Jeder schluckte ein paar Pillen, Simone eine halbe. »Ich hab noch zwei nachgelegt«, soll sie wenig später verkündet haben. In der Nacht erbrach sie sich, dann kippte sie weg, um drei Uhr morgens hörte sie auf zu atmen. Drei Stunden lag sie angeblich ohnmächtig im Wohnzimmer, drei Stunden sollen ihre Freunde versucht haben, sie wieder zu beleben, und erst dann den Notarzt gerufen haben. Eine Freundin: »Ich war nicht dabei, aber ich hätte genauso gehandelt. Die hatten ja alle selbst was genommen und vielleicht Angst, dass jetzt alles rauskommt. Ich glaube, Simone hat da zum ersten Mal Ecstasy eingeworfen, sie war ein bisschen eine Mitläuferin und hat's manchmal übertrieben.« Simones ist nur 17 Jahre alt geworden.

Wenn die Situation tatsächlich so ablief, wie von Freunden geschildert, dann hat Simone zu viel geschluckt. Der Stoff war sauber und enthielt keinerlei Beimischung– und Simone starb trotzdem. Wenn es überhaupt einen Sinn hatte, dass sie starb, dann vielleicht diesen, dass all die, die XTC immer als ungefährliche Glückspille und psychedelischen Partyspaß bezeichnen, damit widerlegt werden. Ecstasy ist kein Spaß, sondern eine Droge, die ins Auge gehen kann. **Du gehst ein echtes Risiko ein, wenn du sie einwirfst.** Ein weiterer Grund, dass die Schülerin sterben musste: Ihre Freunde trauten sich drei endlose Stunden nicht, Hilfe zu holen. Aus Angst, ihr illegaler Ecstasy-Konsum werde aufgedeckt und sie könnten mit Polizei und Eltern in Konflikt geraten. Tödliche Folgen hatte im Fall Simone also nicht nur die Droge, sondern auch ihr Verbot. Nur deshalb wagten die Freunde nicht, den Arzt zu holen ...

Zur Vorbeugung gegen solche Fälle, wie den von Simone G., gibt das Drogenreferat der Stadt Frankfurt am Main folgende Ratschläge:

◊ Geh nicht ohne Freunde aus und nimm kein Ecstasy, ohne dass jemand bei dir ist, zu dem du Vertrauen haben kannst.

◊ Mach dir vorher klar, was du mit der E-Wirkung anfangen willst. Ecstasy wirkt z. B. in Ruhestellung intensiver als beim Tanzen. Berücksichtige dementsprechend die Dosierung. Und vergiss nicht: Der Rausch lässt sich nicht erzwingen!

◊ Leg öfter mal eine Tanzpause ein und gönne deinem Körper etwas Ruhe!

◊ Jede Kopfbedeckung runter, wenn du lange und heftig tanzt, um eine Überhitzung zu vermeiden!

◊ Wenn du dich total in Trance tanzen willst, dann versuche, deine Atmung bewusst zu kontrollieren!

◊ Frischluft tanken! Geh zwischendurch nach draußen und ruh dich aus!

◊ Trink ausreichend Wasser, Säfte oder etwas anderes Alkoholfreies, damit du nicht innerlich austrocknest. Das Trinken von Alkohol erhöht die Gefahr des Austrocknens.

◊ Lass dir Zeit für deine Party! Halte dir das Wochenende frei und verabrede keine wichtigen Termine!

◊ Bevor du eine Pille nimmst, überlege noch mal genau, ob du das nur tust, um vor anderen nicht dumm dazustehen, oder ob du es wirklich willst. Wenn nicht, lass es!

(Quelle: Broschüre »*Partydrogen*«, Drogenreferat der Stadt Frankfurt/Main)

Aus sozialer Sicht berichten viele User, sie hätten durch ihre Erfahrung mit Ecstasy gelernt, auch ohne Drogen Spaß zu haben, zu feiern und ähnliche Glücksgefühle zu empfinden. Für andere ist »die Pille zur Party am Wochenende« leider Standard geworden. Aber wer die ganze Woche nur darauf hin lebt, dass ab Freitagabend Party und Pille angesagt sind, der vernachlässigt Freunde und Bekannte, lässt Hobbys und Job schleifen und kann so in einen gefährlichen Teufelskreis geraten. Deshalb halte unbedingt weiterhin den Kontakt zu Freunden, die nicht auf solche Partys gehen. Gib deine schulischen, beruflichen und Freitzeitinteressen nicht auf! Wer jeden Tag eine Party feiert, für den kann nicht jede Party gleich gut sein.

Wie jeder Kinofilm, den du mehrmals gesehen hast, wird auch Ecstasy irgendwann langweilig. Ein guter Grund, damit aufzuhören. Wenn du trotzdem weitermachst, läufst du Gefahr, den »point of no return« zu überschreiten. Du gehst dann nicht nur das Risiko ein, dich psychisch abhängig zu machen und bei Dauerkonsum von Ecstasy in Depressionen zu fallen. Du denkst vielleicht auch, du müsstest dir jetzt mehr E's oder andere Drogen reintun. Das wäre fatal. Denn durch **Mischkonsum** begibst du dich in unkalkulierbare Gefahren.

Manche haben keine Bedenken, mit Cannabis, Benzos oder anderen synthetischen Drogen herumzuexperimentieren um von Ecstasy runterzukommen und sich zu beruhigen. Sogar das überaus suchtträchtige Heroin wird immer öfter auf Folie geraucht. All das ist absolut uncool, macht dich fertig und wird dir langfristig in irgendeiner Form schaden. Die Wirkungen der verschiedenen Drogen können sich potenzieren und der Trip kann einen völlig unerwarteten Verlauf nehmen. Wer aufputschende und beruhigende Stoffe gleichzeitig nimmt, setzt sich auch stets der Gefahr eines Kreislaufzusammenbruchs und unkalkulierbarer Wechselwirkungen aus. Drogenkombinationen belasten Körper und Geist weitaus mehr als eine einzelne Droge das schon tut.

Sind alle Besucher von Techno-Clubs drauf? Oder: Wer nimmt überhaupt Ecstasy?

Nadja (15): »Die meisten, die ich kenne, nehmen Ecstasy auf privaten Partys. Die Clubs und die Technomusik gehen nämlich nicht nur mir voll auf den Geist.«

Weil XTC in Europa zunächst in der **Technoszene** große Verbreitung fand, wurde es auch lange als Technodroge bezeichnet. Doch längst

nicht alle, die zu Techno-Partys gehen und dort ihren Spaß haben, sind auf Ecstasy. Viele haben Riesenspaß gänzlich ohne Drogen. Dennoch dürften Technopartys bis heute das häufigste »**Setting**« für den Konsum von XTC sein.

Seit ihrem Entstehen hat sich die Technoszene sehr verändert. Aus einer kleinen Avantgarde ist eine der größten Jugendbewegungen geworden. Von einer geschlossenen Szene kann kaum noch gesprochen werden. Techno ist inzwischen ein weiter Oberbegriff für eine Vielzahl von Musikstilen und den dazugehörigen Subszenen geworden.

Techno ist aber nicht nur elektronische Musik, sondern weit mehr: Es ist in erster Linie Party- und Erlebniskonzept. Dekoration, Beleuchtung, Location, aber vor allem die richtigen Leute sind für eine Technoparty ebenso wichtig wie ein guter DJ mit Feingefühl für die Stimmungen auf der Tanzfläche. Erst in diesem Rahmen entfaltet sich die Party als Ort der Begegnung mit interessanten Leuten, als Raum zum Tanzen bis zur Ekstase.

Der Anstieg bei Antriebs- und Leistungsdrogen wie Ecstasy ist symptomatisch für unsere moderne Zeit. »Synthetische Drogen«, so der Bielefelder Soziologe Klaus Hurrelmann, »vermitteln die Illusion, man könne die Wirkung genau kontrollieren. Und deshalb passen sie so wunderbar in unsere Leistungsgesellschaft, die verlangt, im richtigen Moment fit, dynamisch und gut gestimmt zu sein.« Während Haschisch eher den Rückzug ins Innere bewirkt und zu der Verweigerungshaltung der Hippies und Freaks gegenüber der Gesellschaft passte, kommen die Amphetamine, die in XTC enthalten sind, dem heutigen Zeitgeist scheinbar viel mehr entgegen: immer fit sein, immer gut drauf sein, zu allen nett sein können, nicht müde werden und ohne mit der Wimper zu zucken, die Nächte durchmachen.

Nino R. (17): »Erst XTC, dann Koks, dann Rosch ...«

»Party, Party!«, hieß das Motto von Nino und seiner Freundin Paula (16), seit sie 14 und er 15 war. Die zwei fieberten bereits am Montagmorgen wieder dem Wochenende entgegen. »Wir waren total wild auf Techno-Partys«, sagt er. »Irgendwann bot uns dann jemand Pillen an. Ich wollte auch Paula was davon abgeben, aber sie hatte kein Interesse, warnte mich noch davor. Sie sagte, dass so viele Techno-Fans keine Drogen nehmen und wir das auch nicht tun müssten. Es wäre doch auch ohne ganz lustig und spaßig. Leider hörte ich nicht auf sie und hatte bald nichts mehr unter Kontrolle.

Der Kick, den ich verspürte, nachdem ich Ecstasy eingeworfen hatte, war so toll, dass ich die Dosis schnell steigerte. Ich fühlte mich frei, topfit und hätte die Welt umarmen können.»

Paula blickt zurück: »Ich hatte kaum noch Einfluss auf Nino. Er pumpte mich um Geld an, weil er den Stoff nicht mehr finanzieren konnte. Eine Pille kostet immerhin zwischen zehn und fünfzehn Euro. Er brauchte bald um die 20 Stück pro Woche, sah fliegende Äpfel und lachte sich darüber krank. Mir wurde er fremd, und er umgab sich auch immer mehr mit anderen Drogenfans als mit mir. Unser Verhältnis bröckelte auseinander.«

Bald kannte Nino nur noch User. »Sie waren drauf wie ich«, sagt er. »Ich hatte keinen müden Punkt mehr. Montagfrüh nach durchtanzten Wochenenden nahm ich Kokain, um wieder auf die Beine zu kommen. Das putschte mich wieder voll hoch. Aber wenn diese Wirkung nachließ, war es abartig. Da ging's mir dann voll mies. Um das nicht zu spüren, schmiss ich diverse Roschs ein, Rohypnol also. Ich konnte nicht mehr zur Schule gehen, flog raus. Meine Eltern haben ein Geschäft und hatten nie viel Zeit für mich. Sie merkten gar nicht richtig, was mit mir abging. Paula redete immer wieder mal auf mich ein, aber was sie sagte, wollte ich nicht hören. Um an Kies zu kommen für meine Pillen, habe ich das Zeug anderer, das die in ihren Privatlabors fabrizierten, verhökert. So verdiente ich manchmal an einem Abend ein- oder zweitausend Euro.«

Paula erinnert sich: »Einmal kam er noch, ließ dann eine Tüte mit Ecstasy-Pillen bei mir liegen, und dann hat's mir gereicht. Ich wollte und will damit nichts zu tun haben. Nino zappelte auch nur noch herum, man konnte gar nicht mehr mit ihm reden. Ich kann bis heute nicht begreifen, dass er, der früher mit Drogen null im Sinn hatte, sich in so eine Nummer reingeritten hat. Schade, weil ich ihn wirklich gern hatte.«

In der Zwischenzeit wohnt Nino ganz bei seinem Pillendealer. »Meine Eltern wollen mit mir auch nichts mehr zu tun haben, Paula ist weg, was habe ich denn noch?«, fragt er. »Wenn ich mich nicht volldröhne, kann ich das alles doch gar nicht ertragen.«

Ecstasy: Wenn dich die Polizei damit erwischt

Katy (15): »Ich nehme nur selten Ecstasy, und wenn, dann auch nur wenig. Manchmal hebe ich mir die Pille auf, wenn ich dann doch keine Lust mehr habe, sie zu nehmen und auch so meinen Spaß habe. Könnte ich deswegen Probleme mit der Polizei bekommen?«

Da Besitz, Erwerb und Handel von Ecstasy strafbar sind, wäre Katy bei einer Razzia fällig, sofern ihre Pille entdeckt wird. Auch wenn es dir nicht bewusst ist, musst du wissen, dass du gegen das Gesetz verstößt, wenn du Pillen einwirfst. Den meisten Usern fehlt in diesem Punkt jedes Unrechtsbewusstsein, sodass sie völlig überrascht sind, wenn sie es mit der Polizei zu tun bekommen und sich falsch verhalten. Wenn du kontrolliert wirst, dann bleib ruhig, gerate nicht in Panik, auch wenn du drauf bist. Der Konsum von Ecstasy ist nicht strafbar. Wenn du noch Pillen irgendwo bei dir hast, dann schluck sie keinesfalls runter, um sie zu verstecken. Auf diese Weise könntest du dir eine gefährliche Überdosis einfangen – und das ist eine Polizeirazzia nicht wert. Deine Gesundheit kommt an erster Stelle. Wenn du dich ungerecht behandelt fühlst, sag den Polizisten das, aber bleib cool und höflich – sonst machst du dich strafbar.

Du musst der Polizei bei einer **Kontrolle** nur deinen Namen, Geburtsdatum und Adresse sagen. Am besten ist es, du hast einen Ausweis bei dir. Ansonsten kannst du bis zu zwölf Stunden festgehalten werden. Zweckmäßig ist es in so einem Fall, die Rufnummer eines Rechtsanwalts und etwas Kleingeld fürs Telefon dabei zu haben. Wenn du **konkret verdächtigt** wirst, Drogen zu besitzen, gekauft oder weiterverkauft zu haben, dürfen die Polizisten dich auch durchsuchen. Dagegen kannst du nichts machen. Auch Fingerabdrücke und eine Blutprobe sind zulässig. Wirst du vorgeladen, solltest du mit einem Anwalt besprechen, ob du zur Polizei hingehst oder nicht. Du musst der **Vorladung** nicht Folge leisten.

Auch wenn du **beschuldigt** wirst, hast du noch Rechte. Eines ist, dass du die Aussage verweigern kannst. Die Polizei muss dich über das, was dir vorgeworfen wird, vor der Vernehmung aufklären. Sie hat die Pflicht, dir zu sagen, dass du dich zu den Beschuldigungen äußern, aber dass du auch schweigen kannst. Hör nicht auf die Versprechungen von Ermittlern, die dir sogenannte »Angebote« machen, die sie ohnehin nicht einhalten können, weil dies nämlich gesetzeswidrig ist. Wenn du voll drauf oder müde bist, darfst du nicht vernommen werden. Lass dich zu nichts hinreißen! Manche Beamte ignorieren diese Vorschrift, weil Leute auf Drogen oft besonders redselig sind. Besteh auf deinem Recht, einen Anwalt hinzuziehen.

Wirst du als **Zeuge** vernommen, kannst du die Aussage verweigern, wenn du dich dadurch selbst belasten würdest. Auch wenn es um enge Verwandte oder Verlobte geht, musst du nicht aussagen. **Deine Wohnung oder dein Zimmer** dürfen nur durchsucht werden, wenn die Polizei einen richterlichen Durchsuchungsbefehl vorweisen kann oder bei »Gefahr im Verzug«. Sie muss dir erklären, worum es geht. Du hast das Recht, bei der Durchsuchung dabei zu sein, musst den Beamten dabei aber nicht helfen. Du kannst währenddessen deinen Anwalt anrufen.

Vorläufig festgenommen kannst du werden bei »Gefahr im Verzug«, bei Flucht- und Verdunkelungsgefahr sowie bei dringendem Tatverdacht. Die Gründe für eine Festnahme müssen dir genannt werden. Kurzum: Trage immer einen Ausweis bei dir, rufe im Notfall einen Anwalt und schweige! Wer noch keine Vorstrafen hat und mit »geringer

Menge« erwischt wird, muss im Falle wiederholter Straftaten in der Bewährungszeit auch mit Haft rechnen. Wie hart oder milde ein Gericht urteilt, hängt auch immer vom jeweiligen Bundesland ab.

Leider konzentrieren sich die polizeilichen Aktivitäten immer noch in erster Linie auf Konsumenten und Kleinstdealer, die handeln, um ihren Eigenbedarf zu sichern. Die Produzenten und der Großhandel sind so professionell organisiert, dass die Behörden kaum rankommen. Also halten sie sich an die Kleinen, die Elendsgestalten und Probierer. Immer wieder werden am Eingang zu Partys öffentlich unwürdige und demütigende Leibesvisitationen durchgeführt, die kaum etwas bringen, aber abschreckend wirken sollen. Viele schlucken aus Angst, ertappt zu werden, die mitgebrachten Pillen vorher schnell runter, was hochgefährlich ist. Oder sie kaufen drinnen bei Dealern zu überhöhten Preisen miese Qualität, was ebenfalls große Schäden anrichten kann. In den Niederlanden dagegen warnt die Polizei die Szene, wenn sie Informationen über gefährlich hoch dosierte und unsaubere Pillen hat.

Als Ecstasy 1986 zur illegalen Droge wurde, war diese Pille noch Sache von Szeneinsidern. Erst nach dem Verbot kam der große Boom. Was nicht erlaubt ist, ist eben doppelt interessant. Auch dieses Beispiel zeigt deutlich, dass die reine Verbotspolitik gescheitert ist. Oder welche Bedeutung und Wirkung hat ein Verbot noch, wenn es ohnehin ignoriert wird?

Der Abschiedsbrief von Ralf Lodl (✝20):
»Lieber tot als verrückt !«

Seine Eltern leiden bis heute und das wird sich wohl auch nie ändern. Sie werden im Laufe der Zeit lernen, damit zu leben, dass ihr Sohn Ralf an Drogen starb, aber ihr Schmerz wird bleiben. Harry Lodl (64), Ralfs Vater: »Wir hatten keine Ahnung, dass unser Sohn so etwas nahm. Er hatte alles, spielte gut Tennis, sah prima aus. Wir wären nie auf die Idee gekommen, dass er sich mit irgendwelchen Tabletten vollpumpt. Seine Freunde, seine Lehrer niemand sagte uns was, obwohl sie Bescheid wussten. Jetzt ist es zu spät, Ralf ist tot.«

Ralf fuhr im Sommer mit Freunden von Duisburg nach Berlin zur Loveparade. Als er zurückkam, ging er sofort zum Arzt. Wie seine Eltern später erfuhren, wollte er Beruhigungstabletten haben, um von seinem Speed-Trip runterzukommen. Der Arzt schickte ihn in die Klinik. Dort schrieb Ralf auf, in welcher Drogenmühle er sich schon befand und wie er hineingeraten war. Er hatte Angst, da nicht mehr rauszukommen. Hier im Original Ralfs Aufzeichnungen – die Notizen eines unbescholtenen Jungen, der nur mal probieren wollte und am Ende Opfer der Droge wurde. Notizen, die nachdenklich stimmen.

»Es war ein ganz normaler Samstagabend. Es schien alles so zu laufen wie an den Wochenenden in den letzten vier Jahren. Wir trafen uns alle um 21 Uhr bei mir, um uns auf den Discoabend einzustellen. Zuerst hörten wir uns die beiden neuen Mixtapes von Bernie an, die ziemlich gut waren und uns zum Tanzen mitrissen. Dabei wurden auch einige Erlebnisse der letzten Tage und Wochen ausgetauscht. Danach spielte ich einen selbst gemachten Track vor, der nicht auf ungeteilte Zustimmung stieß, aber trotzdem noch mal alle zum Tanzen bewegte. Jetzt war es ein Uhr, und wir machten uns auf den Weg. Die Party war schon voll in Gang, als wir um zwei Uhr ankamen. Es waren auch viele Leute dort, die ich zuvor nicht gesehen habe. Unter anderem eine alte Freundin. Ich wusste, dass sie mittlerweile Pille schmeißt. Meine Neugier, die Droge auszuprobieren, war groß. Bis zu diesem Tag war meine Angst, von fremden Dealern über den Tisch gezogen zu werden, jedoch größer gewesen. Durch meine Bekannte kam ich dann an Teile, die gut seien, wie sie mir versicherte. Sie selbst nähme sie auch.

Ich war begeistert. Alles schien wie ein Traum zu sein. Von diesem Tag an nahm ich regelmäßig Pillen. Meine Vorstellung über die Szene und die Konsumenten veränderte sich schlagartig. Ich dachte, die Menschen, die Pillen nehmen, sind Leute mit Verantwortung und Verstand, die eben am Wochenende eine Riesenparty feiern und unter der Woche dem Alltag folgen. Aber so war es nicht. Beim zweiten Hinschauen waren es Menschen mit Problemen, die am Wochenende mit Drogen verdrängt wurden. Diese Leute setzten sich mit ihren Problemen nicht auseinander, sondern versuchten, sie zu vergessen. Wenigstens für acht Stunden. Aber der Grund, warum die Leute die Pillen nahmen, war mir egal. Ich hatte auch Probleme und war froh, darüber nicht nachdenken zu müssen. Die Verharmlosung der Glückspille machte mir kein schlechtes Gewissen, jedes Wochenende zu schmeißen. Sechs Monate lang.

An diesem speziellen Wochenende wollte ich alles geben. Jeder hatte sechs Teile dabei, um darauf zu feiern wie verrückt. Die Hinfahrt war anstrengend. Wir fuhren zehn Stunden, bis wir im Hotelzimmer lagen. Immer noch aufgedreht von der langen Fahrt und dem bevorstehenden Ereignis lagen wir bis fünf Uhr früh wach und unterhielten uns. Um zehn Uhr wurden wir aus den Zimmern geschmissen und machten uns auf den Weg in die Innenstadt. Der Ernst-Reuter-Platz war mit Menschen übersät. Alle warteten auf den Beginn der Love-Parade. Auch unsere Erwartungen wurden immer größer. Als die Trucks, von denen die Musik hallte, an uns vorbeifuhren, lief es uns allen kalt den Rücken runter.

Um unsere Freude zu steigern, nahmen wir die erste Pille. Als sie ankam, tanzten wir umso mehr. Von 15 Uhr bis 17 Uhr wurde nur getanzt. Danach setzten wir uns in den Tiergarten und nahmen die zweite Pille. Nach einer halben Stunde ging es weiter. Wir lernten noch einige Leute kennen, mit denen wir nach der Parade feiern wollten. Um 24 Uhr war dann die Parade vorbei und wir fuhren in eine Disco, in der es mit einigen neuen Freunden weitergehen sollte. Um zwei Uhr dort angekommen, nahm ich die dritte Pille. Der Abend endete hervorragend um zehn Uhr morgens. Nun mussten wir uns eine Schlafgelegenheit suchen, da das Hotel für uns nicht mehr erschwinglich war. Wir hatten ein Zelt für vier Personen, in dem wir auf einem Campingplatz schlafen wollten. Da wir uns in Berlin nicht auskannten, dauerte die Suche etwa vier Stunden. Wir kamen erst um 16 Uhr ins Bett. Geschlafen haben wir nicht lange. Um 18 Uhr wurde geduscht, um frisch weiterzufeiern. Um 22 Uhr nahm ich für Sonntag zwei Pillen, die auch meine letzten sein sollten. Dies war mir zu diesem Zeitpunkt jedoch noch nicht bewusst.

An der Spree war eine Outdoor-Party, auf der wir feierten. Montagmorgen um fünf Uhr waren wir dann wieder auf dem Campingplatz. Immer noch aufgedreht rauchten wir noch einen Joint, um runterzukommen. Um sieben Uhr morgens bekamen wir auf einmal Panik. Ich hatte die Kontrolle verloren und wollte einen Krankenwagen rufen, da ich dachte, man hat uns Rattengift verkauft. Meine Freunde beruhigten mich, obwohl es einem auch noch schlecht ging. Aber die Schmerzen in meinem Kopf waren zu schlimm, als dass ich mich einfach hätte hinlegen können. Schließlich fuhren wir bis zehn Uhr in der Stadt herum, um auf andere Gedanken zu kommen. Schlecht ging es uns aber immer noch. Wir schliefen eine Stunde lang, und ich wachte immer noch mit einem schlechten Gefühl auf. Ein Freund und ich, wir wussten, dass etwas nicht stimmte. So schnell wie möglich packten wir unser Zelt ein und machten uns fertig. Wir aßen noch was und fuhren um 16 Uhr los. Die Rückfahrt nach Duisburg verlief reibungslos. Wir fuhren zwar bis zum nächsten Morgen durch, aber psychisch ging es mir wieder besser. Zu Hause legte ich mich gleich hin.«

Hier brach Ralf seine Aufzeichnungen ab. Er wurde schon nach ein paar Tagen wieder aus dem Krankenhaus entlassen. Doch er sah keinen Ausweg mehr. Die Drogen hatten ihn schon zerstört. Er beschloss, dass er nicht mehr weiter leben wollte. Er starb in den Armen seines Vaters und hinterließ seinen Eltern (und vielen Partyfreaks) folgenden Abschiedsbrief:

Liebe Mama, lieber Papa!

Mein seelischer Schmerz ist unerträglich geworden. Ich erlebe alle Gefühle viel stärker, sowohl Leid als auch Glück. Gegen »Leid« konnte ich ankämpfen. Gegen Glück aber kann ich nicht kämpfen und wenn ich glücklich bin, ist es so intensiv, dass mir mein Körper schmerzt und ich nicht mehr klar denken kann. Ich verliere den Verstand. Mein Leben ist nicht mehr lebenswert, da die Ziele, die ich mir gesteckt habe, nicht mehr zu erreichen sind. Schuld daran waren die Drogen. XTC, LSD, Speed und alles andere wird von den meisten unterschätzt. Wenn ich gewusst hätte, dass dies passieren kann, hätte ich nie damit angefangen. Ihr seid nicht schuld daran. Wenn ihr mir einen Gefallen tun könnt, dann übersteht ihr meinen Tod. Denn mein Tod ist das Beste für mich. Jetzt müsst ihr stark sein. Meine Kraft geht zu Ende. Ich bin lieber tot als verrückt.

Euer Ralf

Andere synthetische Drogen und Partydrogen in der Übersicht

Celine (17): »Ich habe gehört, dass Speed viel schlimmer sein soll als Ecstasy und auch furchtbare körperliche Schäden anrichtet. Stimmt das?«

Als **Speed** (Amphetamin) bezeichnet man Aufputschmittel, die meist als weißes, kristallartiges Pulver angeboten werden und durch Überdosierungen und Dauergebrauch zu vielen gesundheitlichen Schäden führen können. Speed wird geschluckt, gesnieft oder selten gespritzt. Es hält wach, vermindert den natürlichen Ermüdungsprozess und steigert vorübergehend die Leistung, indem die körpereigenen Schutzmechanismen wegfallen. Zudem erzeugt es Euphorie, um gut funktionieren zu können und die Leistungsfähigkeit zu erhöhen.

Speed gibt es schon lange, es hat alle Trends überlebt. Es ist eine Droge, die völlig unterschätzt wird. Dabei sind die Risiken und gesundheitlichen Schädigungen durch Speed ganz enorm. Es gehört mit zu den schädlichsten Stoffen, die in der illegalen Drogenszene herumschwirren. Auf Dauer eingenommen, führen Amphetamine zu Unrast und Schlaflosigkeit, wobei auch Wahnvorstellungen auftreten können. Der Bezug zur Realität geht verloren. Wegen der inneren Unruhe werden oft Schlafmittel (z. B. »Benzos« – Benzodiazepine) eingenommen. Bereits bei einmaligem zu hoch dosiertem Gebrauch kann es zu einer Amphetamin-Psychose kommen, die nur schwer zu heilen ist.

Auch Lungenhochdruck und Kreislaufschädigung können dem Konsumenten zu schaffen machen. Durch die blutdrucksteigernde Wirkung erhöht sich die Gefahr von Schlaganfällen.

Besonders hoch ist auch das Risiko der unkontrollierbaren Rauschintensität und -dauer sowie der Nebenwirkungen, weil Reinheitsgrad und Zusammensetzung bei illegalen Drogen fast nie bekannt sind. Amphetamine werden häufig anderen Drogen zur Wirkungsverstärkung beigemischt. Vor allem Party-Freaks werfen Speed oft noch zusätzlich zu Ecstasy ein, um nachts fit zu bleiben und durchzutanzen.

Dabei machen sie immer wieder den Fehler, sich auch noch überzudosieren und sind noch wach, wenn die Party zu Ende ist. Du solltest wissen, dass der Schlafentzug und die physische Belastung bei Dauertanzen in zumeist schlechter Luft – und noch zusammen mit Ecstasy-Konsum – deinem Körper extrem zusetzt. Wenn du denkst, du könntest einen Konditionsverlust mit Speed ausgleichen, dann kannst du dich gleich darauf einstellen, dass dir ein großer körperlicher und psychischer Zusammenbruch bevorsteht.

Speed zehrt deinen Körper ungeheuer aus. Viele nehmen leider am Beginn eines Wochenendes mehr als zwei »Lines« (eine »Line« ist eine kleine Portion, die durch die Nase gesnieft wird) und legen im Laufe des Wochenendes immer wieder nach – später wundern sie sich dann, dass am Sonntagabend oder Montagmorgen Husten, Heiserkeit und schlimme Depressionen kommen. Drei Tage ohne Schlaf, aber auf Speed, das haut dich ziemlich sicher um. Mach dir bewusst, dass bereits durch das intensive Tanzen zu schneller, rhythmischer Musik und durch die optische Reizüberflutung die Produktion deiner körpereigenen »Drogen« wie Adrenalin, Noradrenalin und Dopamin enorm steigt. Wer dazu noch das aufputschende Ecstasy nimmt, geht bereits ein Risiko ein. Gibst du dir Speed dazu, erhöht es sich um ein Vielfaches, die Wirkung von Ecstasy wird von Speed gekillt, und du versetzt deinen Körper in Dauerstress.

Keine andere Droge wird so oft mit anderen Drogen kombiniert wie Amphetamine. Wer Speed nimmt, spürt die Wirkung von Alkohol kaum noch und trinkt deshalb mehr und mehr. Obwohl stark alkoholisiert, setzen sich manche dann noch ans Steuer. Das ist unverantwortlich. Zusammen mit Alkohol kann Speed zu einem so schweren Rausch führen, dass der Konsument total die Kontrolle über sich verliert und in einen Zustand von Geistesabwesenheit gerät.

Dealer strecken Speed zumeist, sodass du am Ende einer Party-Tour durchs Wochenende eine Reihe von Giften in deinem Körper hast, mit denen er nicht fertig wird. Mach dir klar, dass die Abbauprodukte von Speed sehr lange im Körper bleiben, obwohl du gar nichts mehr von der Wirkung spürst! Speed ist eine Rauschsubstanz mit absolut auszehrender und zerstörerischer Wirkung für deine Gesundheit und Psyche.

Die Warnung »Speed kills« hat also durchaus ihre Berechtigung. Wer auf Speed ist, überschätzt sich auch sehr leicht, wird übermütig und waghalsig. Die Folge können Unfälle sein, vor allem im Straßenverkehr. Ein »Bad Trip« kann Suizidgedanken auslösen und den User so weit bringen, dass er etwas tut, was nicht mehr rückgängig zu machen ist.

Die **psychische Abhängigkeit** bei Speed kann ein sehr hohes Maß erreichen. Die körperliche Abhängigkeit ist dagegen gering. Eine akute Amphetaminvergiftung ist lebensbedrohlich, es sollte sofort der Notarzt gerufen werden. Erhöhte Temperatur, Zittern, rasender Puls und Brechreiz sind Zeichen einer solchen Vergiftung. Dazu können Hirnblutungen mit plötzlich auftretenden halbseitigen Lähmungen kommen, starke Kopfschmerzen und beginnende Bewusstlosigkeit. Amphetamine sind nicht nur auf dem Schwarzmarkt zu haben, sondern auch verschreibungsfähige Medikamente, die aber zum Großteil dem Betäubungsmittelgesetz unterliegen.

»Methamphetamin«, auch »Crystal Meth«, »Crystal« oder »Meth« genannt, ist aus der amerikanischen Fernsehserie »Breaking Bad« bekannt. Auch die »Faces of Meth«-Kampagne, die von Polizisten in Oregon ins Leben gerufen wurde, hat sich im Internet weit verbreitet. Bei dieser Droge handelt es sich um ein sehr intensiv wirkendes Amphetamin, das geschnupft, geraucht, manchmal auch gespritzt wird. Die Wirkungen und vor allem Nebenwirkungen ähneln dem herkömmlichen Amphetamin sind aber sehr viel stärker. Je nach Menge und Art des Konsums kann die Wirkung zehn bis 36 Stunden anhalten.

Der Konsument fühlt sich dann extrem wach, leistungsfähig und euphorisch, hat keinen Hunger oder Durst mehr. Wenn die Wirkung nachlässt trifft es den Süchtigen noch härter, als bei anderen Amphetaminen: Plötzlich fühlt er sich unglaublich schwach, müde und erschöpft. Dieser Wechsel – einerseits das riesige Leistungsgefühl, andererseits die absolute Erschöpfung – ergibt auch das ganz besonders hohe Suchtpotential von Crystal Meth. Manche Süchtigen schlafen nur wenige Stunden pro Nacht oder sie bleiben zwei oder drei Tage lang wach und schlafen dann aus Erschöpfung einen ganzen Tag lang durch, ehe sie sich die nächste Line reinziehen um wieder »auf die Piste« zu gehen. Die Liste der Nebenwirkungen ist lang. Schon bei gelegentlichem Konsum kann es zu Magenentzündungen und -geschwüren, Herzrhythmusstörungen, Schlafstörungen, juckenden Hautauschschlägen und paranoiden Wahnvorstellungen kommen. Die Gefahr von, in manchen Fällen auch tödlichen, Kreislaufkomplikationen und bleibenden Nervenschäden ist schon bei einmaligem Konsum gegeben.

Bei dauerhaftem Gebrauch kann sich schon nach einigen Monaten ein Bild starken körperlichen Verfalls einstellen: Abmagerung, Zahnausfall, Nierenschäden, Konzentrations- und Gedächtnisstörungen, Ängste und Depressionen, bis hin zu Psychosen.

Bislang hat sich diese Droge in Deutschland noch nicht sehr weit verbreitet, in den Landesteilen an der tschechischen Grenze jedoch hat sich in den letzten Jahren ein blühender Schwarzmarkt entwickelt und »Crystal« wird dort zu einer echten Problemdroge. Seit 2009 verzeichnen die sächsischen Suchtberatungsstellen einen starken Anstieg der Fälle von Methamphetamin-Abhängigkeit. 2011 hatten schon 41% der Ratsuchenden Probleme mit Methamphetamin. Cannabis und Opioide brachten es dagegen nur auf jeweils 26%.

Crystal ist kein Party-Spaß, sondern eine echte Gefahr. Die extrem starke Belastung der Nerven und des Herzmuskels ist einfach zu viel für Körper und Seele. Die Erfahrungen der Suchtberatungsstellen zeigen das deutlich.

Lachgas wird seit Anfang 1997 in Luftballons, Plastiktüten oder Kondome abgefüllt, für rund zwei Euro fünfzig als Partyspaß verkauft und inhaliert. Der Ballon wird an den Mund angesetzt, der Inhalt in die Lunge aufgenommen. Meist wird das Gas nur wenige Sekunden, höchstens eine Minute inhaliert. Wer dies länger tut, riskiert einen gefährlichen Sauerstoffmangel und Bewusstlosigkeit.

Lachgas dämpft das Schmerzempfinden und wurde früher z. B. von Zahnärzten zur Betäubung verwendet. In der Partyszene wird es als Droge gebraucht, weil es ein kribbelndes Körpergefühl verursacht und zu leicht gehobener Stimmung und Benebelung führt. Dieser Effekt dauert nicht lange, stellt sich aber schnell ein und kann einen intensiven Rausch hervorrufen. Durch die kurze Dauer ist dieser Rausch leicht steuerbar. Kurzfristig kann es zu emotionalen Überreaktionen kommen, sodass der Konsument unangemessen hysterisch reagiert. Auch alle Sinneswahrnehmungen und das Schmerzempfinden werden durch Lachgas verändert. Unter der Gaseinwirkung sind Intellekt, Gedächtnis und Konzentrationsvermögen stark eingeschränkt. Von den Rauscherlebnissen bleiben oft keinerlei Erinnerungen zurück.

Nebenwirkungen und Risiken des Lachgasgebrauchs ohne Beimischung von Sauerstoff: Übelkeit bis zum Erbrechen. Lachgas kann auch den Gehirndruck erhöhen, was tödliche Folgen haben kann. Es senkt außerdem die Krampfschwelle und kann daher zu Krampfanfällen führen. Wer zu viel inhaliert, d. h. den Ballon nicht rechtzeitig absetzt, der läuft Gefahr, plötzlich umzukippen. Das kommt daher, dass die Konzentration von Sauerstoff abnimmt, sich aber die Konzentration von Kohlendioxid im Blut erhöht. Lachgas kann auch die Blutbildung vermindern und nicht selten depressive Verstimmungen verursachen.

Bei langfristigem und andauerndem Inhalieren von Lachgas sind bisher einige psychische und körperliche Störungen aufgetreten, über die aber noch nicht viel bekannt ist, da die Droge in dieser Form als »Partyspaß« zu neu auf dem Markt ist. Das bedeutet aber nicht, dass Lachgas harmlos ist, auch wenn es eine legale Droge ist. Die körperliche Abhängigkeit ist wahrscheinlich gering, die psychische ist noch unklar, aber auch eher gering.

Poppers sind zwar verboten, aber auf Partys, in Tanztempeln und Sex-Shops leicht erhältlich. Poppers werden in kleinen Fläschchen verkauft und beim Tanzen oder beim Sex geschnüffelt. Wer die Dämpfe inhaliert, erlebt einen euphorischen Rausch von etwa einer Minute. Poppers wirken stimulierend, enthemmend. Ursprünglich waren Poppers ein Medikament für Herzkranke, der Wirkstoff ist das Nitrit.

Was Poppers gefährlich macht: Die Erweiterung der Blutgefäße kann den Herzschlag verändern und zu Kopfschmerzen führen, es kann auch zu einem Kreislaufkollaps und Bewusstlosigkeit kommen. Da durch den Konsum von Poppers der Sauerstofftransport im Blut vermindert wird, sind vor allem Menschen mit geschwächter Lungenfunktion enormen Risiken ausgesetzt. Wer Poppers verschluckt, erleidet eine Vergiftung und bringt sich in Lebensgefahr.

Energy Drinks sind klebrig-süße Muntermacher, die in der Partyszene reißenden Absatz finden und gesetzlich erlaubt sind. Aber auch viele Kinder stehen auf die vielen verschiedenen zuckersüßen Drinks, deren Zusammensetzung sehr ähnlich ist: Süßstoffe, Vitamine, Guarana und Koffein.

Guarana ist eine Schlingpflanzenart, die in Südamerika wächst. Aus den Samen stellen die Indios eine Paste her, die als Grundlage für ein Getränk dient. Einheimische sagen diesem Getränk eine stimulierende Wirkung nach.

Die Früchte der Guaranapflanze werden zunächst geröstet, dann zu Pulver gemahlen. Dieses Pulver enthält als Hauptwirkstoff Koffein. In Europa findet Guarana vorwiegend in Energy Drinks und Süßigkeiten Anwendung.

Guarana hebt die Stimmung, macht wach und steigert den Antrieb. Das Koffein, das hier etwas anders gebunden ist als bei Kaffee, verbessert – in Maßen genommen – die Konzentrations- und Leistungsfähigkeit. Höhere Dosierungen führen zu Unruhe, Nervosität, Übelkeit, Schwindel und Schlafstörungen. Erfahrungen mit dem vergleichbaren Kaffee lassen den Schluss zu, dass Guarana – also Energy Drinks – für den Körper weitgehend unschädlich sind. Das Abhängigkeitspotenzial, psychisch wie physisch, ist sehr gering.

Die begehrten Party-Wundersäfte haben Namen wie z. B. Monster, Rockstar, Relentless oder Red Bull. Es soll über 120 verschiedene Sorten geben. Red Bull ist wohl das bekannteste Getränk, das neben Guarana und Koffein auch noch Taurin enthält. Taurin wurde im letzten Jahrhundert erstmals aus der Galle kastrierter Stiere gewonnen. Daher auch der Name des Drinks und das hartnäckige Gerücht, es enthalte Bullenhormone, was aber nicht stimmt. Zusammen mit Ecstasy oder Amphetaminen ist die Wirkung von Koffein, das in den Drinks enthalten ist, besonders stark und lang anhaltend. Vergiss nicht: Dein Körper ist nicht für durchgehende Action geschaffen. Mute ihm nicht zu viel zu, er rächt sich sonst. So ein Energy Drink allein kann dich vielleicht schon so gut in Fahrt bringen, dass du gar kein XTC oder eine andere Pille mehr brauchst.

»Liquid Ecstasy« hat nur dem Namen nach etwas mit Ecstasy zu tun. Der Stoff, der eigentlich 4-Hydroxybutansäure heißt, kurz **GHB**, ist ein Narkosemittel, das vor allem bei Geburten Anwendung findet, da es vom ungeborenen Kind nicht aufgenommen wird. Auf dem Schwarzmarkt wird es meist in flüssiger Form, in kleinen Fläschchen angeboten.

In niedrigen Dosen wirkt es angstlösend, euphorisierend, aphrodisierend und steigert das Selbstbewusstsein. Bei höheren Dosen wird die Kontrolle über die Körperbewegungen eingeschränkt, ähnlich, wie bei Alkohol und es stellt sich eine dämpfende, schläfrigmachende Wirkung ein. Kopfschmerzen, Krämpfe, Übelkeit und Erbrechen können auftreten. Bei einer Überdosis fällt der Konsument in einen narkotischen Schlaf, aus dem er kaum noch zu wecken ist. Bei Überdosierung oder in Kombination mit Alkohol oder anderen beruhigenden Stoffen wie Benzodiazepinen oder Opiaten besteht außerdem die tödliche Gefahr, dass die Atmungsfunktion aussetzt. Bei häufigem Gebrauch entsteht körperliche und psychische Abhängigkeit, vergleichbar den Benzodiazepinen. Der Entzug dauert meist ein bis drei Tage und geht mit Schweißausbrüchen, Übelkeit, Zittern, Angst und Schlaflosigkeit einher.

Es wurde von einzelnen Fällen berichtet, in denen Frauen GHB-Tropfen heimlich verabreicht wurden, um sie sexuell gefügig zu machen. Auch wenn das Einzelfälle sind, solltest du dein Getränk in der Disko nicht unbeobachtet lassen!

Heroin auf Folie rauchen (»Blowen«) wird von der Partyszene leider zunehmend als schick empfunden, obwohl Heroin von Ecstasy- und Partydrogen-Usern immer als Verlierer-Droge betrachtet wurde. Immer öfter berichten **Insider,** dass Heroin benutzt wird, um vom Ecstasy- oder Speed-Trip runterzukommen und um die Depressionen zu betäuben, die manchmal entstehen, wenn die Euphorie nachlässt. Beim Blowen wird Heroin auf einer Alufolie mit einem Feuerzeug erhitzt, flüssig gemacht und die Dämpfe mit einem Röhrchen inhaliert. Inhaliertes Heroin hat die gleiche Wirkung wie gespritztes. Da es häufig unsauber ist, unterscheiden sich die Gefahren beim Inhalieren auch nicht von denen beim Spritzen. Egal, ob gesnieft, geraucht oder gespritzt: Heroin macht schnell und hochgradig süchtig.

Designerdrogen und »Legal Highs«

»Legal Highs«, **»Designerdrogen«** oder **»Research Chemicals«** sind Sammelbezeichnungen für eine große Gruppe von Substanzen, die durch die chemische Veränderung von Molekülen erschaffen werden. Die Zahl dieser neuen Substanzen hat in den letzten Jahren rasant zugenommen. Zwischen 2005 und 2011 sind der Europäischen Beobachtungsstelle für Drogen und Drogensucht (EBDD) mehr als 164 solcher neuer psychoaktiver Substanzen bekannt geworden. Allein im Jahr 2012 waren es 73.

Etwa zwei Drittel dieser neuen Stoffe sind entweder synthetische Cannabinoide, haben also einen ähnlichen Aufbau wie das THC, das im Cannabis vorkommt, oder synthetische Cathinone. Diese ähneln einem Amphetamin namens Cathinon, das im Kathstrauch vorkommt – einer Pflanze, die in Teilen Afrikas und der arabischen Halbinsel ähnlich gebraucht wird, wie die Coca-Blätter in Südamerika. Ein Beispiel dafür ist das, seit 2010 illegale, Mephedron, auch 4-MMC, Meph oder Meow genannt. Synthetische Cannabinoide tragen oft Kürzel wie CP-47, JWH-019 oder HU210.

Die Anzahl der Stoffe und Stoffgruppen ist aber schier unüberschaubar. Auch das Wirkungsspektrum ist entsprechend breit. Von aufputschen über euphorisierend und halluzinogen bis zu sedierend kann alles dabei sein. Manches wirkt nur wenige Stunden, maches tagelang. Und was die Nebenwirkungen angeht, gilt das selbe, ob Schweißausbrüche, Herzrasen oder Bewusstlosigkeit ...

Hauptvertriebsweg für diese Drogen ist das Internet, aber auch auf Partys und in Clubs machen sie die Runde. Besonders gefährlich ist es, dass sie manchmal, ohne Wissen des Users, als Ecstasy-Tabletten oder Speed verkauft werden. Im Internet werden sie häufig unter Bezeichnungen wie »Badesalz«, »Kunstdünger«, »Lufterfrischer« oder »Räuchermischung« angeboten, da sich die Händler einbilden so das Verbot des Medikamentenverkaufs umgehen zu können. Dabei tragen die Produkte klangvolle Namen wie »Spice«, »Explosion« oder »Herbal Ecstasy« und sind in bunt schillernde Tütchen und Fläschchen verpackt. Der Etikettenschwindel mit den angeblichen Badesalzen ist natürlich nicht erlaubt – psychoaktive Stoffe müssen vor dem Vertrieb behördlich geprüft werden und sind dann zumindest apothekenpflichtig, werden meist aber dem Betäubungsmittelgesetz unterstellt. Da die neuen Stoffe derart schnell auf den Markt kommen, hinkt der Staat immer etwas hinterher denn es dauert einige Jahre, bis die neuen Stoffe geprüft und falls nötig verboten werden können. In der Zwischenzeit entstehen in den geheimen Labors aber schon wieder zahlreiche neue Substanzen.

Der größte Skandal bei dieser Entwicklung ist aber, wie rücksichtslos die Hersteller solcher Drogen mit ihren Kunden umgehen. Durch die ansprechende Verpackung und das Versprechen, dass die Produkte legal und genauso wirksam wie die Originale – etwa Ecstasy oder Haschisch – seien, werden unbedarfte Menschen zu Versuchskaninchen.

Diese Stoffe werden vor dem Verkauf kaum getestet. Welche Nebenwirkungen es gibt, ab welcher Menge die Erfahrung unangenehm oder gar tödlich endet, oft sogar welcher Stoff in der "Räuchermischung" überhaupt enthalten ist, verschweigen die Hersteller und Händler. Schon viele, überwiegend junge, Menschen sind so auf einem stundenlangen Horrortrip, im Krankenhaus oder sogar auf dem Friedhof gelandet.

Wenn du, obwohl du nun gut über die Gefahren bescheid weißt, unbedingt eine Droge ausprobieren willst, dann erkundige dich zuvor eingehend darüber, was du da schluckst oder rauchst und kaufe niemals die Katze im Sack, denn das kann lebensgefährlich sein!

4. KOKAIN

Kokain: Was ist es, wo kommt es her?

Tanja (14): »Einer aus meiner Clique behauptet, in einer normalen Cola wäre ein bisschen Kokain. Ich kann mir das nicht vorstellen. Was ist dran an diesem Gerücht?«

Zu diesem uralten Gerücht, das offensichtlich nicht auszurotten ist, Folgendes: Als Coca-Cola 1885 auf den Markt kam, enthielt es Kokain. Als jedoch nicht mehr zu leugnen war, dass dieser Wirkstoff ein hohes Suchtpotenzial birgt, entzog die Firma 1903 ihrem Getränk stillschweigend das Kokain und ersetzte es durch Koffein. Cocablätter, denen das Kokain entzogen ist, werden seitdem nur noch als Aromastoffe verwendet. Eine normale Cola kannst du also bedenkenlos trinken. Wie du sicher auch schon gemerkt hast, wirkt so ein Getränk belebend und kurzfristig aufputschend, macht aber nicht süchtig.

Kokain, auch »Schnee«, »Coca«, »Koks« oder »Coke« genannt, ist ein Aufputschmittel und eine Leistungsdroge. Neben Ecstasy und den Partydrogen hat seine Beliebtheit in der Szene in den letzten Jahren immer mehr zugenommen. Es ist eine halbsynthetische Droge, die ihren Ursprung in Südamerika hat. Dort, in den Anden, wächst der Cocastrauch, dessen Blätter schon 3000 v. Chr. von den Herrschern und Priestern der Inkas gekaut wurden. Coca ist bis heute ein wesentlicher Bestandteil indianischer Lebensart. Schätzungsweise 90 Prozent aller Indios gebrauchen diese Droge. Die meisten tun das, ohne süchtig zu sein. Coca ist bei den Andenvölkern auch Teil religiöser und gesellschaftlicher Bräuche. Die Cocablätter werden gekaut, um Müdigkeit, Kälte, Hunger, Schmerzen und die Höhenkrankheit zu überwinden.

1860 wurde in einem deutschen Labor aus importierten Cocablättern erstmals der Wirkstoff »Kokain« isoliert. 1862 brachte die Pharmafirma Merck den Stoff als Arzneimittel auf den Markt. Zunächst galt es als harmloses Wundermittel und wurde von Medizinern aufgrund seiner lokalanästhetischen (örtlich betäubenden) Wirkung in der Zahnheilkunde, in der Augenheilkunde und im Hals-Nasen-Ohren-Bereich eingesetzt.

In den 20er-Jahren wurde Kokain schick und gehörte als Künstler- und Partydroge in der Upperclass dazu. Zu neuen Ehren kam die Rauschdroge in den 70ern, als sich vor allem Rockmusiker (z. B. David Bowie) damit vollpumpten. In den 80ern avancierte Kokain zur Droge der Schickeria und war Statussymbol für karriereorientierte Yuppies und Manager. Kokain ist inzwischen eine Massendroge und wird längst nicht mehr nur von feinen Leuten konsumiert. »Koksen« gilt als schick und passt gut in manche Kreise unserer Leistungsgesellschaft, wo Fitness, Jugend, locker, schlank und kreativ sein ein Muss sind.

Das Rauschgift ist ein weißes, kristallartiges Pulver (deshalb im Szenejargon »Schnee« genannt), das nicht riecht und bitter schmeckt. Es ist im Verhältnis zu früher billig geworden, was die Verbreitung weiter fördert. Auch die zum rauchen aufbereiteten Formen »Freebase« und »Crack«, die besonders günstig herzustellen sind, aber auch besonders stark abhängig machen, sind in einigen Großstädten Deutschlands verbreitet. Junkies mischen sich aus Kokain und Heroin einen hochexplosiven »Cocktail« oder »Speedball« und spritzen ihn sich dann, um wieder hochzukommen. Manche Fachleute befürchten, Europa könnte in naher Zukunft von einer Kokainwelle ungeahnten Ausmaßes heimgesucht werden.

Die Wirkung von Kokain

Mona (15): »Kann man davon ausgehen, dass jemand, der den ganzen Abend quasselt und überhaupt nicht still sein kann, auf Koks ist?«

So pauschal lässt sich das nicht beantworten. Manche Leute haben gar keine Drogen genommen, stellen sich einfach nur gerne dar und reden deshalb viel. Starkes Mitteilungsbedürfnis entsteht aber auch nach

Konsum von Amphetaminen und anderen Aufputschmitteln (»Uppern«), wie z. B. Kokain. Wer gekokst hat (»koksen« nennt man im Szenejargon den Gebrauch von Kokain), der ist meist viel kontaktfreudiger als sonst und quasselt dir unter Umständen die Ohren voll, er hat einen sogenannten »Laberflash«.

Kokain **in kleinen Dosen** erleichtert die Kontaktaufnahme, nimmt die Angst und steigert den Antrieb. Die Gedanken werden schneller, das Selbstwertgefühl größer, ein Gefühl von Kraft, Energie und Kreativität entsteht. Der Drang, sich zu bewegen und viel zu reden, wird stärker, und auch das sexuelle Empfinden erhöht sich. Das Gift unterdrückt zudem die natürliche Müdigkeit, Hunger und Durst. Nicht umsonst gilt Kokain auch als Egodroge, denn trotz der ausgeprägten Kontaktfreudigkeit wird durch das gesteigerte Selbstbewusstsein auch die Selbstkritik vermindert und verleitet zu unsympathischen Egotrips bis hin zum Größenwahn. Motto: Ich bin der Größte, wer bist denn du schon?

In höheren Dosen und bei häufigerem Gebrauch gerät der User in eine Euphorie, die aber begleitet wird von einer undefinierbaren Angst und Züge von Verfolgungswahn trägt. Der Konsument fühlt sich von einem unsichtbaren Motor getrieben, ist nervös, angespannt und redet und redet auf andere ein. Die Gedanken werden fahrig, Halluzinationen sind möglich. Gepaart mit furchtbarem Hautjucken, werden diese Trugbilder oft unter der Haut gesehen, was dazu führt, dass sich der Kokser die Haut zerkratzt. Zum einen, um den Juckreiz zu lindern, und zum anderen, um die Käfer, Insekten oder sonst irgendwelche imaginären Tiere aus seiner Haut zu holen.

Der Sänger **Konstantin Wecker,** der längere Zeit Kokain konsumierte, berichtete von seinen psychotischen Wahnvorstellungen: »Ich fühlte mich von Derwischen, Teufeln und Zwergen verfolgt, die mir meinen Stoff rauben wollten. Ich war durch das Kokain total fremdbestimmt und nur noch besessen von dem Gedanken: Wo ist der nächste Stoff? Ich war gierig danach. Mein Leben mit Kokain war alles andere als intensiv, es war nur noch elend.« Solche Zustände können tagelang anhalten, auch wenn kein Kokain mehr genommen wird. Das Rauschmittel kann auch Gewalttätigkeit und Aggressionen fördern. Viele Randalierer putschen sich damit oder mit Speed auf – manchmal mit beidem. Dann fallen die persönlichen Hemmschwellen, die Selbstkontrolle ist vermindert.

Auf körperlicher Ebene wirkt Kokain ähnlich wie Amphetamine, nur stärker. Blutdruck und Herzfrequenz sind beschleunigt, die Atmung wird schneller. Auch Überhitzung und erhöhte Körpertemperatur können auftreten, was aber der Konsument oft gar nicht bemerkt. Kokain betäubt Haut und Schleimhäute und verengt die Blutgefäße. Diese Gefäßverengung ist auch für die Zerstörung der Nasenscheidewand beim Sniefen verantwortlich. Es tritt vermehrt Durchfall auf, im Wechsel mit Verstopfung. Die Pupillen sind erweitert, der Mund trocken. Die Leber wird durch den Kokainabbau belastet.

Wenn die **Wirkung des Kokains nachlässt**, kommt das große Down. Der gerade noch so euphorische Konsument fühlt sich, als falle er in ein tiefes Loch. Stark depressive Verstimmungen sind häufig beim »Kokainkater«. Wer vorbelastet und besonders anfällig ist, bei dem können sich Suizidgedanken einstellen. Es kann sogar zu Selbstmordversuchen kommen, wenn der Kokser es nicht verkraftet, stimmungsmäßig von hundert auf null runterzufallen, was ganz typisch ist für Kokain. Aufgrund dieser negativen Begleiterscheinungen mixen sich manche Kokser zusammen mit Heroin einen »Speedball«. So werden die Angstzustände gemildert und die Wirkung verlängert.

Trotz all dieser üblen Nebenwirkungen ist Kokain eine Droge auf dem Vormarsch. Es kann dir nur dringend davon abgeraten werden, damit herumzuspielen. Auch wenn dir jemand erzählt, Koks würde deine Leistung so ungeheuer ankurbeln, du wärst bald die oder der Beste in der Schule oder beim Sport und niemand und nichts mehr auf der Welt könnte dir mit Koks was anhaben, dann sei kritisch! Kokain macht dich nur kurzfristig fit, aber der Absturz ist umso schlimmer. Um den zu mildern, dann ein bisschen Heroin oder gleich noch 'ne Dosis Kokain, um gar nicht mehr runterzukommen – womit du voll im Suchtkreislauf drin wärst. Kokain ist eine sehr harte Droge, die dir keine Chance mehr gibt, wenn du dich mit ihr mal angefreundet hast. Auch wenn du es nicht leiden kannst, dass dir jemand sagt: Tu dies nicht, mach das nicht – davon solltest du wirklich Abstand nehmen. Oder willst du bald durchknallen?

Akute Gefahren bei Missbrauch von Kokain

Kokain wird auf verschiedene Weise konsumiert: Es wird durch die Nase gesnieft, geraucht oder intravenös gespritzt. Beim Schnupfen werden sogenannte »Lines« (Linien) pulverförmigen Kokains in einer Linie z. B. auf einem Spiegel angeordnet und durch Papierröhrchen in die Nase gezogen. Auch das Einreiben ins Zahnfleisch wird praktiziert. Beim Rauchen wird es inhaliert (Szenejargon: »chinesen«), und nur selten wird es gespritzt – meist von Heroinjunkies zusammen mit ihrem Stoff als Cocktail. Wird Koks gespritzt oder als Crack geraucht, tritt die Wirkung am schnellsten ein und dauert zwischen zehn Minuten und einer Stunde. Bei Rauchen und Sniefen ist die Wirkung milder, die Wirkdauer länger.

Wie auch immer – weder die eine noch die andere Art tut deinem Körper auf Dauer gut. Der gewohnheitsmäßige Gebrauch von Kokain hinterlässt tiefe Spuren. Sporadischer niedriger Konsum verursacht meist keine **körperlichen Schäden,** sie sind aber auch nicht ganz sicher auszuschließen. Durch das Schnupfen oder Sniefen werden die Nasenschleimhäute gereizt, die Nasenscheidewand ist chronisch entzündet oder gar zerfressen. Das Rauchen von Kokain zerstört die Lungenbläschen.

Doch die Liste kokainbedingter Krankheiten und Beschwerden ist noch länger. Wer regelmäßig kokst – und dies womöglich auch noch in zu hohen Dosen –, der muss sich klarmachen, dass sein Körper spürbar abbaut. Das kommt zum einen daher, dass er durch die Gifteinnahme überhaupt nicht mehr zur Ruhe kommt, zu wenig und nicht intensiv genug schläft. Zum anderen wird in der Regel auch nicht richtig gegessen, weil Kokain das Hungergefühl unterdrückt. Solch ein unnatürlicher Lebensrhythmus hat immer Folgen.

Das Immunsystem wird geschwächt, Sehstörungen und Magenschmerzen können auftreten. Schlaganfälle mit halbseitiger Lähmung sind aufgrund nicht ausreichender Durchblutung ebenso möglich wie Herzinfarkte. Auch die Leber kann durch Kokain auf Dauer erheblich geschädigt werden (Gelbsucht). Außerdem senkt es die Krampfschwelle, sodass es zu Krampfanfällen kommen kann. Auch bei gelegentlichem Konsum sind tödliche Zwischenfälle nicht ausgeschlossen.

Schwangere Mädchen und Frauen riskieren in den ersten Wochen bei Kokskonsum Missbildungen ihres Babys und Totgeburten. Besonders gefährlich ist Kokain für Diabetiker, Epileptiker und Menschen mit Herzerkrankungen.

Nicht nur körperlich gehst du auf Dauer große Risiken mit Kokain ein. Psychisch beherrscht dich das Gift schneller als du denkst. Kokain ist eine sehr hinterhältige Droge, die dich selbstsicher und gleichzeitig blind macht, sodass du leicht die Kontrolle über dich selbst und deinen Konsum verlierst. Alarmzeichen sind, wenn du häufig starke Stimmungsschwankungen, Aggressionsausbrüche, grundlose Ängste hast und gereizt bist. Weitere Warnsignale: Appetitlosigkeit, Unruhe, Schlafstörungen und sexuelle Unlust. Dies alles sind Warnzeichen des Körpers, der sich gegen die Droge wehrt. Durch die permanente nervliche Überbelastung können Konzentrationsschwäche, Antriebs- und Wahrnehmungsstörungen bis hin zu paranoiden Zuständen und psychischen Erkrankungen auftreten.

Da Kokain, wie alle anderen illegalen Drogen auch, häufig gepanscht ist, weißt du nie, was du wirklich nimmst. Der Reinheitsgehalt schwankt stark, was leicht zu Überdosierungen führt. Um den Profit zu erhöhen, wird der Stoff oft gestreckt – mit wirkungslosen Substanzen, aber auch mit Amphetaminen oder Koffein. Wer spritzt, läuft Gefahr, sich bei unhygienischer Handhabung (Spritzentausch) Infektionen wie Hepatitis oder HIV einzuhandeln.

Total unkalkulierbar ist der Mischkonsum mit anderen Drogen, wobei tödliche Wechselwirkungen möglich sind. In hoher Dosierung kann Kokain zu Bewusstlosigkeit und aufgrund von Herzversagen oder Atemlähmung plötzlich zum Tod führen. In Kombination mit Alkohol ist diese Gefahr besonders groß. Wer auf Ecstasy noch eine »Koksline« zieht, der hebt die Wirkung von Ecstasy auf und bekommt dafür Kreislaufprobleme und Schweißausbrüche. Manche werfen Speed ein, wenn die Kokainwirkung nachlässt oder ziehen eine »Speedline«. Koks und Speed zusammen können eine tödliche Mischung sein.

Wie schnell macht Kokain abhängig, welche Langzeitfolgen gibt es?

Tobias (16): »Kann man von Kokain auch abhängig werden, wenn man es nur snieft und raucht, aber nicht spritzt?«

Egal, in welcher Form sich jemand Kokain zuführt – es hat in jedem Fall ein **sehr hohes psychisches Abhängigkeitspotenzial.** Außerdem entwickelt sich eine Toleranz im Körper, was bedeutet, dass die Dosis bei regelmäßigem Konsum für die gleiche Rauschwirkung erhöht werden muss. Wie schnell es geht, liegt am Konsumenten. Er macht sich selbst von der Droge abhängig, indem er immer und immer wieder dieses Ego- und Wichtigkeitsgefühl haben will, das Kokain erzeugt. Die Entwicklung einer Suchtkarriere droht bei Gebrauch von Kokain immer. Die körperliche Abhängigkeit ist dagegen gering.

Langfristig verändert Kokain die Persönlichkeit. Das soziale Verhalten des Betroffenen lässt immer mehr zu wünschen übrig. Er kann sich selbst nicht mehr richtig einschätzen, verhält sich egoistisch, unsensibel, rücksichtslos und oft auch aggressiv. Dies führt zwangsläufig zu Schwierigkeiten im privaten und schulischen/beruflichen Bereich. Verfolgungswahn und die Entstehung ganzer Wahnsysteme sind möglich. Dies macht längere Aufenthalte in geschlossenen psychiatrischen Abteilungen nötig. Auch die Bewegungen eines regelmäßigen Koksers verändern sich deutlich: Er ist nervös, unruhig und kann kaum still sitzen.

Meist seilen sich der Reihe nach alle Bekannten von dem Betreffenden ab, weil kaum noch eine klare Kommunikation mit ihm möglich ist und er in einer anderen Welt lebt. Der soziale Abstieg ist mit der kurzfristigen Leistungsdroge Kokain auf Dauer also auch garantiert. Gelegenheitskonsumenten sollten aber ja nicht dem Irrtum unterliegen, ihnen könne nichts passieren. Manchmal genügt schon ein Versuch und das Herz versagt.

Louisa W. (19): »Erst ist alles super und dann kommt Dracula.«

Die Studentin Louisa (19) ist voll auf Koks. Sie fing zu sniefen an, »um nicht immer solche Kontaktschwierigkeiten zu haben«. Heute ist sie hochgradig abhängig, sagt aber von sich selbst: »Ich nehme nur gelegentlich zum Spaß Kokain, ich bin nicht süchtig.« Ein Satz, den man ihr gern glauben würde, den aber fast alle Süchtigen sagen, oft noch Minuten vor dem totalen Zusammenbruch.

Angefangen hat es auf einer Party bei Freunden. Louisa: »Da saßen alle ganz gemütlich und erzählten. Ich fühlte mich wie ein Außenseiter, einsam und depressiv. Obwohl ich ein großes Bedürfnis habe, mich mitzuteilen, klappt es am Ende immer nicht und ich sitze da und sage nichts. Auch damals war es wieder so und genau das wollte ich ändern. Ein Freund, der zu später Stunde noch dazukam, hatte Koks dabei. Er bot uns allen was an, zum Sonderpreis: Ein Gramm für 80 Euro! Und in diesem Moment dachte ich mir: Das ist es, jetzt probiere ich es!

Ich sniefte und schon bald darauf fühlte ich mich stark, gut gelaunt, gesund und super. Auf einmal konnte ich mitreden. Die anderen amüsierten sich über die prompte Wirkung, die der Schnee bei mir hatte, aber das war mir egal. Ich war so toll drauf, fand alles prima, alle Leute nett und konnte sogar über meine eigenen Schwächen reden, weil ich mich ja in diesem Moment so unwiderstehlich gut fand. Auch körperlich fühlte ich mich gigantisch, alles in mir war aktiv und kribbelte. So komisch und blöd ich die Leute vorher fand, so gut gefielen sie mir auf einmal. Ich verwandelte mich vom Menschenfeind zum Menschenfreund.

Ich war so gut drauf, dass ich mich auf den Typ einließ, der das Koks mitgebracht hatte. Doch die Wirkung wurde schwächer. Als wir im Bett waren, hatte ich plötzlich keine Lust mehr auf ihn. Das war bei mir ganz anders als bei den meisten Koksern, die dann angeblich riesige Sexerlebnisse haben. Ich dachte mir, dass das, was ich mitmache, ja alles gar nicht stimmt und Lüge ist. Ich mochte diesen Mann nicht so, ich war ihm nicht nahe, ich war eben nur zugedröhnt. Als mir das bewusst wurde, stürzte ich total ab, weinte und war sehr, sehr traurig. So ist es mir einige Male ergangen. Auch mit anderen Typen. Am schlimmsten ist der nächste Morgen, wenn die Wirkung ganz weg ist. Das Tageslicht nervt dich, Zeitgefühl und Erinnerung kehren wieder, es ist furchtbar. Man möchte ja am liebsten in seinem Rausch bleiben, der so schön war. Ich ziehe dann immer die Gardinen zu und dunkle alles ab. Dieses Licht, das kann ich nicht ertragen. Erst ist alles super, und dann kommt Dracula mit Herzrasen, Übelkeit und einem Gefühl, das zum Kotzen ist. Du meinst, du hältst das nicht aus. Alle Wahrheiten der Nacht brechen wieder zusammen. Du siehst dich im Spiegel an und ein Nichts schaut dir entgegen. Eine kleine frustrierte, hässliche Studentin. Was hilft gegen so einen Zustand? Eine neue Nase Koks. Ich habe damals auch gleich den Typ wieder angerufen und neuen Stoff gekauft. Der Absturz bei Kokain ist grauenvoll, aber wenn du drauf bist, dann ist alles irre. Jetzt kokse ich regelmäßig, aber nicht jeden Tag. Ich glaube nicht, dass ich süchtig bin. Ich hab es schon noch im Griff.»

Kokser vermitteln nach außen das Bild, dass sie extrem belastbar sind, funktionstüchtig, gut gelaunt, witzig und oft im Mittelpunkt stehen. Würden sie jedoch zugeben, dass sie auf Kokain sind, liefen sie Gefahr, dass die anderen denken könnten: Der ist ja nur so, weil er kokst! Louisa: »Da würde man sich vor den anderen doch genieren. Aber genau genommen geniert man sich deswegen vor sich selbst. Man denkt, ich kann das nur deswegen, wegen des Kokains. Auch deshalb gibt man sich so, dass es kein anderer merkt. Ich kenne genug Leute, die herumtönen, sie würden das Zeug nie nehmen. Aber ich weiß, dass die Wahrheit anders aussieht. Es will halt keiner auffallen, aber jeder will der Beste und Tollste sein.«

Crack und Freebase: Was ist das und wie wirkt es?

Julia (16): »Wie schlimm ist Crack wirklich? Ich habe gelesen, dass es sofort süchtig macht und zu den gefährlichsten Rauschgiften überhaupt gehört.«

Crack ist eine billige Kokainvariante und ein Teufelszeug, das erstmals Mitte der 80er-Jahre in den USA auftauchte. In wenigen Jahren verbreitete es sich wie eine Seuche des Mittelalters. Crack ist eine hochgefährliche Droge, die sehr schnell in die Abhängigkeit führen kann und den Körper zerstört. In Europa spielt das Gift zwar keine so große Rolle, doch in den letzten Jahren hat es sich auch hier weiter verbreitet – wenn auch vor allem bei Konsumenten, die schon sehr tief in der Abhängigkeit von Kokain oder Heroin drinstecken. Weil Kokain teuer und für viele auf Dauer nicht erschwinglich ist, kreierten die Drogenproduzenten Crack. Schon für fünf bis acht Euro pro Einheit wird dem Neugierigen oder Abhängigen damit eine Art »Schnellimbiss der Drogenszene« angeboten.

Die Herstellung von Crack und Freebase ist nicht sehr aufwendig. Dabei wird von Kokain, das meist in Salzform auf den Markt kommt, Salzsäure abgespalten und extrahiert. Je nach Lösungsmittel entstehen feste Stücke aus Kokain-Hydrogencarbonat (Crack) oder die reine Kokainbase (Freebase). Diese Substanzen sind nicht mehr wasserlöslich, können also auch nicht mehr gespritzt werden. Sie schmelzen erst bei höheren Temperaturen und sind deshalb zum Rauchen oder Inhalieren geeignet. Beim erhitzen verdampft Crack dann ebenfalls als freie Kokainbase.

Wegen der Luftempfindlichkeit wird Crack in kleine, etwa zwei Zentimeter lange Glas- oder Plastikamphiolen (Amphiole = Kombination aus Ampulle und Injektionsspritze) gefüllt und luftdicht verschlossen.

»Crackrauchen« oder »Freebasen« ist eine äußerst gefährliche Angelegenheit. Der Kokainabkömmling wirkt im Prinzip wie Kokain selbst, nur wesentlich schneller, heftiger und kürzer. Die maximale Rauschwirkung, »Rush« genannt, tritt schon nach 30 Sekunden ein und dauert eine gute Viertelstunde, selten bis zu einer Stunde. In diesen Minuten fühlt sich der User so toll wie noch nie in seinem Leben. Zwanzigmal schneller als von der Nasenschleimhaut aus sind die Botenstoffe des Marschpulvers von der Lunge zum Hirn unterwegs. Und zwanzigmal schneller ebbt das Hoch ab und steigt die Sucht nach mehr. Suchtexperten sehen das Verhältnis von gesnieftem Kokain zu Freebase wie das von Moped zu Panzer.

Doch nach dem High folgt der Absturz in die Depression, man ist seelisch ganz unten und will nur noch eins: möglichst schnell den nächsten Crack-Rausch. Dieser schnelle Wirkungsabfall und die darauf folgende Depression werden für das hohe Suchtpotenzial von Crack verantwortlich gemacht. Es wird angenommen, dass das Rauchen von Crack schneller süchtig macht als das Spritzen von Kokain. Die psychische Abhängigkeit ist sehr stark, die »Entzugserscheinungen« im Kopf so heftig, dass ein kontrollierter Konsum von Crack und Freebase kaum möglich und der soziale Absturz unausweichlich ist. Dennoch sei der Korrektheit halber erwähnt, dass es nicht nur Cracksüchtige gibt, die Kette rauchen und die Tage im Rausch verbringen, sondern auch Leute, die die Droge nur gelegentlich konsumieren und auch nicht sofort süchtig wurden. Solche sind jedoch eine Seltenheit. Du solltest nicht das Risiko eingehen und meinen, dass ausgerechnet du zu diesen wenigen gehörst.

Vor allem Freebase verliert sehr schnell seine Wirkung, weshalb es nicht lange gelagert werden kann. Es wird daheim aufgekocht, geraucht und ist verschwunden. Kaum jemand aus der Szene redet. Alle halten den Mund, aus Angst, von Außenstehenden gelinkt zu werden. Denn die meisten »Baser« haben einen großen Kokainvorrat zu Hause gebunkert. Wegen ihres ständigen Bedarfs oft so viel, dass ihnen bei einer Hausdurchsuchung das Gefängnis sicher wäre. Freebaser gehen hinter verschlossenen Türen kaputt. Sie sind abhängig von einer heimlichen Droge, die nicht zu sehen und nicht im Handel ist. Sie stellen zu Hause selbst her, was sie rauchen.

Viele Freebaser kommen über das Sniefen von Kokain dazu. Es sind oft Leute, die gut situiert sind, gute Adressen haben und auch über Geld verfügen, sich aber durch das Basen hoffnungslos verschulden und auch ihre sozialen Kontakte verlieren. Bis zu 1000 Euro können bei einer ausgeprägten Sucht an einem Tag weggehen.

Crack und Freebase zerstören die Gesundheit. Der heiße Rauch kann zu Verbrennungen in den Atemwegen führen, die Schleimhäute von Lippen, Mund und Bronchien schädigen. Bronchitis und Lungenentzündung sind möglich, ebenso Schmerzen in der Brust (Herzentzündung) mit schwarzem oder blutigem Auswurf. Infolge der Lungenschädigungen kann es zu Atemausfall und damit zum Tod kommen. Auch Herz und Gefäße können so sehr leiden, dass Herzkrämpfe und Herzversagen auftreten können. Der Konsum von Crack muss nicht tödlich sein, aber mit Sicherheit schadet er der Gesundheit ganz massiv. Bei einer Überdosierung drohen Zittern, Krämpfe, Bewusstlosigkeit, Koordinationsstörungen, Atemstillstand, Herzstillstand, Bluthochdruck mit Hirnblutung, Überhitzung mit Kreislaufkollaps – kurzum: Lebensgefahr! Psychisch macht sich Crack durch Verfolgungswahn, Gereiztheit, Aggressionen, Halluzinationen und Depressionen bemerkbar. Du kannst es drehen und wenden, wie du willst: Crack ist eine Teufelsdroge, von der du die Finger lassen solltest.

Ein Crack-Entzug bei einem Süchtigen dauert mindestens drei Tage. Symptome wie Angstzustände, Depressionen, Appetitlosigkeit, Lethargie, andauernde Müdigkeit und fehlendes sexuelles Interesse können auch danach noch eine Weile bestehen bleiben.

Kokain ist in jeder Form eine Droge, die kaputtmacht. Als Crack und Freebase schafft sie dich noch etwas schneller. Du weißt jetzt alles; die Verantwortung für dich liegt bei dir. Wenn dir also jemand »Schnee« oder »Crack« anbietet als etwas ganz Besonderes, dann weißt du jetzt auch, dass es nur in der Hinsicht etwas Besonderes ist, dass du schneller durchknallst, süchtig wirst und schlimmstenfalls sogar stirbst.

5. HEROIN

Heroin: Was ist es, wo kommt es her, woraus besteht es?

> **Florian (16):** »Heroin soll ursprünglich ein Hustenmittel gewesen sein. Was ist daraus gemacht worden, dass es jetzt auf einmal so was Schlimmes ist?«

Heroin wird aus Morphin hergestellt, einem Bestandteil des Opiums, das aus dem Saft des Schlafmohns gewonnen wird. Es wurde erstmals 1898 von der Chemiefirma Bayer in Leverkusen produziert. Zunächst geschah alles in lauterster Absicht. Heroin galt als ungefährliches, nahezu nebenwirkungsfreies Beruhigungsmittel für die Atmung und sollte als Ersatz für den bereits bekannten Hustendämpfer Codein eingesetzt werden. Die Droge war damals ein Markenartikel und wurde weltweit bis in die 20er-Jahre auch Kindern als »sicherstes und exzellentestes aller Hustenmittel« verordnet. Heroin wurde als Tablette oder Sirup nahezu uferlos bei Husten, Herzerkrankungen, Grippe, Schluckbeschwerden, Multipler Sklerose und sogar in der Gynäkologie angewendet. Aus dem Glauben heraus, dass es nicht süchtig mache, setzten Mediziner es als Ersatzmittel für Morphium ein, um Abhängige zu »heilen«. Niemand bemerkte zunächst die stark suchterzeugende Wirkung der Droge.

Nach jahrelanger Kontroverse konnte schließlich nachgewiesen werden, dass Heroin keineswegs bloß den Husten stillte. Sein Erfolg beruhte einzig und allein auf seinen euphorisierenden und schmerzlindernden Eigenschaften – jenen Qualitäten also, die es schon bald zum begehrten Rauschmittel machten. Kriege trugen enorm zum Erfolg von Heroin bei, da es in großen Mengen zur Bekämpfung von Schmerzen bei Verwundeten eingesetzt wurde. Nach und nach offenbarte sich das Suchtpotenzial des Mittels. Die gesetzlichen und behördlichen Auflagen für die Produktion von Heroin wurden immer strenger.

1971 wurde es bei uns als »nicht mehr verkehrs- und verschreibungsfähiges Arzneimittel« unter das Betäubungsmittelgesetz gestellt. Zu einem Zeitpunkt, als auf Deutschlands Straßen die ersten Junkies auftauchten. Heute ist Heroin nur noch als zumeist gepanschtes und gestrecktes »Straßenheroin« auf dem Schwarzmarkt zu bekommen. Heroin ist die weltweit am weitesten verbreitete illegale harte Droge.

Ursprung dieses gefährlichen Rauschgifts ist eine schöne Blume. Der Schlafmohn wird überwiegend im Nahen, Mittleren und Fernen Osten angebaut. Nach der Blütezeit der Pflanze bildet sich eine kugelförmige Kapsel, die den Samen enthält. Nach etwa zehn Tagen wird diese Kapsel angeritzt, und ein weißer, dicklicher Saft rinnt heraus. Das ist Rohopium – die Basis für die suchtträchtigsten Drogen, die wir kennen. Über eine Reihe von chemischen Prozessen wird aus diesem Rohopium auch Heroin gewonnen, daher zählt es zur Gruppe der Opiate.

Die Droge ist ein halbsynthetisches Produkt, das durch Versetzung mit Essigsäure »veredelt« wird. Aufgrund seiner angeblich so »heroischen« Wirkung, an die seine Erfinder vor hundert Jahren glaubten, nannten sie es Heroin.

Konsum und Anwendung von Heroin

In der Regel wird Heroin gespritzt, und dazu brauchen Süchtige Stoff, Ascorbinsäure (Szenejargon: »Asko«) oder Zitronensaft, Feuerzeug oder Kerze, Zigarettenfilter, Kanülen, Band oder Gürtel und einen großen Löffel. Dieser ist nach unten gebogen, damit er besser liegen bleibt und nichts daraus verschüttet wird. Wenn sich ein Abhängiger seinen Schuss zurechtmacht, schüttet er das Heroin in den Löffel. Dazu kommt ein bisschen Wasser und Ascorbinsäure (Vitamin-C-Pulver) oder Zitronensaft, um das Gift besser löslich zu machen. Dies wird gemischt und mit der Flamme eines Feuerzeugs oder einer Kerze erhitzt oder »aufgekocht«. Wegen der Verunreinigungen bleiben oft Klümpchen, deshalb wird die Lösung anschließend durch einen Zigarettenfilter in die Spritze aufgezogen. Meist werden Einmal-Insulin-Spritzen (Szenejargon: »Insus«) benutzt.

Dann wird eine geeignete Vene gesucht, die mit Hilfe eines Bands, Schlauchs oder Gürtels oder auch durch Abdrücken mit den Fingern gestaut wird und somit sichtbarer und dicker wird. Am Anfang einer

»Heroinkarriere« wird noch in die Arme »gedrückt«, wie Junkies das nennen, im Laufe der Zeit auch in die Füße, Beine, in die Leiste, den Hals und sogar unter die Zunge oder in den Penis. Besonders gefährlich ist der Druck in den Hals oder in die Leiste. Wird keine geeignete Vene mehr gefunden oder trifft der Süchtige sie nicht mit der Spritze, wird in die Muskulatur gedrückt (intramuskulär oder i. m.). Auf diese Weise können große Abszesse entstehen, bei denen Muskulatur mitabstirbt und die eine Operation unumgänglich machen.

Wird Heroin geraucht, geblowt oder oral eingenommen, wirkt es langsamer, aber länger. Die meisten Junkies haben mit Folienrauchen oder Blowen angefangen. Sie nennen es auch »Drachen jagen«. Dabei wird das flüssige Heroin auf einer Alufolie erhitzt und mit Hilfe eines Röhrchens inhaliert oder »geblowt«. Da im Verhältnis zum intravenösen Gebrauch (Spritzen in die Venen) dafür mehr Heroin benötigt wird, um einen ähnlichen Effekt zu erzielen, steigen viele aus Geldmangel irgendwann aufs Drücken um. Ob Blowen, Rauchen, Schlucken oder Spritzen – die Suchtgefahr ist bei Heroin sowohl körperlich als auch psychisch äußerst hoch. Das einzig positive am Folienrauchen ist, dass die Gefahr einer Ansteckung mit Infektionskrankheiten wie Hepatitis oder dem HI-Virus vermieden wird.

Über die Venen erreicht das Gift das Gehirn wesentlich schneller und in höherer Konzentration, als wenn es geraucht, geschluckt oder über die Nase aufgezogen wird. Allerdings lässt die Wirkung auch wesentlich schneller nach – und die Entzugserscheinungen, der gefürchtete »Affe«, kommen prompt. Es muss sobald wie möglich ein neuer Druck oder Schuss her. Der Suchtkreislauf treibt den Abhängigen immer weiter, von Druck zu Druck. Sein ganzes Leben dreht sich nur noch darum. Stark abhängige Junkies benötigen solche Mengen Heroin, dass bis zu sieben nicht abhängige Menschen von der gleichen Dosis sofort getötet würden. Weltweit gibt es etwa sechs Millionen Heroinabhängigen. Niemand weiß genau, wie viele Menschen in Deutschland von Heroin abhängig sind. Ihre Zahl schwankt, je nach Schätzung, zwischen 60000 und 300000 Personen. Zwei Drittel davon sind Männer. Eine erfreuliche Tatsache ist, dass die große Mehrheit der Jugendlichen speziell mit Heroin nichts zu tun haben möchte und es auch nie probieren will.

Wirkung, Risiken und Abhängigkeit von Heroin

Lucy (15): »Ich habe gehört, dass viele Junkies, die das Buch von Christiane F. gelesen haben, erst dadurch drauf kamen, es selbst zu probieren. Es hat sie fasziniert und nicht abgeschreckt. Warum?«

Gerade in deinem Alter, wo einem so viel nicht passt, aber man andererseits auch nicht weiß, wohin der Weg führen soll, sind Rauschgifte eine große Verführung. Du kannst sicher sein: Keine Droge weist dir den richtigen Weg. Viele, die glaubten, darin läge das Heil und die Lösung, blieben daran hängen – und ihr Weg führte in den sozialen Abgrund, manchmal sogar in den Tod. Beispiele davon findest du genug in diesem Buch. Sie sind traurige Realität, dienen nicht der Abschreckung, sondern sollen dich zum Nachdenken anregen. Die Verantwortung für dich liegt bei dir!

Die Wirkung von Heroin ist hinterhältig – wie die Wirkung aller Drogen. Erst fährt dich das Gift auf den Olymp, und dann lässt es dich jämmerlich abstürzen. Nach der Einnahme von Heroin stellt sich ein Gefühl des Glücks, der Entspannung und Geborgenheit ein. Schmerzen verschwinden, ein Gefühl der Wärme und Befreiung durchströmt den Körper.

Ängste, Einsamkeit, Unsicherheit und das Gefühl des Ausgestoßenseins gibt es nicht mehr. Der Konsument fühlt sich unverletzbar, unabhängig und bedürfnislos. Er sagt sich: Mir kann keiner mehr was anhaben! Ich bin gut und stark, was wollen die schon!? Mir gehört die Welt! Dieses Empfinden, das nach einer Spritze schon nach wenigen Sekunden eintritt, nennen Konsumenten »Kick« oder »Flash«. In diesem tollen Gefühl, das so prompt eintritt, liegt die eigentliche Gefahr der Droge, weniger in der körperlichen Abhängigkeit.

Die maximale Wirkung erfolgt in den ersten zwei Stunden, insgesamt dauert sie höchstens fünf Stunden. Einige wirken wie weggetreten, wenn sie gerade schläfrig werden und »abnicken«, andere werden arrogant, wenn sie drauf sind. Diese innere Wärme, die ein Konsument für sich verspürt, muss sich nicht nach außen übertragen. Hin und wieder wirken Heroinsüchtige auf ihr Umfeld kalt, unfreundlich und abweisend. Kein Wunder, denn wer sich ständig darum kümmern muss, sich illegale Drogen zu beschaffen, immer Angst vor der Polizei haben muss und von der Gesellschaft diskriminiert wird, der geht nicht vertrauensvoll auf Menschen zu. Viele Verhaltensweisen Heroinabhängiger sind Folgen ihrer Sucht. Vor diesem Hintergrund fällt es vielleicht leichter, sie zu verstehen.

Je häufiger und je mehr Heroin jemand konsumiert, desto mehr lässt die Intensität des Kicks nach, und desto schlimmer sind die Entzugssymptome. Um diese zu vermeiden, wird erneut gedrückt. Noch mehr, noch öfter. Der Körper gewöhnt sich langsam an immer höhere Dosen von Heroin. Wird jedoch die tägliche Höchstdosis überschritten, kann es zu einem lebensgefährlichen Atemstillstand kommen, der in den Tod führt. Gleichzeitig senkt Heroin die Herzfrequenz, schlimmstenfalls tritt ein Herzstillstand ein. Häufigste Todesursachen sind Herz- oder Atemstillstand.

In niedrigen Dosen hebt Heroin Hunger, Müdigkeit und Unlustgefühle auf, macht euphorisch. Auch Erregung und Angst werden abgebaut. Die schlafanstoßende Wirkung tritt erst bei höheren Dosierungen auf.

Die psychische Abhängigkeit entsteht in der Regel zuerst, weil die Glücksgefühle und die innere Wärme als besonders angenehm empfunden werden und die meisten Probierer diese Empfindungen immer wieder spüren möchten. Wird daraufhin regelmäßig konsumiert, entwickelt sich sehr schnell auch die physische Abhängigkeit, die sich in quälenden und schmerzhaften Entzugssymptomen äußert. Beides trägt dazu bei, dass der Konsum über Jahre aufrecht erhalten wird. Ohne eine frühzeitige, möglichst freiwillige psychotherapeutische Behandlung, ist bei Junkies fast immer der Weg in den sozialen Abstieg, in die Kriminalität und Verwahrlosung vorgezeichnet. Es kommt nur sehr selten vor, dass Heroin kontrolliert konsumiert wird – egal, ob gespritzt, geraucht oder inhaliert.

Die physische Abhängigkeit wird durch Unterdrückung der körperlichen Endorphinausschüttung ausgelöst. Endorphine sind opiatähnliche Stoffe, die sowohl in positiven als auch negativen Stresssituationen in die Blutbahn ausgeschüttet werden. Bekommt der Körper aber regelmäßig von außen Opiate, d. h. Heroin zugeführt, wird die körpereigene Endorphinausschüttung lahmgelegt – es kommt zu Entzugserscheinungen. Wie stark die körperliche Abhängigkeit ist, hängt von der Dosis und der Häufigkeit des Konsums ab. Je mehr und je häufiger jemand also spritzt, desto schmerzhafter und unerträglicher die Entzugssymptome.

Folgen des Heroinkonsums

Die Folgen des Heroinkonsums sind schwerwiegend. Der kurze Kick, der dafür geboten wird, steht in keinem Verhältnis dazu. Nur wer sich unbedingt auf Raten umbringen will, für den ist Heroin vielleicht eine Möglichkeit.

> **Phil (14):** »Ich möchte wissen, ob es stimmt, dass Heroin auf Dauer dumm macht.«

Die regelmäßige und andauernde Einnahme von Heroin führt vorübergehend oder auch bleibend zu einer deutlichen Verminderung der Hirnleistungsfähigkeit. Das bedeutet, dass Konzentrationsfähigkeit und Ausdauer gestört sind. Auch das Gedächtnis funktioniert nur noch lückenhaft, sodass Heroinabhängige nicht in der Lage sind, kompliziertere Aufgaben zu lösen. Dazu kommt, dass Junkies meist auf emotionaler Ebene sehr instabil sind, sodass Schule oder Berufsleben nicht möglich sind, solange sie die Droge nehmen. Dies lässt sich allerdings wieder in die Reihe kriegen, sobald der Abhängige bereit ist, sein Leben zu ändern. Es wurde auch schon von dauerhaften Hirnschäden und anderen neurologischen Schäden berichtet, wobei letztlich noch nicht klar ist, ob diese durch verunreinigte Drogen verursacht wurden oder durch das Heroin selbst.

Äußere Zeichen von Dauerkonsum sind oft Abmagerung und Haarausfall. Sehr oft entwickeln Abhängige auch Koordinationsstörungen, der Gang wird unsicherer, schwankender. Bei Junkies treten häufiger Tuberkulose, HIV-Infektionen und tödliche Hepatitiserkrankungen auf. An den Stellen, wo das Gift gespritzt wurde, können sich Abszesse bilden.

Werden Nerven verletzt, kann es zu Lähmungen von Armen oder Beinen kommen oder zu Störungen des Gefühlsempfindens. Aggressivität kommt unter Heroin kaum vor. Die drogenbedingte Ausgeglichenheit weicht im Laufe der Zeit Gleichgültigkeit und Abstumpfung. Je länger jemand drauf ist, desto mehr zieht er sich von seinem Umfeld zurück, weil er nicht mehr in der Lage ist, sich auf andere Menschen einzustellen. Der Wunsch nach Sexualität lässt immer mehr nach, die Durchführung des Intimverkehrs wird schwieriger. Männer klagen über Impotenz, Frauen über das Ausbleiben der Monatsblutung.

Karen (21) hat schon seit fünf Jahren keine Periode mehr. Ihre beiden Unterarme haben tiefe dunkelrote Löcher, die ehemals schlimme Abszesse mit Nekrosen waren. Das heißt, das Fleisch ist abgestorben, man kann den Knochen sehen. »Wahrscheinlich durch dreckiges Heroin entstanden«, sagt sie. »Die Ärzte wollten mir einen Arm ganz abnehmen, aber das will ich nicht. Ich hoffe, dass ich es so wieder hinkriege. Wenn der Arm mal weg ist, flickt ihn mir keiner mehr dran.« Die Hand hängt leblos weg, Karen kann sie nicht mehr ausstrecken, kaum etwas damit tun. Wenn sie sich schminkt, wenn sie schreibt, etwas trägt, dann ist das jedes Mal eine größere Aktion. Sie bekommt die Ersatzdroge Methadon, doch nebenbei konsumiert sie »Cocktails«, eine Mischung aus Kokain und Heroin. »Ich kann die Schmerzen sonst einfach nicht aushalten«, sagt sie. Die Schmerzen, das sind die Entzugssymptome. Karens Arm bessert sich nicht. Wenn nichts geschieht und sie ihr Leben nicht total verändert, sind ihre Aussichten sowohl gesundheitlich als auch sozial mehr als düster.

Fast alle Heroinabhängigen haben Depressionen und denken regelmäßig an Selbstmord. Depressionen sind eine häufige Ursache für den Tod von Junkies. Ganz bewusst geben sich viele oft eine Überdosis, um sich umzubringen. Dennoch ist nicht jeder Heroin-Tote, von dem in den Medien berichtet wird, wirklich an Heroin gestorben. Sehr häufig trat der

Tod aufgrund einer Überdosis Alkohol, Barbiturate oder Tranquilizer ein. Doch diese Drogen sind legal, und die Öffentlichkeit neigt dazu, das Drogenproblem weniger auf Alkohol, Nikotin und Medikamente zu beziehen, dafür umso mehr auf illegale Drogen. Gemessen an der Zahl der Alkohol- und Tablettenabhängigen und der gesellschaftlichen Folgeschäden, sind die Konsumenten illegaler Drogen jedoch ein kleines Randproblem.

Tanja F. (†16): »Ich hab im Drogenrausch einen umgebracht!«

Tanjas Lebenslauf klingt erschütternd. Als vierjähriges Kind kam sie ins Heim, weil sich ihre Mutter nicht genug um sie kümmerte. Mit sechs wurde sie von Pflegeeltern aufgenommen, die Probleme mit dem Alkohol hatten. Mit zwölf holte die leibliche Mutter Tanja zu sich zurück, deren neuer Lebensgefährte jedoch empfand sie als lästig. Folge: Sie landete wieder im Heim, wo sie schließlich mit 13 erste Erfahrungen mit Alkohol und Haschisch machte.

Tanja: »Die Neugier auf das Zeug wurde immer stärker. Ich wollte es unbedingt probieren, weil ich glaubte, damit könnte man die ganze Welt besser ertragen. Doch die Welt wurde immer schlimmer für mich. Nach der 8. Klasse, so mit 14, habe ich die Realschule geschmissen und bin in der Szene abgetaucht.«

Die Szene, das waren für Tanja Hauptbahnhof und Hansaplatz in Hamburg. Dort, wo Drogen und Prostitution regieren, kam sie sofort an Heroin. »Es wurde mir auf der Straße angeboten«, sagt sie, »ein Päckchen mit einem viertel Gramm für 20 Euro. Ein Junkiemädchen, das ich kennenlernte, hat mir beim ersten Schuss geholfen. Ich habe sie mehr oder weniger dazu gezwungen, weil sie nicht wollte. Sie fragte mich dauernd: >Ist das ernst? Mach's lieber nicht! Schau mich an, das macht kaputt!< Dann erzählte sie mir auch, dass sie anschafft und dass das ganz gut läuft. >Ohne Freier kriegst du auf Dauer die Kohle für den Stoff nicht zusammen<, sagte sie mir. Aber das wollte ich nicht glauben, ich hatte ja noch so 50 Euro.«

Tanja merkte bald, dass 50 Euro gerade reichten, um ihren anfänglichen Tagesbedarf an Gift zu decken. Sie schnorrte sich kurze Zeit durch, aber niemand ist egoistischer als Junkies, die sich ihren Druck setzen müssen. Sie verlangten das geliehene Gift zurück. Tanja musste es irgendwie besorgen. In ihrer Naivität dachte sie erst, ein Dealer würde ihr Vorschuss geben, doch weit gefehlt! Die heiße Ware gibt's nur gegen Bares. Je dringender der Süchtige sie braucht, desto teuerer wird sie. All die kleinen »Ameisenhändler«, wie sie im Szene- und Polizeijargon heißen, schlagen aus der Not der anderen Kapital für ihren eigenen nächsten Druck.

Weil Tanja keinen anderen Ausweg sah, stellte sie sich schließlich doch an die Straßen rund um den Hansaplatz und warb um Freier. Das bekam auch der wesentlich ältere Ali mit, der bei der Polizei wegen Dealerei, illegalen Aufenthalts und Körperverletzung bekannt war. Er gaukelte ihr die große Liebe vor und sie stieg darauf ein. Ihr ganzes junges Leben hatte sie sich immer nach Zuneigung gesehnt und nun war da plötzlich ein Mann, der ihr das zu geben schien. Die beiden mieteten sich in einem Appartement ein.

Inzwischen brauchte Tanja täglich ein Gramm Heroin und Unmengen des Beruhigungsmittels Rohypnol. Ali nahm sich vor, mit ihr zu entziehen, doch er war ein Spieler und ständig betrunken. Erst schaffte Tanja freiwillig für ihren Ali mit an, bald zwang er sie dazu. »Alles, was ich verdiente, hat er sofort verspielt. Es gab viel Streit, weil er mir auch noch das Geld für mein Gift wegnehmen wollte. Ich sollte rund um die Uhr anschaffen gehen. Er hat mich auch kontrolliert. Wenn er das Gefühl hatte, dass ich ihm einen Freier vorenthalten habe, schlug er mich. Gesundheitlich ging es mir immer schlechter. Ich brauchte immer mehr Stoff, wog nur noch 36 Kilo, musste aber trotzdem auf den Strich gehen.« Tanja weint: »Das war doch keine Liebe, oder? Aber als sie ihn dann wieder einsperrten und auswiesen, fühlte ich mich so allein. Wir schrieben uns viele Briefe, sodass ich dachte, wir lieben uns doch.« Das Gefühl, allein zu sein, ist für Tanja schwerer zu ertragen als die Tatsache, auf Zuhälterart ausgenutzt zu werden. Und die Sehnsucht nach einem Menschen, der zu ihr hält, ist so groß, dass sie jeden Kompromiss eingeht.

Als Ali aus Deutschland weg war, suchte Tanja mehr denn je Zuflucht in der Droge. Sie war auch voll drauf, als ein betrunkener, ihr bekannter Freier sie um einen Druck bat. Er hatte keinerlei Erfahrung mit Heroin. Tanja: »Wir hatten ein Gramm, und das teilten wir uns. Ich hab ihm den Schuss gemacht. Am nächsten Morgen hat er sich nicht mehr bewegt. Er war tot. Ich hab sofort die Polizei angerufen und alles erzählt. Ich wollte ihn doch nicht umbringen!«

Der Richter zeigte Verständnis für Tanja. Er hielt ihr zugute, dass sie sich sofort freiwillig gestellt hatte, und verurteilte sie nicht. Sie musste aber innerhalb von sechs Monaten einen Therapieplatz vorweisen und bekam die Ersatzdroge Methadon verordnet. Doch in ihrem Frust griff sie wieder zu Heroin. »Ich finde das ganze Leben so furchtbar und frage mich oft, was ich hier auf dieser Welt überhaupt soll. Mich will doch sowieso keiner, ich habe keine Zukunft.«

Kurz darauf gab sich Tanja eine Überdosis. Sie war nicht einmal 17 geworden.

Der schmerzhafte Entzug von Heroin

Verena (17): »Kann es sein, dass Heroinabhängige auf Entzug vor Schmerz in den Teppich beißen?«

Ja, das kann sein und ist nicht übertrieben. Es tut weh, einem Junkie zusehen zu müssen, wie er sich krümmt vor Schmerzen, wie er sich erbricht, schwitzt, zittert und die Haare ausreißt, weil er diese Qual sonst nicht mehr aushält. Entzugssymptome werden von Konsumenten oft als bedrohlich empfunden, zumindest als sehr unangenehm. Dazu gehören: Erweiterte Pupillen, Augentränen, Gänsehaut mit kaltem Schweiß (»cold turkey«), Gliederschmerzen, Opiathunger (»Schussgeilheit«), Niesen, Bauchschmerzen, Durchfall, Brechreiz, häufiges Wasserlassen, Blutdruckerhöhung, steigender Puls, Schlafstörungen, depressive Stimmung – oft mit Selbstmordfantasien, Hitzewallungen, Schwitzen und Zittern. Entzugssymptome treten etwa acht bis zwölf Stunden nach der letzten Heroininjektion auf. Bei jedem Menschen verläuft der Entzug etwas anders. Je kürzer jemand an der Nadel hängt und je geringer die Konzentration des Stoffs ist, desto geringer sind auch die Entzugssymptome. Dennoch erlebt jeder die Qualen auf seine eigene Weise. Die Situation, in der sich der Patient auf Entzug befindet, spielt eine große Rolle. Ist er selbst festen Willens auszusteigen, wird es möglicherweise nicht so schlimm, als wenn sich jemand nur auf Drängen oder unter Zwang dazu entschlossen hat. Viele Junkies entscheiden sich für Entzug und Therapie nur, um nicht ins Gefängnis zu müssen. Diese Voraussetzung ist denkbar ungünstig, um wirklich vom Gift loszukommen. Und der Entzug wird wahrscheinlich umso bitterer.

Die meisten Symptome klingen nach drei bis fünf Tagen ab und sind nach fünf Wochen ganz verschwunden. Schlaflosigkeit, Depressionen und vor allem der Hunger nach Opiat können jedoch noch Monate andauern und zu Rückfällen führen. Vom »kalten Entzug« spricht man, wenn er ohne erleichternde Medikamente stattfindet und die Droge von heute auf morgen abgesetzt wird. Bei körperlich und psychisch gesunden Patienten ist dieser Entzug ungefährlich. Die Behandlung muss jedoch von einem Arzt begleitet, der Patient vorher gründlich untersucht werden, körperlich und psychisch. Beim »warmen Entzug« wird der Abhängige langsam mit einem Ersatzmedikament (meist Methadon, in letzter Zeit auch häufiger Buprenorphin) herunterdosiert, um die Entzugserscheinungen abzumildern. Der Süchtige hat so mehr Zeit, sich auf ein Leben ohne Drogen einzustellen. Es ist sehr umstritten, welcher Entzug der sinnvollere ist.

Nach einem Entzug nimmt die Toleranz des Körpers gegenüber Heroin stark ab, sodass bei einem Rückfall die alte Dosis schnell zur tödlichen Überdosis werden kann. Dies wird oft nicht berücksichtigt, sodass viele Junkies gerade dann sterben, wenn sie einen quälenden Entzug hinter sich gebracht haben.

Reinheit des Stoffs und Mischkonsum

Thomas (16) : »Wird Heroin tatsächlich Rattengift beigemischt? Und stirbt man daran sofort?«

Die illegale Droge Heroin gelangt über ein weit verzweigtes Händlernetz an die süchtigen Konsumenten. Jeder Zwischenhändler versucht, so viel wie möglich daran zu verdienen, und streckt das Gift mit verschiedenen Substanzen, die billiger, oftmals legal und damit leichter zu beschaffen sind. Je mehr Zwischenhändler, desto geringer in der Regel der Heroingehalt. Meistens enthält ein Gramm höchstens ein Drittel Heroin (oft nur fünf bis zehn Prozent), der Rest sind andere Substanzen. Da der Abhängige nie weiß, was er sich wirklich injiziert und das auch nicht überprüfen kann, ist die Gefahr einer Überdosierung sehr groß. Viele Drogentote sind wahrscheinlich auf diese Situation zurückzuführen.

Die Streckmittel, die im Straßenheroin enthalten sind, stellen eine große Gefahr für den Konsumenten dar. Sie sind manchmal ganz harmlos wie z. B. Traubenzucker, Milchzucker oder Vitamin C, aber oft auch höchst schädlich wie Talkumpuder oder Waschpulver. Talkumpuder kann zu schweren Venenentzündungen führen, Waschmittel allergische Reaktionen bis zum allergischen Schock mit Todesfolge hervorrufen. Auch Koffein, Kokain, Betäubungs- oder Schlafmittel sowie Amphetamine können unter das Heroin gemixt werden, was Mischkonsum Vorschub leistet.

Rattengift (Strychnin) wird (sehr selten) beigemischt, weil es selbst einen »Kick« verursacht und so qualitativ besseres Heroin vortäuscht. Es ist hochgradig giftig und führt schon in sehr kleinen Dosen sehr schnell zum Tod.

Häufig reagieren Junkies auf Streckmittel mit einem »Shake«, wovor sie auch große Angst haben. Ein Shake ist eine Art allergische Reaktion des Körpers und äußert sich in Hautjucken (deshalb kratzen sich Heroinabhängige oft so heftig), Zitteranfällen oder Schwellungen. Ein Shake setzt etwa eine halbe Stunde nach dem letzten Druck ein.

Doch nicht nur die Beschaffenheit und die schwankende Dosierung des Straßenheroins machen Junkies zu schaffen. Die meisten Konsumenten sind mehrfach abhängig. Um aufgrund des niedrigen Heroingehalts überhaupt noch zu einem Kick zu kommen, schlucken sie Tabletten und trinken Alkohol, was zusätzliche Risiken sowohl für die Gesundheit als auch im Entzug birgt. Oft müssen sie sechs- bis siebenmal am Tag nachdrücken, weil die Wirkung aufgrund der schlechten Heroinqualität schnell nachlässt und damit die Angst wächst, einen »Affen zu schieben«, das heißt: Entzugserscheinungen zu bekommen.

Mischkonsum ist immer eine sehr gefährliche Sache. Die am häufigsten verwendeten Zusatzstoffe sind Beruhigungs- und Schlafmittel, die auch billiger zu haben sind als Heroin. Sie werden benutzt, um schlechtes Straßenheroin aufzuwerten und dann doch noch einen Kick zu kriegen, oder sie dienen der Überbrückung bei beginnendem Entzug. Je mehr verschiedene Stoffe ein Mensch einnimmt, desto unberechenbarer wird die Wirkung. Die Gefahr von Vergiftungen und schädlichen Nebenwirkungen steigt dadurch enorm.

Nicht alle Heroinabhängigen landen in der Gosse

Fränzi (17): »Gibt es das überhaupt, dass jemand, der Heroin nimmt, nicht irgendwo in der Szene am Bahnhof landet?«

Das gibt es tatsächlich – auch wenn die Öffentlichkeit bei Heroin immer nur an den Fixer auf dem Bahnhofsklo denkt. Die Mehrheit der Konsumenten illegaler Drogen verhält sich nicht anders als die Mehrheit der Biertrinker: nicht haltlos und süchtig, sondern kontrolliert.

Das Elend der Mädchen vom Drogenstrich

Mädchen, die auf dem Drogenstrich anschaffen, tun das nicht freiwillig. Sie sind durch ihre Sucht dazu gezwungen, Geld zu verdienen. Durch Prostitution lässt sich am schnellsten das meiste Bare machen. Ganz abgesehen davon, dass Junkies ohnehin nicht in der Lage sind, einem normalen Job nachzugehen oder in die Schule zu gehen.

Freier, also Männer, die die Dienste Prostituierter in Anspruch nehmen, gehen mit den abhängigen Mädchen oft sehr brutal um. Viele werden auch gewalttätig, werfen sie aus dem Auto, wenn ihnen etwas nicht passt, oder schlagen sie. Daniela (18) berichtet: »Einer hat bei mir mal das Autofenster hochgekurbelt, und ich hatte meinen Kopf drin. Der Typ war unberechenbar, ein bisschen irre, ich hatte Todesangst. Ein anderes Mal fuhr mich einer, der mir von Anfang an unsympathisch war, zu einem Parkplatz, wo noch zwei andere warteten. Dann haben sie mich der Reihe nach vergewaltigt.« Sie weint. »Am Ende haben sie mich in die Ecke geworfen und mir keinen Pfennig gegeben. Ich kam mir vor wie der letzte Dreck. Eine Sozialarbeiterin, die ich ganz gerne mag, schickte mich zu einer Beratungsstelle für vergewaltigte Mädchen. Die dort haben mich einmal von oben bis unten angeschaut, ein bisschen gefragt und dann gesagt: ›Für Drogensüchtige sind wir nicht zuständig.‹ Okay, ich habe verstanden. Ich bin nichts wert, weil ich ein Junkie bin. Dabei bin ich dort hingegangen, weil ich vergewaltigt wurde ...«

Viele Mädchen, die auf dem Drogenstrich anschaffen und abhängig sind, wurden als Kind von Vätern, Stiefvätern, Brüdern, Onkeln oder anderen männlichen Personen aus ihrem Umfeld missbraucht. Dies hat so tiefe Spuren hinterlassen, dass sie kaum Selbstwertgefühl haben, ihren Körper ablehnen und ihn vielleicht auch deshalb instinktiv mit Drogen zerstören. Diesen missbrauchten Körper dann auch noch zu verkaufen ist nur noch ein kleiner Schritt. Die Folgen eines Missbrauchs können einen Menschen sein Leben lang begleiten. Das Gefühl, niemandem vertrauen zu können, allein zu sein mit seinem Problem und bei niemandem Hilfe zu finden, verhindert die Entwicklung von Vertrauen in sich und andere. Die Droge scheint für sie dann zuverlässiger zu sein als andere Menschen. Vor allem das Bedürfnis, unerträglichen Gefühlen und Erinnerungen zu entrinnen, kann zum Gebrauch von Suchtmitteln führen.

Natürlich wissen die Freier, die stundenlang herumfahren und die »Angebote« mustern, dass diese Mädchen drogenabhängig und oftmals auch mit HIV infiziert sind. Daniela: »Ich mache es nicht unter 25 Euro, aber ohne Gummi bieten sie dir sechzig, siebzig. Du brauchst ja das Geld, dann vergisst du halt manchmal deine Prinzipien und tust es doch. Die sind selbst schuld, wenn sie sich anstecken. Ich bin ohnehin positiv, mir kann nichts mehr passieren.« Manche Junkies gehen in der Not, wenn der Stoff dringend her muss, schon für 15 Euro mit einem Freier, oftmals auch ohne Gummi. Wenn der »Affe« kommt, dann ist alles egal. Die Mädchen behalten es in der Regel für sich, wenn sie sich des Geldes wegen auf ungeschützte Spielchen einlassen; denn wenn andere Prostituierte erfahren, dass eine ohne Kondom »arbeitet«, gibt es untereinander Zoff.

Dass die Mädchen von ihren Freiern nicht viel halten, versteht sich von selbst. Sie sind eine Geldquelle, weiter nichts. Es kommt nur ganz selten vor, dass sich daraus mal ein persönlicher Kontakt entwickelt. Sprüche wie »Ich bin doch ganz anders als die anderen« oder »Dir hat es doch auch Spaß gemacht«, bedeuten immer, dass sie weniger oder gar nichts bezahlen wollen. Lina (17): »Ich hab es schon dick, wenn sie dich in ihre Wohnung mitschleppen. Dann wollen sie das Taxi zurück nicht blechen, erzählen Schwachsinn und wollen dich eigentlich nur um deinen Lohn bringen. Wenn mich einer voll nervt, dem schmeiß ich was ins Glas, damit er erst mal pennt. Und dann nehm ich noch mit, was ich gut verkloppen kann. Am liebsten ist mir natürlich Bargeld. Dann muss ich erst mal nicht anschaffen.«

Der Kleinkrieg zwischen Freiern und Mädchen ist Alltag und geht fast immer zu Ungunsten der Mädchen aus. Sie werden von allen Seiten bedrängt: von der Polizei, die regelmäßig Razzien veranstaltet und doch nur nach gebrauchten Spritzen in der Handtasche sucht. Von Dealern, die sie zwingen wollen, bei ihnen zu kaufen, oder den Stoff nur gegen sexuelle Gegenleistung abgeben. Und von Freiern, die sie verprügeln, wenn etwas nicht nach ihren Vorstellungen klappt.

Wie grausam das Leben eines Drogenmädchens, das anschaffen muss, enden kann, könnt ihr im folgenden Fallbeispiel von Bianca Z. nachlesen.

Bianca Z. (✝20): Das grauenvolle Ende eines Junkie-Mädchens

Bremen, Ziegenmarkt. Ein idyllisches Plätzchen inmitten einer hübschen Geschäfts- und Wohngegend. Es ist ein sonniger Mittwoch im Mai gegen halb acht Uhr abends. Die Sonne versteckt sich immer wieder hinter den Wolken. Um diese Zeit wird es auf den Straßen zunehmend ruhiger, denn die Läden schließen, und die Leute strömen nach Hause vor die Fernseher, wo ein Fußballspiel läuft.

Ich bummle durch die Friesenstraße, wo normalerweise die Freier auf- und abfahren. Wenige Meter vor mir geht Bianca. Sie wartet auf Kundschaft, wechselt vom Gehweg auf die Straße. Doch an diesem Abend hält der Fußball die Freier daheim. Ich frage das hübsche Mädchen, ob sie bereit wäre, mit mir ein Gespräch zu führen. Sie grinst und sagt spontan: »Ja, warum nicht? Ist doch besser als ein Freier!«

Wir gehen zusammen an die Weser, die nur etwa zehn Minuten entfernt ist. Bianca lässt sich ins Gras fallen und stöhnt: »Ich habe seit zwei Tagen nicht mehr geschlafen, weil ich keine Bleibe habe. Irgendwie ist meine ganze Situation aussichtslos. Ich bin noch nicht so weit, dass ich einen Entzug machen kann. Wahrscheinlich geht es mir noch nicht dreckig genug.«

Biancas Drogenkarriere begann vor zweieinhalb Jahren. Als ihre Mutter im Alter von nur 41 Jahren an Krebs starb, kam sie mit den neuen Umständen überhaupt nicht klar. Die Eltern wurden geschieden, als sie erst fünf war. Zum Vater hatte sie keinen Kontakt. »Meine Mami war eine wunderbare Frau«, schwärmt sie. »Wir hatten ein sehr gutes Verhältnis. Ich konnte mit ihr über alles sprechen, fühlte mich rundum wohl. Wir wohnten in einem hübschen Einfamilienhaus, hatten einen Hund und alles, was das Leben schön macht. Sogar ein eigenes Auto besaß ich. Mir ging's echt super. Aber als Mami plötzlich tot war, fiel ich in ein tiefes Loch. Über meinen Bruder kam ich dann irgendwann an das Gift.«

Auffällig bei vielen Gesprächen mit Drogenabhängigen ist, dass oftmals durch den Tod eines Elternteils – meistens der Mutter –

eine Leere eintritt, die besonders labile Charaktere nicht bewältigen können. Bedingt durch die ungeschriebenen Regeln unserer Leistungsgesellschaft gestehen sich viele Jugendliche eine gewisse Trauer und Überforderung nicht zu und versuchen, ihren Schmerz mit Hilfe von Drogen aufzuarbeiten.

Bianca weiter: »Nach dem Realschulabschluss fing ich eine Lehre als Krankenschwester an. Das Thema Rauschgift hat mich schon immer brennend interessiert. Ich habe Bücher darüber gelesen und fand es entsetzlich, was das Zeug anrichtet. Damit wollte ich nie etwas zu tun haben.«

Dass das brünette Mädchen etwas nahm, fiel Ärzten und Kollegen in der Klinik sehr bald auf. Sie wollten ihr helfen, zurück auf die richtige Bahn zu kommen. Doch die Droge hatte ihr Opfer bereits fest im Griff. »Erst habe ich Kokain und Heroin nur gesnieft. Haschisch habe ich übrigens nie geraucht. Das Gelaber der Ärzte im Krankenhaus ist mir irgendwann voll auf die Nerven gegangen. Ich bin dann einfach von der Arbeit weggeblieben.«

Während Bianca das sagt, starrt sie auf die Weser und schüttelt sich. Sie friert, obwohl es warm ist. Ich frage, wann sie sich den nächsten Schuss setzen muss. »Etwa in drei Stunden. Aber ich kann es nicht mehr selbst machen, weil meine Venen schon alle zerstochen sind. Ein Freund drückt mir das Gift in den Hals.« Sie schiebt den Rollkragen ihres Pullovers runter. Überall Einstiche. Wir sehen uns einen Moment lang an und sagen kein Wort.

»Ich habe nichts mehr«, unterbricht sie die kurze Stille. »Nach und nach habe ich alles verloren: das Haus, weil mein Bruder ständig irgendwelche Typen dort übernachten ließ, dann das Auto, und unser Hund kam auch weg. Nun schlafe ich mal hier, mal da. Meist bei anderen Junkies. Sie wollen dafür dann ein paar Päckchen Gift.«

Ein Päckchen enthält etwa ein viertel Gramm Heroin und kostet um 20 Euro. Bianca braucht drei bis vier davon täglich, also ungefähr ein dreiviertel bis ein ganzes Gramm. Im Durchschnitt gehen jeden Tag ungefähr 75 Euro dafür drauf. Vor dem Steintor und der näheren Umgebung stehen Trauben von Schwarzafrikanern und Kurden, die die heiße Ware verdealen, um damit auch ihre eigene Sucht zu finanzieren. Die wahren Drahtzieher in diesem üblen Geschäft sind häufig elegante Herren mit Krawatte, die sich in diese elenden Niederungen nie herablassen würden und das Gift selbst natürlich auch nicht konsumieren. Sie bereichern sich auf Kosten Abhängiger und werden nur selten gefasst. Junkies dafür umso öfter.

Um das Geld für das Gift zu beschaffen, steht Bianca Tag für Tag auf der Friesenstraße und wirbt um Freier. »So zwei, drei Ekeltypen muss ich täglich über mich ergehen lassen«, erzählt sie. »Ich brauche das Zeug ja, sonst komm ich auf'n Affen und das muss ich nicht haben, das ist die Hölle.« Die Freier, bei denen Bianca einsteigt, haben nicht selten einen Kindersitz im Wagen, sind also sogenannte »anständige, brave Familienväter«. »Manchmal sind die voll pervers, aber ich lasse mir nichts gefallen. Ohne Gummi läuft gar nichts«, bekräftigt sie.

Man kann dem intelligenten, schlagfertigen Mädchen die Wut auf die Freier aus den Augen ablesen. »Wie sie einen manchmal erniedrigen, das ist furchtbar. Sie behandeln einen wie Scheiße. Dabei sind sie selbst nicht besser. Ich bin doch keine Nutte, ich brauche das Geld, weil ich abhängig bin!«

Manchmal wird Bianca die Situation, in der sie sich befindet, bewusst. »Dann beschließe ich wieder, einen Entzug zu machen. Aber ich habe es schon zweimal probiert und bin wieder rückfällig geworden. Und dann muss ich auch wieder auf'n Acker (Szenejargon für Strich) gehen, logisch! Es ist ein Kreislauf ohne Ende, ich weiß es. Mit der Zeit wird alles auch so sinnlos, man lebt nur noch von einem Druck bis zum nächsten. Und ich glaubte früher immer, mir könne das alles nie passieren ...«

Sie zupft an ihren Leggings und sagt: »Eigentlich habe ich immer ein schlechtes Gefühl, wenn ich bei einem Freier einsteige und mit ihm zum Parkplatz fahre. Manchmal drehen die durch, wenn sie nicht kriegen, was sie sich einbilden. Sie wollen einen dann vergewaltigen und bedrohen dich mit Messer und Knarren. Und das für 40, höchstens 50 Euro. Ich hab bis jetzt immer Glück gehabt und hab's überlebt.«

In der Nacht zum Sonntag hatte Bianca kein Glück mehr. In dieser Nacht, drei Tage nach unserem Interview, wurde sie mit sechs Messerstichen brutal ermordet. Von einem Freier. Ihre Leiche wurde von einer ebenfalls drogenabhängigen Freundin morgens um sechs Uhr auf dem Parkplatz eines Kleingärtnervereins in Bremen gefunden. Der Mörder ist bis heute flüchtig. Laut Oberstaatsanwalt wurde das Mädchen im Auto des Täters schwer verletzt und anschließend ins Gebüsch gezerrt. Zu diesem Zeitpunkt soll Bianca trotz der sechs Stiche in ihrer Brust noch gelebt haben.

So elend wie die ganze Heroinszene auf der Straße ist, so elend ist Bianca auch gestorben. Nicht einmal ganze 24 Stunden nach ihr wurde Drogenmädchen Bettina mit 13 Messerstichen tot aufgefunden. Jeden Tag fordern Drogen allein in Deutschland mehrere Tote.

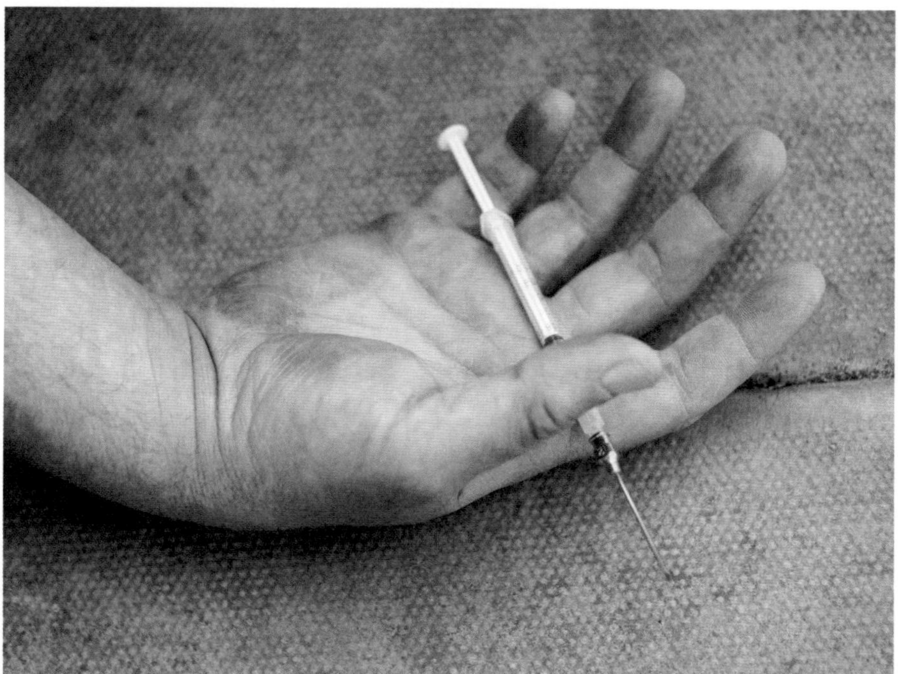

In der Diskussion: Kontrollierte Abgabe von Heroin

Lukas (17): »Ich fände es gut, wenn es Heroin auf Rezept gäbe. Dann hätten die Süchtigen nicht mehr so viel Stress und würden nicht dauernd wegen ihrer Krankheit auch noch straffällig.«

Henriette (16): »Würde eine kontrollierte Abgabe von Heroin so was wie eine Freigabe bedeuten? Dann wäre ich dagegen, obwohl ich niemand kenne, der sich für Heroin interessiert. Das finden in meiner Clique alle eklig und schrecklich.«

Eine kontrollierte staatliche Abgabe von Heroin an Schwerstabhängige hat mit einer Freigabe oder Legalisierung der Droge überhaupt nichts zu tun. Es wird mit Sicherheit nicht so sein, dass sich jeder, der mal möchte, seinen Stoff im nächsten Laden besorgen kann. Auch wenn konservative Starrköpfe strikt gegen eine staatliche Heroinabgabe sind, weil sie befürchten, dadurch werde die Drogensucht verharmlost, die Hemmschwelle für Jugendliche könnte sinken, Abhängige würden dann für immer abhängig bleiben, die Folgen für die Gesundheit des Abhängigen seien bedenklicher als bei der Abgabe des Ersatzstoffes Methadon und die Kriminalitätsrate werde auch nicht sinken. Ein Modellversuch mit Drogensüchtigen in der Schweiz hat als erstes das Gegenteil bewiesen. Bei einem Volksentscheid sprach sich dort eine deutliche Mehrheit für die Durchführung des Projekts aus.

Dabei hat sich die Zahl der Drogentäter und -delikte um etwa 60 Prozent reduziert. Der Versuch hat somit den Teufelskreis aus Sucht und Beschaffungskriminalität gesprengt. Typische Delikte wie Raub und Hehlerei gingen zurück. Initiatoren und Wissenschaftler feierten diesen Erfolg und konnten ihn mit weiteren Zahlen untermauern. Demnach war die Durchhaltequote der Teilnehmer auffallend hoch: 89 Prozent blieben mehr als ein halbes Jahr dabei, 69 Prozent sogar 18 Monate. Positiv wirkte sich die Behandlung auch auf den Gesundheitszustand und die soziale Integration der Teilnehmer aus. Ihr Allgemeinzustand verbesserte sich, Depressionen und Angstzustände nahmen ab, die Arbeitslosigkeit sank von 44 auf 20 Prozent, der Schuldenstand ging zurück, und keiner der Patienten wurde während seiner Teilnahme am Versuch obdachlos. Außerdem sank der illegale Heroin- und Kokainkonsum deutlich. Alkohol und Cannabis wurden jedoch in unveränderten Dosen weitergenommen.

Außerdem werden die Abhängigen von ihren öffentlichen Treffs wie dem Bahnhof oder Parks abgezogen, um den Dealern das Leben schwer zu machen und Passanten vor der schmuddeligen Rauschgiftszene zu schützen. Zugleich gibt es in fast allen großen Städten »Gassenzimmer« und »Fixerstübli «, in die sich die Junkies zurückziehen können.

Rundum also ein sichtbarer Erfolg, der auch die Bundesärztekammer überzeugte. Von 2002 bis 2007 wurden in Bonn, Frankfurt, Hamburg, Hannover, Karlsruhe, Köln und München ebenfalls Modellversuche durchgeführt. Mit deutlichem Erfolg. Die Programme wurden auch nach Beendigung des Versuchsstadiums beibehalten. Berlin und Stuttgart schlossen sich an. Weitere Städte sind seither jedoch nicht hinzugekommen. Auch weil die Auflagen für Betreiber und Patienten 2010 deutlich angehoben wurden, als die Krankenkassen die Abgabe von Diamorphin (synthetischem Heroin) offiziell in ihren Leistungskatalog aufnahmen. So muss jede Abgabestelle mindestens zwölf Stunden lang mit Personal besetzt sein und über drei ärztliche Vollzeitstellen verfügen. Die Süchtigen, die für das Projekt in Frage kommen, müssen schon seit mindestens zwei, in Berlin z. B. mindestens fünf Jahren abhängig sein und mindestens zwei erfolglose Therapien hinter sich haben. Nur wer scheinbar ein völlig hoffnungsloser Fall ist, kann auf eine Aufnahme in die Projekte hoffen.

Auch kaum ein vernünftiger Polizist glaubt heute noch daran, er könne zu einer Lösung des Drogenproblems beitragen, wenn er einen Süchtigen festnimmt. Einsätze in der Szene beschreiben Beamte zynisch als »Junkie-Jogging« oder »Gänsetreiben«. So ziehen die Schwerkranken von U-Bahn-Station zu U-Bahn-Station, weil sie überall verjagt werden. Deshalb sind Fixerstuben so wichtig. Einige davon gibt es auch in Deutschland, z. B. in Frankfurt/M. Sie haben sich bewährt, weil Abhängige sich dort in Ruhe ihren Druck geben können und dies nicht draußen irgendwo geschehen muss, wo möglicherweise Polizei im Anmarsch ist und dann in Panik einfach reingestochen wird. Außerdem sind sie ein Akt der Menschlichkeit, zu dem wir uns als humane Gesellschaft Schwerstkranken gegenüber verpflichtet fühlen sollten. Die kontrollierte Abgabe von Heroin ist eine von verschiedenen Strategien um der Drogenkriminalität Einhalt zu gebieten und den Süchtigen zu helfen. Immer wieder melden sich daher Politiker und Polizisten zu Wort, kürzlich zum Beispiel vom Polizeipräsidenten in Dortmund, die für einen breiteren Einsatz der Programme, in mehr Städten und mit unbürokratischeren Auflagen plädieren.

Vergiss nie, dass die meisten Junkies sehr sensible, aber schwer kranke und abhängige Menschen sind. Sie sind eine Minderheit wie AIDS-Kranke oder Behinderte, und wer sie diskriminiert, der handelt zutiefst unmenschlich. Du kannst ihnen nicht helfen, aber du kannst sie akzeptieren und musst sie nicht ablehnen oder über sie herziehen. »Die sind doch selbst schuld«, »Man sollte sie so lange einsperren, bis sie krepieren« und andere Stammtischsprüche solltest du dir nicht zum Leitbild machen. Junkies und andere Drogensüchtige sind keine schlechteren Menschen als du. Sie haben vielleicht nur nicht so viel Glück gehabt. Willst du sie deshalb mit Missachtung bestrafen?

6. METHADON UND BUPRENORPHIN: DER TÄGLICHE SCHLUCK HOFFNUNG

Was sind Ersatzdrogen? Wie wirken sie?

> **Elisabeth (15):** »Stimmt es, dass Ersatzdrogen auch süchtig machen? Und wenn ja, was sollen sie dann überhaupt?«

Die Ersatzdrogen Methadon und Buprenorphin machen auch körperlich abhängig. Dennoch ist es sinnvoll, sie an Heroinabhängige abzugeben, weil es sich dabei um legale, verschreibungsfähige Medikamente handelt, die zwar dem Betäubungsmittelgesetz unterliegen, aber vom Arzt verordnet und von ihm auch abgegeben werden können. Der Süchtige kann seine Ersatzdroge aber mit einem entsprechenden Betäubungsmittelrezept, welches nicht mit einem normalen Rezept zu vergleichen ist, ebenso in der Apotheke einnehmen. Der Vorteil dabei ist, dass diese Drogen nicht unter Stress beschafft werden müssen, nicht verunreinigt und gestreckt wie das Straßenheroin sind und sich genau dosieren lassen.

Eine Behandlung mit Ersatzdrogen heißt **Substitution** (substituieren = ersetzen). Sie ist sowohl als Überlebenshilfe wie auch als Ausstiegshilfe in ein drogenfreies Leben wichtig und notwendig. Selbst wenn jemand sich nicht für Drogenfreiheit entscheidet, kann er mit Ersatzdrogen ein menschenwürdiges Leben führen, ohne sich der Illegalität mit all ihren gesundheitlichen Gefahren und strafrechtlichen Risiken aussetzen zu müssen.

Methadon hat eine wesentlich längere Wirkungsdauer als Heroin und muss nur einmal täglich eingenommen werden. Heroin muss aufgrund des miesen Gehalts mehrmals am Tag gedrückt werden. Methadon wird in der Substitution außerdem als Tropflösung – meist mit Saft vermischt – getrunken, nicht injiziert. Es verursacht keinen euphorischen Kick, aber der Opiathunger wird für 24 Stunden gestillt und verhindert Entzugserscheinungen. Dies hängt allerdings stark von der Dosierung ab. Gut eingestellte Patienten können manchmal sogar einen Tag mit der Einnahme aussetzen, ohne unter Entzug zu leiden. Der Abhängige ist bei relativ klarem Bewusstsein.

Nebenwirkungen von Methadon: Die Pupillenverengung bleibt wie bei Heroin bestehen, häufig sind Verstopfung, Übelkeit und Erbrechen, Schlafstörungen, Schwierigkeiten beim Wasserlassen, starkes Schwitzen, Nachlassen des Sexualtriebs und depressive Verstimmung. Die Entzugserscheinungen sind ähnlich wie beim Heroin, setzen aber später ein (etwa nach zwei Tagen). Wer also jeden Tag seinen Schluck Methadon holt, der bekommt keine Entzugserscheinungen. Treten sie jedoch auf, dauern sie länger als bei Heroin.

Bei Patienten, die über Monate und Jahre substituiert worden sind und entziehen wollen, kann die Dosis im Laufe eines Jahres langsam reduziert werden. Manche empfinden das als sehr angenehm. Sie bleiben während der ganzen Zeit arbeitsfähig und gewöhnen sich mit der Zeit an das Gefühl, ohne Drogen zu leben.

Buprenorphin wird erst vergleichsweise kurz in der Substitutionstherapie verwendet und hat das weniger wirksame Codein abgelöst. Im Gegensatz zu Methadon stillt Buprenorphin zwar Schmerzen und Entzugssymptome, wirkt aber kaum sedierend. Der Patient ist nicht schläfrig und benommen und kann leichter am Alltag teilnehmen. Für manche Süchtigen ist dies aber auch ein Nachteil, weil sie noch nicht bereit sind, sich mit ihren psychischen oder sozialen Problemen auseinanderzusetzen und die leichte Betäubung daher noch nicht aufgeben können.

Viele Drogenabhängige können mit Buprenorphin oder Methadon aber normal arbeiten und soziale Kontakte haben, die nicht von der Beschaffung illegaler Drogen geprägt sind. Es gibt viele »Substituierte« – also Abhängigen, die auf Ersatzdrogen sind –, die auf diese Weise langsam aus der Sucht herauswachsen und ein Leben ohne illegale Drogen führen.

Erfahrungen mit der Methadonbehandlung

Anke (14): »Können es Junkies überhaupt schaffen, wieder ein ganz normales Leben zu führen?«

Es ist zwar ein harter Weg, aber es ist möglich, wieder ins normale Leben zurückzukehren, auch für jemanden, der mal gedrückt hat. Es kommt immer darauf an, wie früh der Betreffende den Absprung schafft, wie stark sein Wille ist und wie gesund er nach so einer Drogentour noch ist.

Susi (23) packte es an und ist auf dem richtigen Weg. »Meine Eltern ließen sich scheiden, als ich zehn war. Papa zog aus, Mama war Alkoholikerin, ich war mir selbst überlassen und musste mich um den Haushalt kümmern. Meine Mutter konnte ja nicht. Ab dem 14. Lebensjahr jobbte ich noch nebenbei, und ich spürte: Mein Leben verläuft nicht normal, nicht so wie das von anderen aus meiner Klasse. Mit 17 begann ich zu kellnern und bekam ersten Kontakt mit Drogen, Speed und Kokain. Bald darauf setzte ich mir den ersten Schuss Heroin.« Trotz der Sucht, die sie ziemlich schnell gepackt hatte, absolvierte sie ihr Abitur glänzend und fing als Stewardess bei einer renommierten Fluggesellschaft an. »Ich war immer breit auf den Flügen, aber keiner hat was gemerkt«, grinst sie. »Morgens einen Schuss, zwischendurch ein paar Pillen und abends noch mal eine Spritze. Das ging relativ gut. Ich wurde gelobt, weil ich so gut war.«

Der Absturz begann, als sie zum ersten Mal mit der Polizei Probleme bekam. »Ich hatte ein paar Gramm Koks und ein paar Gramm Heroin dabei, wurde festgenommen. Mein Job war dann futsch, die Schulden wuchsen, und mit der Therapie klappte es auch nicht. Ich war ziemlich am Boden. Aber ich rutschte nie ab in die Szene. Ich glaub, da wieder rauszukommen, das ist doppelt schwierig. Ich hab mir die Spritzen immer daheim gegeben, im privaten Umfeld.

Mein Arzt kriegte mich dann ins Methadonprogramm. Das hat mir sehr geholfen. Ich bin schon ziemlich weit runterdosiert und habe das Gefühl, es geht aufwärts. Doch dann kommt wieder dieser Drang, mir was reinschießen zu müssen, und dann könnte ich schreien, weil ich weiß, das geht nicht, das darf und will ich nicht tun. Ich bin noch nicht fit, aber jeder Tag, an dem ich einen Rückfall verhindert habe, ist ein Erfolg für mich. Ich will es so weit wie möglich rausschieben, wieder ins alte Fahrwasser zu geraten. Am besten nie mehr. Aber das sage ich mir nicht, sonst wird es zu schwierig. Ich lebe nur von Tag zu Tag und wenn ich abends sagen kann: Heute habe ich wieder gegen das Gift gewonnen, dann bin ich richtig glücklich.»

Susi hat auch schon wieder eine Arbeitsstelle gefunden, in einer Software-Firma. Ihre Lebensumstände waren und sind besser als die derer, die von der Straße kommen. Sie müssen neben der Methadonbehandlung auch psychosozial betreut werden. Das heißt, Einzel- oder Gruppengespräche mit Therapeuten oder Drogenberatern sind nötig. Viele Einrichtungen bieten auch die Möglichkeit kreativer Freizeitgestaltung, um die Behandlung auch auf dieser Ebene zu unterstützen. Ein Junkie, dessen Alltag jahrelang daraus bestand, Stoff zu besorgen, anzuschaffen und sich vor der Polizei in Acht nehmen zu müssen – der fällt erst einmal in ein tiefes Loch, wenn er mit klarem Kopf sieht, in welcher Situation er sich befindet und welche Leere sich in ihm ausbreitet, wenn diese ungesunde Action wegfällt. Junkie sein ist ein 24-Stunden-Job mit allen Folgeerscheinungen von körperlichem und seelischem Stress. Das ganze Denken und Handeln wird von der Drogenbeschaffung bestimmt, andere Interessen gibt es nicht mehr.

Durch Methadon gibt es im Leben eines Junkies wieder Platz für andere Gedanken und Aktivitäten. Er muss nicht mehr überlegen: Wo setze ich mir den nächsten Druck? Wie kriege ich genug Stoff her, bevor der Entzug kommt? Ist der Stoff sauber oder nicht? Was mach ich, wenn ein Freier nicht bezahlen will? Substituierte Patienten haben endlich wieder Zeit, eine Lebensplanung zu entwerfen, die über den nächsten

Druck hinausgeht. Der körperliche Zustand verbessert sich aufgrund der sauberen Ersatzdrogen ziemlich schnell.

In ein Methadonprogramm aufgenommen zu werden, war bis vor einiger Zeit eine recht schwierige Angelegenheit und wurde von Bundesland zu Bundesland unterschiedlich streng ausgelegt. Wer in Hamburg substituiert wurde, der hätte z. B. in München keine Chance gehabt. Nur ein »aussichtsloser Fall«, etwa mit Aids im fortgeschrittenen Stadium oder einer anderen lebensbedrohlichen Krankheit, konnte überhaupt Hoffnung auf Substitution haben. Mit anderen Worten: Ersatzdrogen bekamen nur die, die ohnehin kaum noch zu retten waren. Doch allmählich wurde in Anbetracht des Elends und der gescheiterten Drogenpolitik stillschweigend einiges erleichtert, sodass heute bundesweit mehr Leute in den Genuss einer Substitution kommen als noch vor wenigen Jahren.

Etwa 70000 Junkies schlucken derzeit in Deutschland unter Aufsicht die Heroinersatzmittel Methadon und Buprenorphin. Zugelassen werden Heroinabhängige, die nach Einschätzung der Ärzte nicht drogenfrei behandelt werden können. Das ist beispielsweise der Fall, wenn wiederholte Entzugstherapien keinen bleibenden Erfolg zeigen, wenn zusätzlich schwere Krankheiten vorliegen (z. B. Aids) oder wenn eine Süchtige schwanger ist.

Methadon und Buprenorphin bieten jedoch keinen Ersatz für das Glücksgefühl, den Kick, von dem Abhängige träumen. Entsprechend häufig schlucken, spritzen und schnupfen bis zu 50 Prozent der Patienten zusätzlich andere Drogen: Kokain vor allem, aber auch Beruhigungsmittel und Aufputscher. Um die teilweise scharfen Drogenkontrollen der Methadon-Ärzte zu umgehen, handeln Junkies mit rückstandsfreiem Urin von Fremden.

Aufgrund der mittlerweile flächendeckenden Substitutionsangebote ist die Beschaffungskriminalität aber vielerorts rückläufig. Rauschgiftfahnder bestätigen: »Das ist ein hundertprozentiger Effekt der Methadonprogramme.«

Home

D. DU UND DEINE ELTERN: BRISANTE FRAGEN ZUM THEMA

Wo kannst du mit Drogen in Berührung kommen?

Es ist eine Tatsache, dass Kinder und Jugendliche heute fast überall mit Drogen in Berührung kommen: auf einer Party, in der Schule, in der Clique, im Freizeitheim oder an anderen Treffpunkten. Drogenfreie Zeiten kennen Jugendliche heute nur noch aus Erzählungen von Eltern oder Großeltern. Drogenmissbrauch und Drogenabhängigkeit sind längst nicht mehr nur ein Problem von Randgruppen.

Jürgen H. (36), Drogenkontaktlehrer in Nordrhein-Westfalen: »Viele Eltern glauben, dass allein dadurch, dass es einen Lehrer mit so einer Funktion an der Schule gibt, das Problem schon gelöst sei. Es gibt genug Schulen, an denen Drogen total totgeschwiegen und sogar Aufklärungsveranstaltungen mit Eltern und Schülern abgesagt wurden, um nicht den Anschein zu erwecken, man hätte damit etwas zu tun. Es geht ja auch darum, dass die Schülerzahlen nicht sinken. Wenn die Schule ins Gerede kommt, könnte das durchaus passieren. In der Realität gibt es aber kaum eine Schule, in der keine Drogen vorkommen. Jeder weiß das, nur manche Direktoren wollen es nicht wahrhaben. Ich schätze, dass die Hälfte aller Jugendlichen mit Drogen zu tun hat. Sei es, dass sie herumprobieren oder schon abhängig sind. Man darf da auch nicht mit Verboten und Vorwürfen kommen, man muss da mit sehr viel Fingerspitzengefühl arbeiten. Drogen haben mit dem Bauch zu tun, nicht mit dem Verstand. Letztlich kann man niemand davon abhalten, wenn er Drogen konsumieren möchte. Man kann ihn nur beraten, aufklären.«

Tina R. (18): »Ich habe auch alles probiert, bis auf Heroin. Jetzt weiß ich, wie es ist und brauche es nicht mehr. Aber wenn ich nicht mal geschnuppert hätte, wäre immer dieser Reiz da gewesen.«

Wer diesen Reiz spürt, der wird sich von niemand und nichts davon abhalten lassen, Drogen zu probieren. Wer jedoch keinen Reiz empfindet und nur von anderen dazu gedrängt wird, auf den können Eltern einwirken und ihn stark machen, damit er nicht mit dem Strom schwimmt und gezielt und selbstbewusst »nein« zu Drogen sagt. Ob die Tochter oder der Sohn dann am Ende so viel Mut haben und wirklich ablehnen, das sei dahingestellt.

Die Vorbildfunktion der Eltern

Eltern sind Vorbilder für ihre Kinder – auch im Umgang mit Suchtmitteln wie Alkohol, Nikotin oder bestimmten Medikamenten. Vor allem in den ersten Lebensjahren des Kindes, in denen es seine Eltern wie selbstverständlich beobachtet und nachahmt und noch nicht in der Lage ist, darin ein abschreckendes Beispiel zu sehen. Kinder übernehmen solche Verhaltensweisen, die zu Suchtverhalten führen können.

Wenn etwas wehtut, gibt es immer eine Pille, einen Saft oder ein Zäpfchen – und der Schmerz ist weg. Das Fernsehen wird angeschaltet, um sich zu entspannen. Ein tiefer Lungenzug an der Zigarette, und gleich wird's gemütlich und ruhig. Stress und Ärger werden mit einem Gläschen Wein oder Bier runtergespült – so bekommen Kinder mit, dass man sich schwierigen Situationen nicht unbedingt stellen muss, sondern sie scheinbar wegzaubern kann. Kinder, die so ein Verhalten täglich oder regelmäßig mitbekommen, werden gar nicht erst anfangen, nach eigenen, echten Lösungen für ihre Probleme zu suchen.

»Vorbildlich« zu sein, das heißt für Eltern: Mäßig und vernünftig mit Suchtstoffen umgehen und illegale Drogen grundsätzlich meiden. Auch Schlaf- und Beruhigungsmittel sowie Schmerztabletten sollten nur im äußersten Notfall und ausnahmsweise eingenommen werden. Zigaretten und Alkohol dürfen zu Hause nicht das Image von Problemlösern haben und sollten weder regelmäßig noch in größeren Mengen konsumiert werden.

Der Erziehungsstil von Eltern spielt bei der Entstehung einer Abhängigkeit eine wichtige Rolle. Gleichgültigkeit, Verständnislosigkeit, Überbesorgtheit und Inkonsequenz sind Merkmale eines Erziehungsverhaltens, das zu einer Störung der kindlichen Entwicklung wie z. B. der Entstehung eines Suchtverhaltens beitragen kann.

Viele Eltern haben Angst, Konflikte mit ihren Kindern offen auszutragen. Dabei gehört eine klärende Aussprache in jede Familie und wird auch von Jugendlichen als befreiend erlebt. Dürfen Konflikte offen ausgetragen werden, besteht in der Familie Verständnis und die Bereitschaft einander zuzuhören und werden Eigenschaften wie Offenheit und Eigenverantwortlichkeit gefördert, so ist die Wahrscheinlichkeit gering, dass hier eine Sucht entsteht.

So können Jugendliche in die Drogenmühle geraten

Nur selten bekommen Jugendliche von Dealern Drogen angeboten, die mit anderen, stärkeren Stoffen vermischt sind, um sie so an härtere Mittel heranzuführen. Die Nachfrage ist ohnehin so groß, dass Dealer auch sehr gute Geschäfte machen, ohne eine teure Dosis quasi umsonst beimixen zu müssen. Viel eher werden Stoffe so gestreckt, dass Süchtige aufgrund schwacher und zu kurzer Wirkung reichlich Nachschub besorgen müssen. Beispiel: Verdächtiges Haschisch, bei dem User eine Opiumbeimengung befürchteten, stellte sich als besonders starker Shit heraus. Auch die berühmte »Pille im Drink«, die heimlich verabreicht wird, kommt in der Realität nur selten vor. Ein Dealer, der versucht, auf diese Weise neue Kunden zu gewinnen, wird damit keinen Erfolg haben, da sich der mögliche Konsument getäuscht fühlt und sauer ist. Auch die klassische Verführungssituation (Fremder bietet an, Jugendlicher kauft) findet in der Wirklichkeit kaum statt.

Jugendliche geraten über ganz alltägliche Situationen, z. B. über Freunde, Bekannte, Mitschüler, Kollegen oder die Clique an Drogen. Ihre ersten Erfahrungen damit machen sie oft in vertrauter Umgebung: auf privaten Feten, Schulpartys oder im Freizeitheim. Der Einstieg wird durch die Sinnsuche und Abenteuerlust erleichtert, ebenso durch Neugier und das Anstacheln durch andere. Junge Leute wollen auch im Bereich Drogen ihre eigenen Entdeckungen machen, woran sie sich in der

Regel weder durch Verbote noch durch Abschreckung oder Miesmacherei hindern lassen. Am besten ist es, Eltern sprechen ganz offen und ehrlich mit ihren Kindern über Drogen und informieren sich selbst genau. Wissen die Eltern weniger Bescheid als das Kind, haben sie von vornherein verspielt und werden nicht ernst genommen.

Für Jugendliche sind Drogen nicht grundsätzlich gefährlich, böse und zerstörerisch. Da die Gefühle nach dem ersten Drogengenuss meistens gut und angenehm sind, möchten viele Menschen diesen Zustand wiederholen und greift immer und immer wieder zum Gift. Dies ist eine sehr ernst zu nehmende Situation, da in diesem Moment eine echte Drogengefährdung besteht. Eltern sollten ihrem Kind klarmachen, dass diese anfänglich gute Wirkung einer Droge die wahre große Gefahr ist. Wenn es das weiß, ist es besser gewappnet und kann womöglich noch die Notbremse ziehen, ehe es zu spät ist.

Greifen Tochter oder Sohn wiederholt zu einem Rauschmittel, sind sie gefährdet, sich daran zu gewöhnen. Da sie fest glauben, alles unter Kontrolle zu haben, sind sie oft schwer zugänglich. Eltern sollten dennoch ein Gespräch anbieten und sich auch darum bemühen, dabei aber nicht autoritär auftreten. Viel wichtiger ist es, sachkundig zu sein, sich also genau über Drogen informiert zu haben, damit Tochter oder Sohn überhaupt zuhören. Wenn sie merken, dass Mama oder Papa eigentlich keine Ahnung haben, aber drauflospoltern, sind die Aussichten auf einen Erfolg des Gedankenaustauschs gleich null. Das Gespräch sollte keinesfalls unter Zwang oder Drohungen zustande kommen.

Verhaltensregeln für Eltern, die glauben, ihr Kind nimmt Drogen

Keine Panik, kein überschnelles Handeln!

Durch übereiltes Handeln und hastiges Reagieren verschärfen Eltern das vermutlich schon leicht angeknackste Verhältnis zu ihrem Kind. Das Problem lässt sich nicht mit der Brechstange lösen. Sie brauchen Zeit und Einfühlungsvermögen. Ist das Kind verschlossen, versuchen Sie es nicht auszuquetschen, sondern lassen Sie ihm Zeit, vielleicht von sich aus auf Sie zuzugehen. Besprechen Sie Ihre Beobachtungen mit einer neutralen Vertrauensperson!

Versuchen Sie in diesem Gespräch zu klären, ob die beobachteten Verhaltensveränderungen wirklich auf Drogen, z. B. Ecstasy, zurückzuführen sind. Vielleicht ist das Verhalten auch mit entwicklungsbedingten Krisen zu erklären. Versuchen Sie das Verhalten Ihres Kindes möglichst genau zu beschreiben und nicht nur Ihren Drogenverdacht zu bestätigen.

Verschaffen Sie sich ein umfangreiches Hintergrundwissen über die Entstehungsbedingungen von Sucht!

Nur so können Sie übertriebenen Ängsten entgegenwirken und den Jugendlichen und seine Situation vielleicht besser verstehen. Viele der jungen Leute, die ich befragte, waren überrascht und enttäuscht über das unzureichende Wissen ihrer Eltern im Hinblick auf Drogen. Sie können, wenn Sie sich unsicher fühlen, auch eine Suchtberatungsstelle in Ihrer Nähe um Hilfe fragen (Kontaktadressen siehe Anhang, ab S. 269).

Suchen Sie ein gemeinsames Gespräch mit der Familie! Setzen Sie Ihr Kind dabei aber nicht auf die Anklagebank. Dies würde sein Abwehrverhalten nur noch steigern. Reden Sie über Ihre Ängste, Befürchtungen und Bedürfnisse, aber auch über die vorhandenen Spannungen und Konflikte. Versuchen Sie, Ihrem Kind deutlich zu machen, dass Sie es als Mensch und Person anerkennen und lieben, dass aber gewisse Verhaltensweisen bei Ihnen auf persönliche Grenzen stoßen, die Sie in dieser Form nicht mehr tolerieren können. Dadurch schaffen Sie klare Verhältnisse, die vielleicht eine Grundlage bilden für die Entwicklung einer gemeinsamen Vertrauensbasis.

Daran lässt sich erkennen, ob jemand Drogen nimmt

Es gibt nur wenige ganz sichere Anzeichen dafür, ob jemand Drogen nimmt. Die für einen Laien erkennbaren Symptome können auch viele andere Gründe haben. Indizien für einen Drogenmissbrauch und entstehende Abhängigkeit können sein:

◊ Körperliche Leiden wie häufige Kopfschmerzen, Neigung zu Schwindel, Ohnmachten, Herzbeschwerden, Magen- und Darmproblemen, Menstruationsstörungen, blasse Haut und Händezittern

◊ Psychische Auffälligkeiten wie überdurchschnittliches Misstrauen, Angstzustände, Überempfindlichkeit, Stimmungsschwankungen zwischen himmelhoch jauchzend und zu Tode betrübt, Interesselosigkeit, leichte Ermüdbarkeit, Schwierigkeiten in Schule oder Beruf

◊ Plötzlicher Leistungsabfall in der Schule, heimliches Schwänzen oder Abbrechen von Schule oder Lehre ohne erkennbaren Grund

◊ Aufgabe von Hobbys, ohne neue zu entdecken

◊ Plötzliches Beenden von Freundschaften, stattdessen immer neue flüchtige Bekanntschaften

◊ Null-Bock-Stimmung, Pessimismus und Meinungsschwankungen

All diese Anzeichen weisen darauf hin, dass sich ein Kind nicht wohl fühlt und Probleme hat. Es kann sein, dass es Drogen als Lösung seiner Schwierigkeiten benutzt. Das muss aber nicht sein. Jedenfalls sollten Eltern auf solche Anzeichen achten und sie ernst nehmen. Sie sollten auch bedenken, ob sich das Kind momentan in einer besonderen Gefährdungssituation befindet, in der es anfällig für Drogen sein könnte.

Solche Situationen sind:

◊ Wenn es Probleme mit Freund oder Freundin gibt

◊ Wenn Schwierigkeiten in der Schule oder am Arbeitsplatz auftauchen

◊ Wenn die Eltern sich trennen oder scheiden lassen wollen oder es häufig zu Streitereien zwischen Ihnen und dem Kind kommt

◊ Wenn Sie selbst oder ältere Geschwister übermäßig dem Alkohol oder Medikamenten zusprechen

◊ Wenn andere Freunde aus der Clique des Kindes bereits Drogen nehmen

Bei all dem sollten Sie nicht vergessen, dass es normal ist, wenn Ihr pubertierendes Kind durch folgende Punkte auffällt:

◊ Schwankende Schulleistungen

◊ Wenn es sich von der Familie zurückzieht und starken Stimmungsschwankungen zwischen Zuneigung, Ablehnung, Aggression und Vertrautheit unterliegt

Sollte es sich bestätigen, dass Ihr Kind Drogen nimmt, dann ist es gefährdet und auf dem Weg in die Abhängigkeit. Auch wenn es Ihnen schwer fällt, damit umzugehen, vergessen Sie nicht: Abhängigkeit ist eine Krankheit, die auch zu schweren Wesensveränderungen führen kann.

Wie sich jemand verändert, wenn er »drauf« ist

Ein junger Mensch, der drogenabhängig ist, verändert sich total. Oft ist er für seine Eltern und Freunde nicht wiederzuerkennen. Er braucht viel Geld und um dieses zu beschaffen, setzt er alle Hebel in Bewegung und hat dabei auch keine Hemmungen, seine Familie zu bestehlen. Alarmzeichen sind:

◊ Wenn das Kind heimlich nach und nach wertvollen Besitz, wie Stereoanlage, Computer, Handy, Fernseher oder auch Kleidung versetzt

◊ Wenn es den Eltern Geld aus dem Portemonnaie entwendet, Schmuck oder andere Wertgegenstände zum Hehler trägt oder gar Wertpapiere und Sparbücher wegbringt

◊ Gibt es daheim nichts mehr zu holen, versucht der Drogenabhängige möglicherweise, Sie zu erpressen – mit der Drohung, er bringe sich um, wenn Sie ihm nicht helfen

◊ Irgendwann werden Drogen »in Kommission« genommen und die Sucht durch Kleinstdealerei in der Szene finanziert

◊ Straftaten wie Einbruch, Diebstahl oder Urkundenfälschung folgen. Auch Blanko-Arztrezepte werden geklaut und gefälscht

◊ In allerletzter Not verkaufen vor allem Mädchen ihren Körper und prostituieren sich.

Ist Ihre Tochter dort gelandet, liegen bereits ein längerer Drogenmissbrauch und eine mehrjährige schwere Abhängigkeit vor. Ihr Kind ist dann schwer krank. Auch wenn Sie ihm nicht helfen können, lassen Sie es nicht fallen. Ziehen Sie aber klare Grenzen und lassen Sie sich nicht benutzen. Sie werden sonst immer den Kürzeren ziehen.

Da Besitz, Erwerb und Handel von illegalen Drogen verboten sind und unter Strafe stehen, übertritt ein drogenabhängiges Kind ständig das Gesetz. Dazu kommt die Beschaffungskriminalität. Wichtig ist, dass Eltern wissen, dass ihr Kind dies alles nicht tut, um sie persönlich zu verletzen, sondern weil es suchtkrank ist. Nur die Abhängigkeit hat Ihre Tochter oder Ihren Sohn so werden lassen.

Wenn Sie noch Zugang haben und Ihr Kind zur Rede stellen, erwarten Sie keine Geständnisse. Es wird alles abstreiten, Sie im fortgeschrittenen Stadium vielleicht sogar bedrohen. Wenn es allerdings Geld oder sonst etwas von Ihnen braucht, wird es alles versprechen, aber letztlich nur, um wieder an Stoff zu kommen. Der Teufelskreis lässt sich nur durchbrechen, wenn das Kind selbst bereit ist, etwas gegen seine Abhängigkeit zu tun.

Müssen Eltern ihr Kind anzeigen, wenn sie sehen, dass es Drogen nimmt?

Es gibt nicht nur ein elterliches Sorgerecht, sondern auch eine elterliche Sorgepflicht. Diese beinhaltet, dass Eltern alle erzieherischen Maßnahmen ergreifen sollen, die dem Wohl des Kindes dienen. Wenn ein Kind nur einmal einen Joint geraucht hat, ist es aus rechtlicher Sicht ausreichend, in einem Gespräch auf die Gefährlichkeit von Drogen generell einzugehen. Wird der Drogenkonsum (egal, ob es sich um Alkohol, Haschisch, Ecstasy oder anderes handelt) regelmäßig, gebietet die elterliche Sorgepflicht unter Umständen etwas mehr, z. B. eine Suchtberatungsstelle oder ähnliche Einrichtungen aufzusuchen.

Eltern, die im Zimmer eines Kindes Drogen finden und an sich nehmen, können sie entsorgen, indem sie sie zur Apotheke oder einer Drogenberatungsstelle bringen. Dafür können Eltern strafrechtlich nicht belangt werden. Sie machen sich auch nicht strafbar, wenn sie in einem solchen Fall ihr Kind nicht anzeigen. Strafbar machen sich Eltern jedoch, wenn sie aus Mitleid mit ihrem abhängigen Kind selbst Drogen für die oder den Kranke(n) besorgen, z. B. weil sie nicht wollen, dass sich die Tochter weiter prostituieren muss.

Die Polizei unterliegt dem Legalitätsprinzip, das heißt: Sie ist verpflichtet, alle Verstöße gegen das Betäubungsmittelgesetz und alle nach dem Strafgesetzbuch unter Strafe gestellten Handlungen zu verfolgen. Der Beamte muss also anzeigen, sonst macht er sich selbst strafbar. Deshalb sollten sich Eltern im Klaren darüber sein, dass die Sache verfolgt werden muss, wenn sie Drogen ihres Kindes zur Polizei bringen. Dennoch bekommen Sie auch bei den präventiv arbeitenden Stellen der Polizei oder Landeskriminalämter kostenlos Beratung und Auskunft über Drogen – auch anonym.

Möchte Ihr Kind unbedingt zu einer Party gehen, wo es auch Ecstasy gibt, machen Sie es darauf aufmerksam, welche Gefahren und Risiken es damit eingeht. Eine strafrechtliche Verantwortung kann Ihnen daraus nicht entstehen, wenn Sie Ihrem Kind erlauben, solche Veranstaltungen zu besuchen. Es ist schließlich nicht zwingend, dass Ihr Kind dort Ecstasy nimmt.

Gegenstände, die verraten, dass jemand auf Drogen ist

Für jede Droge braucht der Konsument andere Hilfsmittel. Außerdem kommt es darauf an, in welcher Form er sich das Gift verabreicht. Eltern sollten nicht vergessen, dass solche Gegenstände kein Beweis für einen Drogenkonsum ihres Kindes sein müssen, aber einen Hinweis auf möglichen Umgang mit Drogen darstellen können.

Wer Haschisch raucht, hat meistens Pfeifen, eine »Bong« (spezielle Wasserpfeife aus Glas oder Kunststoff) oder ein sogenanntes »Shillum« (spezielles Haschisch-Rauchgerät aus Holz, Ton oder Stein, meist indischer oder nepalesischer Herkunft). Dazu werden oft Räucherstäbchen oder -kerzen benutzt, um den typischen Haschischgeruch zu überdecken. Auch kleine Waagen (Briefwaagen) werden häufig gebraucht, um

Verbrauchseinheiten in Gramm abwiegen zu können. Haschisch oder Gras werden in Döschen aufbewahrt.

In solchen Döschen oder Schächtelchen werden auch LSD, Ecstasy oder andere Trips aufbewahrt.

Zu Kokain, oft auch zu Speed oder Crystal Meth, gehören einige Schnupfutensilien wie kleine Spiegel, winzige Löffelchen, Rasierklingen zum Zerkleinern der Kokainkristalle, Schnupfröhrchen aus Plastik, Metall, Glas oder Papier, gefaltete Stanniol- oder Papierbriefchen, in denen Kokain zu sogenannten »Hits« verpackt wird.

Die Briefchen, in denen Heroin verpackt ist, sehen ähnlich oder genauso aus. Außerdem brauchen Abhängige dafür Einwegspritzen, Löffel, die meistens unten schwarz vor Ruß (von der Flamme beim »Aufkochen«) und vorne nach unten gebogen sind. Dazu gehören außerdem Wattebällchen oder abgerissene Zigarettenfilter, durch die das Heroin in die Spritze gezogen und »gereinigt« werden soll. Zum Abbinden der Vene vor der Injektion wird ein Band, Riemen, Gürtel oder Gummischlauch benutzt.

All diese Utensilien bewahrt der Drogenkonsument in seinem unmittelbaren Bereich auf und versteckt sie vor Familienangehörigen.

Wie lässt sich erkennen, welche Drogen jemand nimmt?

Es ist sehr schwierig, von äußeren Merkmalen darauf zu schließen, welche Droge jemand nimmt. Es gibt kaum verlässliche Kennzeichen. Ist ein Jugendlicher noch in der Pubertät, wird die Einschätzung noch vager. Im Folgenden ein paar mögliche Anhaltspunkte:

Bei Haschisch kann es sein, dass Ihr Kind übermäßig lustig ist und regelrechte Lachanfälle bekommt, die für Sie keinen offensichtlichen Anlass haben. Das kann aber auch ganz andere Gründe haben, muss nicht mit der Droge zusammenhängen. Ein Hinweis darauf, dass der Jugendliche gekifft hat, können rot geränderte Augen sein. Es kann sich aber auch um eine ganz normale Bindehautentzündung handeln.

Bei LSD und anderen Trips ist der Konsument nicht ansprechbar, möglicherweise stundenlang geistig abwesend, redet wirres Zeug und kann Abläufe nicht mehr koordinieren. Er fixiert plötzlich einen Punkt oder einen Gegenstand mit entrücktem Gesichtausdruck – er könnte unter dem Einfluss eines Halluzinogens stehen. Aber es ist genauso möglich, dass Tochter oder Sohn einfach unsterblich verliebt sind oder unter irgendeinem tief bewegenden Ereignis leiden und die ganze Welt rund um sich vergessen. Sie müssen sehr genau hinsehen, um dies richtig einschätzen zu können. Im Zweifelsfall wenden Sie sich an eine Drogenberatungsstelle.

Bei Kokain oder Amphetaminen ist der Jugendliche total aufgedreht, unruhig, hektisch und quirlig. Er redet pausenlos, ermüdet nicht und strotzt vor Tatendrang. Möglicherweise wird er auch schnell aggressiv. So ein Verhalten kann, muss aber nichts mit Kokain oder Aufputschern zu tun haben. Es kann genauso gut sein, dass Ihre Tochter oder Ihr Sohn einfach gut drauf ist, Glück mit einem Partner erlebt, sich auf Urlaub oder über gute Leistungen freut. Das kann die Euphorie auch erklären!

Bei Heroin und anderen Opiaten sieht es ganz anders aus. Der Jugendliche ist innerlich unruhig, ängstlich, schwitzt stark, hat eine laufende Nase, gähnt und klagt über Schlafstörungen, Hitzewallungen, Gänsehaut und Appetitlosigkeit. Übelkeit, Erbrechen und Durchfall können auf Entzugserscheinungen hindeuten. Es kann aber auch sein, dass nur eine Erkältung im Anmarsch ist oder ein nicht ausgeheilter Infekt wieder zum Ausbruch kommt. Wird die Droge injiziert, sind äußerlich Einstichstellen sichtbar – an Armen, Beinen, Füßen oder am Po. Der Jugendliche wird natürlich alles tun, um diese zu verstecken. Wird Heroin geraucht oder geschnupft, kann das ein ahnungsloser Außenstehender kaum feststellen. Unter direkter Einwirkung des Gifts sind die Pupillen sehr eng und bleiben es auch im Dunkeln, wenn sie sich normalerweise erweitern müssten.

Die einzigen wirklich deutlichen Alarmzeichen sind aber Einstichstellen durch Spritzen. Einen Beweis bringt nur die Untersuchung des Bluts oder des Urins.

Wie du erkennen kannst, ob jemand Ecstasy konsumiert

Bei Ecstasy ist es im Gegensatz zu anderen Drogen sehr schwierig, auffällige körperliche Symptome festzustellen. Ein direktes Anzeichen von Ecstasy-Konsum, wie z. B. die weit geöffneten Pupillen, die sich auch bei Lichteinwirkung nicht verkleinern, kann in den wenigsten Fällen bemerkt werden, da Jugendliche meist erst dann heimkommen, wenn die Eltern schon schlafen. Eltern sind deshalb auf eine Vielzahl von unterschiedlichen Verhaltensweisen und Auffälligkeiten angewiesen, die zwar Hinweise, letztlich aber keine Sicherheit über einen Ecstasy-Gebrauch geben können. Folgende Verhaltensauffälligkeiten sollten aber zum Anlass für ein offenes Gespräch zwischen Eltern und Jugendlichen genommen werden:

◊ Appetitlosigkeit. Dies ist eine der bekanntesten Nebenwirkungen. Sie tritt meist am Tag nach dem Konsum oder sogar noch am selben Tag auf und kann zu einem langsamen Gewichtsverlust führen.

◊ Einschlafschwierigkeiten oder Schlaflosigkeit. Durch die typische aufputschende Wirkung von Ecstasy oder »E« ist oft nicht an Schlaf zu denken. Um runterzukommen, greifen deshalb viele Jugendliche zu Cannabis-Produkten oder Schlafmitteln. Die Einschlafschwierigkeiten machen sich meistens am nächsten Morgen und auch noch Tage nach einem durchgefeierten Wochenende bemerkbar.

◊ Magenprobleme. Einige Ex-User berichten, dass sie, zumindest bei

erhöhtem Konsum, Magenprobleme bekommen, die zu häufigem Erbrechen führen.

◊ Stimmungsschwankungen und Gefühlskälte. Oft fallen Ecstasy-Konsumenten nach einem Wochenende in ein depressives Loch. Sie ziehen sich zurück und sind für niemanden ansprechbar.

◊ Wechsel des Freundeskreises. Die Gruppe von Gleichaltrigen ist für junge Leute von besonderer Bedeutung. Drogenkonsum findet seinen Ursprung oft in der Gleichaltrigengruppe. Drogenkonsumenten derselben Altersgruppe suchen Gleichgesinnte, die ebenfalls konsumieren. Ex-User berichten, dass sie deshalb den Freundeskreis gewechselt haben und ihre alten, nicht konsumierenden Freunde von einem auf den anderen Tag nicht mehr kannten. Diese wurden dann ziemlich schnell links liegen gelassen. Sie galten fortan als Spielverderber, weil sie »uncool« und »schlecht drauf« waren.

◊ Nur noch fixiert auf Weggehen und Partyfeiern. Der Alltag wird als grau, monoton und langweilig empfunden. Das Wochenende beginnt meistens schon am Mittwoch oder Donnerstag – frei nach dem Motto: »Unsere Nächte sind bunter als eure Tage!« Der Jugendliche ist zu Hause nur noch ein selten gesehener Gast, der kommt und geht, wann er will. Er vernachlässigt Schule oder Arbeit. Bedingt durch das exzessive Partyfeiern bis frühmorgens und dem damit verbundenen Drogenkonsum wird der Körper des jungen Menschen dermaßen belastet und ausgelaugt, dass der Jugendliche dann oft nicht in der Lage ist, regelmäßig zur Schule oder Arbeit zu gehen (wenig Schlaf und nur noch Party im Kopf). So entstehen Fehltage, die sich ansammeln und zu großen Schwierigkeiten in der Schule oder am Arbeitsplatz führen können.

◊ Hyperaktivität und/oder Trancezustand. Durch die spezifische Wirkung von Ecstasy wirkt der Konsument wie von einer inneren Feder angetrieben, kann nicht ruhig sitzen, hat einen immensen Bewegungsdrang. Hinzu kommt noch, dass die Droge gesprächig macht und das Gefühl vermittelt, alle zu lieben und die Welt umarmen zu können. Sie spiegelt Harmonie vor. Oft ist aber auch das Gegenteil geschildert worden: Ecstasy-Konsumenten können stundenlang auf einem Stuhl sitzen und das laute und wilde Treiben um sich herum aus einer inneren Trance beobachten, ohne den Zwang zur Bewegung und Kommunikation an den Tag zu legen.

Was Eltern vermeiden sollten

In vielen Interviews beklagten sich junge Leute, die zu Partys gehen und auch Ecstasy konsumieren, über das Verhalten ihrer Eltern und ihre Gleichgültigkeit. So war es für mich immer wieder erstaunlich, wie viele junge Leute darüber berichteten, wie desinteressiert ihre Eltern daran seien, wie und mit wem ihre Kinder die Freizeit verbringen. Es war vielen Eltern auch völlig egal, welcher Freizeitbeschäftigung die Jugendlichen nachgingen, welche Freunde sie hatten und in welchem sozialen Umfeld sie sich bewegten. Gab es mal Gespräche daheim, so drehten sich diese hauptsächlich um die Leistungen in der Schule oder in der Ausbildung. **Kira (15):** »Da ging es aber nie darum, mit wem ich in meiner Freizeit zusammen bin. Wenn ich sage, dass ich auf 'ner Party war, dann genügt das schon.«

Die Angst vor der Konfrontation ist ein weiterer Punkt, der Eltern und Kinder immer weiter voneinander entfernt. Wenige Eltern waren nach Aussagen der befragten Jugendlichen bereit, ihre Kinder mit ihren Bedürfnissen nach Information und Gemeinsinn zu konfrontieren. So pendelten viele Jugendliche zu Hause nur noch zwischen Bett, Kühlschrank und Dusche. Sie waren praktisch lediglich Gast bei der »Pension Familie«, ohne tatsächlich zur Familiengemeinschaft zu gehören. Eltern mieden oft die notwendige Konfrontation mit ihren Kindern, aus Angst, diese noch mehr zu verlieren.

»Meine Eltern haben doch gar keine Ahnung, wo ich hingehe und wie das dort aussieht. Von Rave und Abtanzen verstehen die nichts. Es interessiert sie auch nicht«, klagt Kira. Viele Eltern erkennen zwar die Problematik von Alkohol- und Zigarettenkonsum, glauben aber nicht, dass ihr Kind darüber hinaus noch andere Drogen, z. B. Ecstasy, konsumieren könnte. Sie neigen dazu, sich selbst etwas vorzumachen, um dadurch die Gesamtproblematik zu entschärfen. Meist haben sie auch keinen Schimmer davon, welche Drogen wie wirken. Oft war diese Unwissenheit der Grund für spätere Panikreaktionen.

Leider werden auch frühe Warnzeichen nicht erkannt. Kira und ihre Freunde erzählten, dass Eltern oft die von ihnen ausgesandten Signale wie Appetitlosigkeit, Stimmungsschwankungen, depressive Gereiztheit sowie Isolation nicht wahrnehmen. »Ich habe sogar gesagt: Du, Mama, ich hab neulich einen Joint geraucht und ein Ecstasy eingeworfen. Da hat sie nur gegrinst und gemeint: Ach, wir haben in unserer Jugend auch alles Mögliche probiert. Das legt sich wieder. Und ich wollte eigentlich mit ihr darüber quatschen, sie aber nicht«, sagt Kira. Die Reaktion der Mutter mag einerseits aus ihrer Unwissenheit über Drogen resultieren, andererseits einer gewissen Gutgläubigkeit und Ignoranz entspringen. Viele Eltern meinen, dass ihre Kinder einfach nicht erwachsen werden. Oft behandeln sie ihre Töchter und Söhne noch wie 10-Jährige, dabei sind sie längst 12, 13 Jahre alt und wissen besser Bescheid als Mama und Papa.

Was jugendliche Ex-User an ihren Eltern schätzten

»Vorher war ihnen alles egal, aber als es dann aufflog, dass ich Drogen nahm, waren sie plötzlich total engagiert«, amüsiert sich **Maximilian (16)**. »Ich dachte, jetzt flippen sie voll aus, als ich von der Polizei als Zeuge bei einer Drogensache angehört wurde. Gut, erst haben sie mich schon gelöchert und auch beschimpft. Aber dann waren sie eigentlich total okay. Auf einmal konnten sie mit mir über Drogen quatschen, hatten mehr Verständnis, als ich erwartet hatte.« Maximilian schätzte es an seinen Eltern, dass sie sich nach dem Eklat mit ihm auseinandersetzten, sich auch von ihm in punkto Drogen aufklären ließen. Auf einmal wurde er wie ein Erwachsener behandelt. Das hätte im Grunde schon vorher so sein sollen.

Eltern lernen häufig erst nach dem großen Crash, ihre jugendlichen Kinder wieder in die Familie zu integrieren. Sie führen wieder mehr Gespräche mit ihren Kindern, auch über belanglose Dinge. Sie ignorieren Freunde nicht mehr, sondern mobilisieren gerade die alten Kumpels wieder, was bei den Kindern teilweise großen Anklang findet. Und was allgemein geschätzt wird: Eltern bemühen sich, einen Mittelweg zwischen Gleichgültigkeit und Überfürsorglichkeit zu finden. Das heißt, es nicht zu einer Situation kommen zu lassen, die ein Jugendlicher so beschreibt: »Bei zu vielen Verboten machte ich, was ich wollte. Bei zu wenigen Verboten machte ich sowieso, was ich wollte.«

Mit Zwang und Drohungen, z. B. der Androhung Urinproben untersuchen zu lassen oder das Kind zum Psychologen zu bringen, werden laut Erzählungen der jungen Ex-Ecstasy-Konsumenten nur Widerstände erzeugt.

Wie sollten sich Eltern gegenüber einem drogenabhängigen Kind verhalten?

◊ Grenzen Sie sich gegenüber dem Drogengebrauch Ihres Kindes eindeutig ab!

◊ Wenn Sie sich nicht sicher sind, wie Sie sich richtig verhalten, lassen Sie sich von einer Drogenberatungsstelle beraten.

◊ Suchen Sie Hilfe in Eltern- und Angehörigen-Selbsthilfe-Gruppen!

◊ Überprüfen Sie Ihren eigenen Umgang mit Suchtmitteln! Ändern Sie etwas daran, wenn Sie Probleme damit haben, etwa mit Zigaretten oder Alkohol.

◊ Geben Sie finanzielle Unterstützung nur, wenn Sie sicher sind, dass sie nicht zum Drogenkauf verwendet wird. Helfen Sie beim Abbau eines evtl. vorhandenen Schuldenbergs erst, wenn Ihr Kind drogenfrei ist.

◊ Zeigen Sie nicht Verständnis, sondern sprechen Sie die Probleme offen an!

◊ Dulden Sie keine Drogen und keinen Gebrauch von Drogen in Ihrem Haus!

◊ Unterstützen Sie Maßnahmen, die helfen könnten, von der Sucht wegzukommen!

Wie lässt sich vorbeugen, damit es gar nicht erst so weit kommt?

Leider sind viele Eltern immer noch auf dem Stand der alten Verbotsprävention, als es noch hieß: »Das darfst du nicht!«, »Das sollst du nicht«, »Wenn du nicht ... dann ...« Vergessen Sie das! Es bewirkt das Gegenteil, weil dadurch Spannung und Neugier erzeugt werden.

◊ Machen Sie Ihr Kind bereits als Kleinkind stark und bringen Sie ihm sowohl bei zu genießen als auch »nein« zu sagen. Mitläufer und Ja-Sager tragen ein höheres Risiko als die, die sich trauen, etwas abzulehnen.

◊ Bringen Sie Ihren Kindern bei, dass man seinen Alltag auch ohne Ersatzbefriedigung spannend gestalten kann. Leben Sie es vor!

◊ Üben Sie mit Ihren Kindern, Probleme zu bewältigen und Krisen zu durchleben. Machen Sie Ihren Kindern Mut, ziehen Sie sie nicht mit negativen Bemerkungen runter!

◊ Geben Sie ihnen Halt, aber gestehen Sie auch eigene Mängel und Schwächen ein, ohne irgendetwas zu verharmlosen!

◊ Sprechen Sie offen mit Ihrem Kind über Drogen, ohne etwas zu verharmlosen oder zu verteufeln!

◊ Nehmen Sie sich Zeit für Ihre Tochter oder Ihren Sohn! Geben Sie ihnen das Gefühl, immer für sie da zu sein, damit sie sich nicht alleine mit ihren Problemen fühlen.

◊ Drängen Sie sich aber auch nicht auf und biedern Sie sich nicht an. Seien Sie einfach offen, Ihr Kind kommt dann von allein auf Sie zu!

◊ Denken Sie daran: Sucht ist ein erlerntes Verhalten, eine vermeidbare Fehlentwicklung.

E. INFOS, ADRESSEN, HILFSANGEBOTE (DEUTSCHLAND, ÖSTERREICH, SCHWEIZ)

Kleines Abc des Drogenslangs

abdröhnen	unter Rauschgifteinfluss stehen
Acid	LSD
Adam	Ecstasy-Pille
Affe schieben	Entzugserscheinungen haben
Asko	Ascorbinsäure, damit wird Heroin aufgekocht
Bad Trip	schlechter, unangenehmer Trip
ballern	spritzen
Barbis	Barbiturate (Schlafmittel)
Benzos	Benzodiazepine (Schlaf- und Beruhigungsmittel)
chasing the dragon	Heroin von einer Folie rauchen
Chill-out	abhängen, Ruhepause nach Tanz, z. B. unter Ecstasy-Wirkung
Coca	Kokain
Cocktail	Mischung aus Kokain und Heroin
Connection	Verbindung zu einem Drogenhändler
Dancefloor	Tanzfläche
Dope	Stoff, engl. für Rauschgift
Downer	Stoffe, die dämpfen, Schlafmittel
drauf sein	unter der Wirkung einer Droge stehen; drogenabhängig sein
Drogist	Dealerjargon für Drogenkonsument
Druck, drücken	sich Heroin spritzen
E	Abkürzung für Ecstasy
E-Kur	Entziehungskur

Epi	epileptischer Anfall
Eve	Ecstasy-Pille
Fahrkarte	Dosis LSD
Fixer	Heroinabhängiger
Flash	engl. Blitz, schnell spürbare Drogenwirkung
Flashback	Nachhall-/Echo-Effekt eines Drogenrausches
Flunis	Flunitrazepam, Beruhigungsmittel
Gärtner	Anbauer von Marihuana
Gras	Marihuana
H (engl., gesprochen: Äitsch)	Heroin
Hangover	Kater nach Drogengebrauch
Hemmer	Stoffe die dämpfen; Downer
Hep C	Hepatitis C, haben sehr viele Junkies
Hook, on hook	engl., nach etwas süchtig sein
Joint	Zigarette aus Tabak und Haschisch oder Marihuana
Junkie	Heroinabhängiger
Kit	Ausrüstung eines Süchtigen (Fixerlöffel, etc.)
Kombi , Heroin auf kombi	Heroin, für das man erst später bezahlen muss
(eine) Line oder Linie ziehen	eine Prise einer Droge schnupfen
Out of Body	außerhalb des Körpers
Pasha Man	Rauschgiftgroßhändler
Pola	Polamidon (Methadon), Ersatzdroge

Pep	Speed, Amphetamin
Psilos	Zauberpilze
Pumpe	Einwegspritze
Reise	Rauschzustand, auch Trip
Rosch, Ropis	Rohypnol, Beruhigungsmittel
Schnee	Kokain
Set	Erwartung, Einstellung vor Drogenkonsum
Setting	äußere Umstände des Drogenkonsums
Shake	Abwehrreaktion des Körpers auf dreckiges H
Shit	Haschisch
Shore	Heroin
Speed	Amphetamin
Speedball	Mischung aus Heroin und Kokain
Station Worker	Süchtiger, der in Arme und Beine spritzt
stoned	berauscht sein, v. A. von Cannabis
Ticket	LSD
Tranquilizer	Beruhigungsmittel
Trip	Rauschzustand, auch Dosis LSD
Turkey	Entzugserscheinungen
Turn, turnen (gesprochen törnen)	die Wirkung der Droge spüren
User	Drogenkonsument
verpeilt sein	Orientierungsstörungen durch (zu viele) Drogen
XTC	Ecstasy

Hier bekommst du Infos und Hilfe

Da sich Telefonnummern und Adressen gelegentlich ändern, findest du hier überwiegend nur Anschriften von zentralen Stellen, an die du dich wenden kannst und die dir immer sagen können, wo sich die für dich nächstgelegene Einrichtung befindet und welche Rufnummer sie hat.

Du kannst natürlich auch im örtlichen Telefonbuch oder im Internet unter den Nummern der freien Wohlfahrtsverbände wie z. B. Caritas, Arbeiterwohlfahrt, Innere Mission, Diakonisches Werk, Deutscher Paritätischer Wohlfahrtsverband oder Deutsches Rotes Kreuz nachsehen. Ebenso wirst du unter den Stichwörtern »Sucht« oder »Drogen« meist fündig. Außerdem kannst du dich auch an das Gesundheitsreferat deiner Gemeinde oder Stadt wenden, wo man dir ebenfalls Kontaktadressen nennen kann.

Info- und Beratungstelefone:

Nummer gegen Kummer
Kinder- und Jugendtelefon (in der ganzen BRD gebührenfrei) 11 61 11 oder 0800 / 11 10 333
Elterntelefon 0800 / 11 10 550

Kinder und Jugendnotruf des Vereins Sicheres Leben e. V.:
0800 65222 65

Bundeszentrale für gesundheitliche Aufklärung (BzgA)
Maarweg 149-161, 50825 Köln
Tel. 0221 / 89 20 31 oder 89 92 0, www.bzga.de

Eve & Rave Münster
Schorlemerstr. 8, 48143 Münster
Tel. 0700 / 38 38 72 83, www.eve-rave.org, info@eve-rave.de

Telefon-Notruf für Suchtgefährdete:
Berlin 030 / 23 32 40 100
Düsseldorf 0211 / 32 55 55
Essen 0201 / 40 38 40
Köln 0221 / 19 700
München 089 / 28 28 22

IMAGO 91 e.V. Suchthilfeverein
Dorfstr. 29 15234 Frankfurt (Oder)
Tel. 0335 / 28 49 28 28

Suchthilfezentrum Wiesbaden
Schiersteiner Str. 4, 65187 Wiesbaden
Tel. 0611 / 90 04 870, www.drogenberatung-jj.de, shz@jj-ev.de

Beratungs- und Behandlungsstelle für Suchtkranke und Angehörige
Liebknechtstr. 19, 99058 Erfurt
Tel. 0361 / 56 678 57
www.sit-online.org, psbs-erfurt@sit-online.org

Club 29 e.V.
Dachauer Str. 29, 80335 München
Tel. 089 / 59 98 93 11, kontakt@club29.net
Infos, Hilfe und Broschüren:

Landesstellen der Länder gegen die Suchtgefahren:

Achtung, auch hier ändern sich gelegentlich Adressen und Telefonnummern. Schau im Zweifelsfall ins Telefonbuch oder ins Internet!

Landesstelle für Suchtfragen der Liga der Freien Wohlfahrtspflege in Baden-Württemberg e. V.

Stauffenbergstr. 3, 70173 Stuttgart

Tel. 0711 / 61 96 731, www.suchtfragen.de, info@suchtfragen.de

Koordinationsstelle der bayerischen Suchthilfe

Lessingstr. 1, 80336 München

Tel. 089 / 53 65 15, www.kbs-bayern.de, info@kbs-bayern.de

Landesstelle Berlin für Suchtfragen e. V.

Gierkezeile 39, 10585 Berlin

Tel. 030 / 34 38 916 0, buero@landesstelle-berlin.de, www.landesstelle-berlin.de

Brandenburgische Landesstelle für Suchtfragen e. V.

Behlertstr. 3a, Haus H1, 14467 Potsdam

Tel. 0331 / 58 13 80 0, www.blsev.de , info@blsev.de

Bremische Landesstelle für Suchtfragen (BreLs) e. V.

Kolpingstr. 7, 28195 Bremen

Tel. 0421 / 20 07 43 8

Hamburgische Landesstelle für Suchtfragen e. V.

Respoldstr. 4, 20097 Hamburg

Tel. 040 / 28 49 918 0, www.sucht-hamburg.de, hls@sucht-hamburg.de

Hessische Landesstelle für Suchtfragen e. V.

Zimmerweg 10, 60325 Frankfurt/Main

Tel. 069 / 71 36 777, www.hls-online.org, hls@hls-online.org

Landesstelle für Suchtfragen Mecklenburg-Vorpommern e. V.
Körnerstr. 7, 19055 Schwerin
Tel. 0385 / 50 06 151, grosch@diakonie-mv.de

Niedersächsische Landesstelle für Suchtfragen e. V.
Podbielskistr. 162, 30177 Hannover
Tel. 0511 / 62 62 66 0, www.nls-online.de, info@nls-online.de

Landesstelle Sucht NRW c/o Landschaftsverband Rheinland
Dezernat 8, 50663 Köln
Tel. 0221 / 80 97 794, www.landesstellensucht-nrw.de, kontakt@landesstellesucht-nrw.de

Landesstelle für Suchtfragen Rheinland-Pfalz
Karmeliterstr. 20, 67346 Speyer
Tel. 06 232 / 66 42 54, www.sucht-rlp.de, achim.hoffmann@diakonie-pfalz.de

Sächsische Landesstelle gegen die Suchtgefahren e. V.
Glacisstr. 26, 01099 Dresden
Tel. 0351 / 80 45 506, www.slsev.de, info@slsev.de

Landesstelle für Suchtfragen im Land Sachsen-Anhalt
Halberstädter Str. 98 39112 Magdeburg
Tel. 0391 / 54 33 818, www.ls-suchtfragen-lsa.de, info@ls-suchtfragen-lsa.de

Landesstelle für Suchtfragen Schleswig-Holstein e. V.
Schreberweg 5, 24119 Kronshagen
Tel. 0431 / 54 03 340, www.lssh.de, sucht@lssh.de

Thüringer Landesstelle für Suchtfragen e. V.
Arnstädter Str. 50, 99096 Erfurt
Tel. 0361 / 74 64 585, www.tls-suchtfragen.de, info@tls-suchtfragen.de

Weitere Anlaufstellen für Kontaktadressen in deiner Nähe und Onlineaufklärung:

Kreuzbund e. V.
Münsterstr. 25, 59065 Hamm
Tel. 02 381 / 67 27 20, www.kreuzbund.de, info@kreuzbund.de

Gesamtverband für Suchthilfe e. V. (GVS), Fachverband der Diakonie Deutschland Invalidenstraße 29, 10115 Berlin-Mitte
Tel. 030 / 83 00 15 00, www.sucht.org, gvs@sucht.org

Al-Anon-Familiengruppen Interessengemeinschaft e. V.
Emilienstr. 4, 45128 Essen
Tel. 0201 / 77 30 07, www.al-anon.de, zdb@al-anon.de
Die »Alateen«-Gruppen innerhalb der Organisation Al-Anon kümmern sich um Jugendliche, deren Eltern Alkoholiker sind.

Blaues Kreuz in Deutschland e.V.
Schubertstr. 41, 42289 Wuppertal
Tel. 0202 /62 00 30, www.blaues-kreuz.de

Anonyme Alkoholiker, Interessengemeinschaft e.V.
Tel. 19295 oder 08731 / 32 57 30, www.anonyme-alkoholiker.de, aa-kontakt@anonyme-alkoholiker.de, erste-hilfekontakt@anonyme-alkoholiker.de
Kontaktstelle: Landwehrstr. 9, 80336 München, Tel. 089 / 55 56 85
weitere Kontaktstellen unter: https://www.anonyme-alkoholiker.de/content/06igs/06index.php?ig_id=9&area=k

Guttempler in Deutschland e. V.

Adenauerallee 45, 20097 Hamburg

Tel. 040 / 24 58 80, www.guttempler.de, info@guttempler.de

Nottelefone: Berlin: 030 / 68 23 76 21, Bremen: 0421 / 39 61 394, Hessen: 0180 / 36 52 407, Nordrhein-Westfalen: 0180 / 36 52 407, Schleswig-Holstein: 01805 / 98 28 55

Bundesverband der Elternkreise drogengefährdeter und drogenabhängiger Jugendlicher

Ansbacher Str. 11, 10787 Berlin

Tel. 030/5 56 70 20

Verband ambulanter Beratungs- und Behandlungsstellen für Suchtkranke und Drogenabhängige (VABS)

Karlstr. 40, 79104 Freiburg

Tel. 0761 / 20 03 03, casu@caritas.de

Bundesverband der Freundeskreise für Suchtkrankenhilfe

Untere Königsstraße 86, 34117 Kassel

Tel. 0561 / 78 04 13, www.freundeskreise-sucht.de, mail@freundeskreise-sucht.de

Onlineberatung und Infos www.mindzone.info

Infos zu Alkoholkonsum www.kenn-dein-limit.info

Eine (ständig aktualisierte) Übersicht der Drogenberatungsstellen findest du unter: http://www.gizbonn.de/973.0.html

Österreich:

P.A.S.S., Prävention, Angehörigenarbeit, Suchtbetreuung und Sozialberatung für Jugendliche und Angehörige
Alserstraße 24/11A, 1090 Wien
Tel. 01 / 71 49 218, www.pass.at, info@pass.de

Beauftragter der Stadt Wien für Sucht und Drogenfragen
Tel.: 014000-53603

Dialog – Hilfs- und Beratungsstelle für Suchtgefährdete und deren Angehörige
Hegelgasse 8/3/11, 1010 Wien
Tel. 01 / 51 20 181, www.dialog-on.at, verein@dialog-on.at

Neustart Change – Drogenberatung Wien Tel.: 01 / 40 62 302

Beratungsstelle Clean Bregenz
Montfortstraße 3/3. OG, 6900 Bregenz
Tel. 05574 / 45 400, http://clean.mariaebene.at, clean.bregenz@mariaebene.at,

Drogen-Hotline Tel.: 0810 / 20 88 77, www.ap.or.at

Drogenberatung Salzburg
St.-Julien-Straße 9a, 5020 Salzburg
Tel. 0662 /87 96 82
Psychosozialer Dienst – Suchtberatung
5020 Salzburg, Fanny-von-Lehnert-Straße 1
Tel. 0662 / 80 42 35 99

pro mente Oberösterreich X-Dream Beratungsstelle für Suchtfragen
Bahnhofstraße 8, 4400 Steyr
Tel. 07252 / 53 413, www.pmooe.at, x-dream@promenteooe.at

Drogenberatungsstelle CIRCLE,
Richard-Wagner-Str. 3, 4600 Wels
Tel. 072 42 / 45 274

Familien- und Partnerberatungsstelle
Kaiserfeldgasse 17, 8020 Graz
Tel. 0316 / 872

Drogenberatung Z6
Dreiheiligenstr. 9, 6020 Innsbruck
Tel. 0512 / 58 08 08, www.drogenarbeitz6.at, beratung@drogenarbeitz6.at

Schweiz:

Bundesamt für Gesundheitheitsfragen (BAG), 3003 Bern
Tel. 058 / 46 22 111, www.bag.admin.ch, info@bag.admin.ch

Online-Beratung zu Suchtfragen www.safezone.ch

Drop-in Beratungsstelle Basel
Mülhauser Str. 111-113, 4056 Basel
Tel. 061 / 387 99 99, www.suchthilfe.ch, beratungsstelle@suchthilfe.ch

Stiftung Suchthilfe
Rorschacher Str. 67, 9000 St. Gallen
Tel. 071 / 24 47 538, www.stiftung-suchthilfe.ch, info@stiftung-suchthilfe.at

Arche Zürich, Beratung und Nachsorge
Hohlstr. 489, 8048 Zürich
Tel. 043 / 33 63 010, www.archezuerich.ch, verein@archezuerich.ch

Drop-in Luzern
Bruchstraße 29a, 6000 Luzern 7
Tel. 058 / 85 64 300, www.lups.ch, dropin@lups.ch

Trude Ausfelder bei

Alles, was Mädchen wissen wollen
Infos und Tipps für die aufregendsten Jahre im Leben
Trude Ausfelder
Klappenbroschur, 256 Seiten
4.-fbg. Abb. u. Illustrationen
16,95 € [D], 17,40 € [A]
ISBN 978-9934333-50-5

Alles, was Jungen wissen wollen
Infos und Tipps für die aufregendsten Jahre im Leben
Trude Ausfelder
Klappenbroschur, 256 Seiten
4.-fbg. Abb. u. Illustrationen
16,95 € [D], 17,40 € [A]
ISBN 978-9934333-49-9

Bilderverzeichnis

S. 14, 37 ff. (Kästen), 44, 126, 244 Sigrun Borstelmann, S. 18, 91, 178 Photographee.eu/fotolia.com, S. 23 Vadim Guzhva/fotolia.com, S. 32 igor/fotolia.com, S. 38 Paolese/fotolia.com, S. 40 Peter Atkins/fotolia.com, S. 42 Antonioguillem/fotolia.com, S. 48 indigolt/fotolia.com, S. 50 Stauke/fotolia.com, S. 55 mika/fotolia.com, S. 63 freshidea/fotolia.com, S. 63 li librakv/fotolia.com, S. 63 re. Lucky Dragon/fotolia.com, S. 66 Kitty/fotolia.com, S. 70 jeafish/fotolia.com, S. 72 Joshua Resnick/fotolia.com, S. 74 patrickjohn71/fotolia.com, S. 76 Von Schonertagen/fotolia.com, S. 79 Rawpixel/fotolia.com, S. 82 Piotr Wawrzyniuk/fotolia.com, S. 86 Piotr Marcinsky/fotolia.com, S. 100 Bobo/fotolia.com, S. 102 Syda Productions/fotolia.com, S. 103 benjaminnolte/fotolia.com, Robert Kneschke/fotolia.com, S. 109 Voyagerix/fotolia.com, S. 110 fotoknips/fotolia.com, S. 114 Martinan/fotolia.com, S. 116 K.-U. Häßler/fotolia.com, S. 119 STphotography/fotolia.com, carballo/fotolia.com, PhotoSG/fotolia.com, S. 123 Salome/fotolia.com, S. 125 pixelklex/fotolia.com, S. 129 Gerhard Seybert/fotolia.com, S. 138 pict rider/fotolia.com, S. 146 Farmer/fotolia.com, Luis Carlos Jiménez/fotolia.com, S. 151 Marco2811/fotolia.com, S. 159 Wolfgang Cibura/fotolia.com, S. 162 Heiko Küverling/fotlolia.com, S. 166 Atomazul/fotolia.com, S. 169 Mangojuicy/fotolia.com, S. 170 Willy Turner - Creative Commons License, S. 177 kiri/fotolia.com, S. 186 ekostsov/fotolia.com, S. 194 Focus Pocus LTD/fotolia.com, S. 203 Maksim Shebeko/fotolia.com, S. 215 Christopher Howey/fotolia.com, S. 216 oksix/fotolia.com, S. 235 stryjek/fotolia.com, S. 238 kmiragaya/fotolia.com, S. 254 Dimitry Koksharov/fotolia.com, S. 258 imagesetc/fotolia.com, S. 265 kamasigns/fotolia.com

Vignetten (rechte obere Seitenecke): S. 47 ff. Brian Jackson/fotolia.com, S. 71 ff. monticellllo/fotolia.com, S. 105 ff. Gina Sanders/fotolia.com, S. 125 ff. PRILL Mediendesign/fotolia.com, S. 129 ff. freshidea/fotolia.com, S. 143 ff. boltenkoff/fotolia.com, S. 161 ff. yellowj/fotolia.com, S. 171 ff. nipaporn/fotolia.com, S. 205 ff. HamsterMan/fotolia.com, S. 217 ff. playstuff/fotolia.com, S. 239 ff. monopic/fotolia.com, S. 247 ff. Levente Janos/fotolia.com, 267 ff. kamasigns/fotolia.com